日本古代僧伝の研究

佐久間　竜著

吉川弘文館　刊行

序

奈良仏教史の究明には、いろいろな方法が考えられる。教学史・寺院史や美術史、さらには政治史や経済史を通してもそのことは可能といえる。しかし私は、僧尼の実態、活躍のあとを明らかにすることによって、その目的達成の一助としたいと考えた。

王法が仏法に優越する傾向の強かった奈良時代にあって、僧尼は全く「方外の士」として、国家権力の圏外にあって活躍することは不可能に近いことであった。積極的に活躍した僧尼は、多かれ少なかれ権力とのかかわりをもたざるをえなかった。このことは、私度僧といえども例外ではなかった。

ところで、私がここでとりあげた僧は、律令国家から度牒や戒牒をもらい、課役免除の特権を与えられた僧を中心とする。私は、かかる人びとを「官僧」としてとらえ、その実態を明らかにしようとすることから始めた。律令仏教の基本的体質が、一層明確に把握できると考えたからである。さらに、具体的な官僧の実像をつかむため、慈訓・慶俊・安寛・実忠・等定等の考察を行った。そこでは、出家者としてよりも、より官人的色彩をもって、政治世界のなかで大きな役割を果した僧の姿が明らかになった。このことは、奈良仏教の特質を最も端的に示したものといいえそうである。

ところが、かかる官僧の実像を追うなかで、彼らが学んだ教学と実践との関連はどのようになっていたかの疑問がおきた。法相や華厳・三論等の教学と、彼らの具体的な行動、宗教的実践はどのように結びついていたかということである。また、受戒の長い歴史をもちながら、天平期にあらためて戒師招請が行われていることや、『万葉集』をはじめとする多くの史料の考察から、戒律無視の傾向が一般化している状況等をも考えあわせると、多数の僧尼の仏教理解は、果してどのようなものであったのか、僧としての生き方はどんな状況であったのかとも問い直したくなった。道慈・神叡等の学僧にはたえられない状態だったと思われるが、にもかかわらず、人びとの仏教に対する期待は大きく、積極的にさまざまな形で、仏教とのかかわりをもっているようにみえる。その場合、僧尼が重要な役割を果したことはまちがいない。鑑真渡来の意義や『愚志』の内容、還俗の万葉歌人等について考え、道昭・賢璟について考察を加えたのは、かかる疑点を少しでも明らかにしたいと愚考したからである。しかしながら、この目的達成への道は遠く、かつ困難であることをあらためて知らされた思いがする。この機に、今後一層の努力精進を誓いたい。

昭和五十八年一月

佐久間竜

目次

付　篇

一　官僧について

㈠　官僧という呼称

奈良時代の仏教は、国家仏教とも律令仏教ともよばれる。仏教に鎮護国家の役割・機能を期待し、律令国家の政治的要請によって興隆させられた面が強かったからである。このような時代にあって、律令国家は僧尼の得度権・授戒権を掌握し、僧尼を律令官人機構の身分序列である八位に比定し、課役を免除して仏事に専念させた。(1) また、僧尼令によれば、僧尼支配の体制を京内では、治部省―玄蕃寮―僧綱―三綱―僧尼、外国では国郡司―三綱―僧尼とし、私度僧とは明確に区別した。また、雑令によれば、僧尼の名籍は京・国の官司が六年ごとに三通作り、各々の出家した年月・夏﨟・徳業を顕し、式によって印し、一通は職国に、二通は太政官に送り、そのうち一通は中務省、もう一通は治部省に保管するよう定められている。さらに穴記によれば、治部省の一通は玄蕃寮に付されたという。ここに僧尼は、具体的には種々の様相を呈しつつも、形式的には完全に律令国家の支配・掌握下におかれることになった。

このような律令制下の僧尼を、総括的にどのようにいい表したらよいのか、どのように表現するのが最も適切なのかと考え、官僧という語を用いてみた。ただ、律令制下の僧尼をこのようによび規定することは、管見の限り従来にはなく、その点いささかのためらいはあった。僧尼令方便条には、古記が戸婚律を引用しながら、「僧尼等非二是官度一而私入道及度レ之者」という表現を用い、さらに同条には、「律云。是非二官度一者」とある。また出家条跡記には、「謂成二白衣一訖後。受二官度一者。不レ在二禁限一」ともあることからは、私度僧に対することばとして、官度僧とよんでもよいと考えた。しかし、さらにみると、同じく出家条朱記には、「謂成二白衣一訖後、更為二官僧尼一者不レ禁也」とあり、『続日本紀』宝亀十年八月庚申条には、「然則官僧已明、私度自止」と、官僧尼ということばを用いていることでもあり、律令用語の官人とも対比して官僧とよぶことにした。これに対し薗田香融氏は、「私度僧に対して官許の得度者を官僧とよぶこともあるが、これも妥当性に乏しい称呼である。真に官僧という名に値するものは、官寺に住し、官の扶持に預り、官の修める護国法会に勤仕することを務めとする僧でなければならぬ」とされる。(2) しかしながら、奈良時代仏教の実態や多くの僧尼の姿を考えてみると、私には薗田氏のごとく官僧を狭義に考えるより、たとえ地方や私寺にいたとしても、学問はなくとも、さらには天平以前の行基に代表されるような僧尼でも、僧尼名籍にその名が記載され、さらには、公験＝度牒・戒牒を与えられた僧形のものすべてを、官僧とよぶ方が、より適切なように思われる。

㈡ 僧尼名籍・僧名帳と公験

『続日本紀』神亀元年十月丁亥朔条によれば、

治部省奏言、勘二撿京及諸国僧尼名籍一、或入道元由、披陳不レ明、或名存二綱帳一、還落二官籍一、或形貌誌黶、既不二相当一、惣一千一百二十二人、准二量格式一、合レ給二公験一、不レ知二処分一、伏聴二天裁一、詔報曰、白鳳以来、朱雀以前、年代玄遠、尋問難レ明、亦所司記注、多有二粗略一、一定二見名一、仍給二公験一、

とある。また、時代はかなり隔るが、宝亀十年八月庚申条には、

治部省奏曰、大宝元年以降、僧尼雖レ有二本籍一、未レ知二存亡一、是以諸国名帳、無レ由二計会一、望請、重仰二所由一、令レ陳二住処在不之状一、然則官僧已明、私度自止、於レ是下二知諸国一、令レ取二治部処分一焉、

とあり、さらに三日後の癸亥条には、

治部省言、今依撿二造僧尼本籍一、計二会内外諸寺名帳一、国分僧尼、住レ京者多、望請、任二先御願一、皆帰二本国一者、

太政官処分、智行具足、情願二借住一、宜二依レ願聴一、以外悉還焉、

ともある。これらの史料は、いずれも官僧の登録について大変興味ある問題を提示してくれる。その第一は、「白鳳以来、朱雀以前、年代玄遠、尋問難レ明、亦所司記注、多有二粗略一」の記載である。このうち「白鳳以来、朱雀以前」をいつにするかについて田村圓澄氏は、「孝徳朝の白雉年間より、天武・持統朝までの約半世紀間をさし、すなわち大宝令施行の直前までを意味していた」とされる。さらに「白鳳以来」とここに記した理由としては、第一に天皇による仏教興隆の事業が具体化するのが、孝徳・斉明・天智朝をつなぐ白鳳年間であったと考えられること、第二に藤原氏を中心とする貴族層において白鳳時代は、仏教興隆の光栄にみちた時代として回想されたこと、さらに第三には、公民制の下では出家得度について、国制による実質的な規制の必要が生ずるが、この事態の画期的な変化を認識して白鳳以来としたという(3)。つぎに「所司記注」とは、官籍への僧名登録を意味するが、これが国家による僧尼支配の徹

底を図ったものであることはいうまでもない。しかも、ただ単なる僧尼の人身把握ではなく、この場合には、官度によって課役が免除され、負担体系の外におくことが認められたものの確認の意味が強くなってきたといわねばならぬ。官度の制がいつから実施されたかについては明確に断定できないが、「所司記注」が必須となるのは、律令負担体系の確立と関連するものといわねばならず、この点からすると、白鳳以来といってはいるが、とくに天武・持統朝と考えた方が適切ではないかと思われる。

　第二は、宝亀十年八月庚申条の「大宝元年以降、僧尼雖レ有二本籍一、未レ知二存亡一、是以諸国名帳、無レ由二計会一」という記事である。大宝元年（七〇一）以後には、僧尼の本籍が作られたというのであるが、本籍とは一体いかなるものなのであろうか。義江明子氏はこれについて、令の規定にないものとされ、「僧尼の名籍と俗人時代の籍をつなぎ確認する公式の記録」「得度官符にもとづいて、得度（つまり一般公戸からの離脱）にあたり、その俗人としての所貫・姓名及び以後属すべき寺＝本寺を記し、正式の記録として治部省で編成保存されたもの」とされる。[4] しかし私には、後述する僧名帳を考えあわすと、これは令に記載のある僧尼名籍のことと思われる。その作成の手続きは、各寺の三綱の手実を京職や国司が集計し、先述雑令の規定のごとく、六年ごとに三通を完成するのである。しかもその名籍は、「如外国人為二京僧尼一者、京職造レ籍、本国不レ造也」と、現在居住の場所で記載されるのである。[5] だが、僧尼はたえず動く。この場合、還俗・死亡等をふくめた僧尼の異動は、どのように正確に把握することができるのか。僧尼令によれば、自還俗の場合には、「三綱録二其貫属一、京経二僧綱一、自余経二国司一、並申レ省除附一」とあり、穴記には、「省受取即申レ官、官下二民部一」、朱記は「申二治部省一除、即附二民部一也」という。また「身死条」には、「三綱月別経二国司一、国司毎年附二朝集使一申レ官、其京内、僧綱季別経二玄蕃一、亦年終申レ官」とある。そして古記には、「亦年終申レ官、謂省惣目録申レ官也」といい、穴記には、「謂三綱月別経二僧綱一、々々季別経レ寮、々申レ官也、但国解、官受付二治部一、除レ帳耳」とある。ここに上申の過程と共に、省の惣目録と国解の存在を知ることができるが、前者は三綱—僧綱—玄蕃寮へと送られた記録を治部省がまとめたものであり、後者は三綱よりの報告を国司がまとめて太政官に上ったものと推測される。しかし、この惣目録や国解は、身死条に記されていることから、死者のみを記したとも考えられ、異動の僧尼すべてを対象とした申告方法を示したものとは断定できない。ところが、「出雲国計会帳」によれば、天平五年(七三三)十月二十一日朝集使従七位上勲十二等石川朝臣足麻呂の手により進上された公文一九巻のうちに、仏教関係では、寺財物帳一巻と僧名帳一巻の記載がみえるのである。これによって諸国の僧尼の異動は、すべて国司のもとでまとめられ、令に規定のない僧名帳の作成となったことはまちがいない。それがいつ始められたかは明らかでないが、国解として提出されたのである。一方、京内の場合は、具体的にはつかみえないが、恐らくは省惣目録的なものをまとめて僧名帳が作られ、太政官へ送付したものと思われる。かくして僧名帳は毎年作られ、しかも自還俗条から推察すると、名籍にはなかった本貫も記されたらしく、官僧の把握はより正確になったと思われる。さらに、「陸奥国戸籍」的なもの——岸俊男氏によれば、「籍年間に里内に生じた死亡・割出・来付などの戸口の異動をまとめたもので、ちょうど計帳の別項記載を集めたのちの戸口損益帳のようなものにあたる。計帳の存否はともかく、籍年間の異動を要記したものであることは疑いない[6]」——も作成された可能性がある。「西琳寺縁起」所収の天平十五年帳とは、あるいは西琳寺三綱の手実なのかと考えられるが、「四僧不知去」と「三僧死闕」の記載は、毎年の異動としては多すぎるようで、籍年間のものとした方が自然に思われるからである。さて、以上の考察から、官僧の名簿には六年ごとに作成の僧尼名籍と毎年の僧名帳が存在し、籍と帳とは、はっきり区別されていたことが明らかになった。前述史料で対比的に用いられている本籍と諸国名帳（諸国僧名帳）、綱帳（恐らくは三綱帳、これが後に僧名帳になったか）と官籍（僧尼名籍）、僧尼本籍と内外諸寺名帳等の記載は、このことを証明してくれる。

つぎに律令国家は、このような手続きに加うるに、養老四年（七二〇）一月よりは新しく公験制を採用した。私度や冒名相代等、手続きの不備や三綱の手加減等によっておこる事故を、できうる限りなくそうという目的で、この公験制は採用されたのであろう。さらにいえば、養老年間における積極的な仏教政策、寺院併合令にはじまり、僧尼令の徹底と僧尼の取締り、さらには学問奨励等による律令仏教興隆策推進の一環として、この公験制もとり上げられたのであろう。(7) ところが、これ以後の僧尼の登録は、一層煩雑な事務手続きを必要とすることになった。僧尼令集解身死条にある養老七年七月二十日の太政官処分によれば、「僧尼死去、并犯レ罪還俗者、収二其公験一進二於弁官一、随即毀レ之、寮案、注二犯罪還俗字一、以二官印一々レ文、又入師位、并遷レ寺、及還俗者、収二其公験一、仍於二紙後一、具顕二由状一、安三置於省一、寮案注下入二師位一、遷レ寺、還俗字上、以二官印一々之」とあり、入師位・遷寺までをも含めて、いちいち公験を回収して確認していくのである。

では、ここにいう公験とはいかなるものであろうか。その具体的内容は、僧尼令集解任僧綱条や准格律条に

養老四年二月四日格云、問、大学明法博士越智直広江等、答、凡僧尼給二公験一、其数有レ三、初度給レ一、受戒給レ二、師位給レ三、毎レ給収レ旧、仍注二毀字一、但律師以上者、毎二遷任一有二告牒一、不レ在二収レ旧之例一也、

とあることによって明らかである。ところで、かつて私は、『続日本紀』に「始授二僧尼公験一」とある「始めて」の記事に疑いをもっていた。これ以前にも、僧尼には公験を授けていたように思ったからである。(8) その論拠は、「西琳寺縁起」の天平十五年帳云として、養老四年以前と考えられるつぎの四例が見出されたからである。

僧行会 年五十四 臈卅三　摂津国住吉郡大国里戸主津 戊申年四月廿八日飛鳥寺受戒受公験

僧願忠 年五十六 臈三十三　伊予国宇麻郡常里戸主金集史挨麿弟操麿 己酉年三月廿八日飛鳥寺受戒受公験

僧辨教 年六十九 臈卅六　河内国古市郡細川原椋人広麿戸口 大宝三年潤四月十五日大官大寺受戒受公験

僧神照 年五十九 臈三十六　河内国古市郡尺度郷戸主高屋連家麿戸口高 屋連土形大宝三年潤四月十五日大官大寺受戒受公験

この場合、戊申、己酉年は、和銅元年（七〇八）、同二年と考えられている。ところが中井真孝氏は、大宝僧尼令には「告牒当」の規定がなかったことを論証し、養老四年以前に公験の発給はなかったという。たしかに天平十五年帳に関する限り、「列挙してある僧の受戒年次は割注のとおりであるとしても、同時に『受公験』したと解する必然性はない」のである。(9)

ところで、公験発給の意味については既述したごとくであるが、先述の釈の問答は、得度から受戒し、さらに師位僧へと、本格的な官僧になっていくコースを示して興味深い。そこで、この各々についていささかの考察を加え、官僧の実態を考えてみたい。

㈢ 得　度

「初度給一」から考察してみよう。得度することによって外形上の大きな変化は、鬢髪を剃除し袈裟・衣をつけて僧形となることであるが、法的な措置としては、世俗の身分を離れその負担が免除されることであった。しかもその免除は、蠲符の発行によりその効力を生ずる。賦役令蠲符条には、課役の免除を規定して、「凡応レ免二課役一者、皆待二蠲符至一、然後注レ免、符雖レ未レ至、験二位記一、灼然実者亦免」とあるが、野村忠夫氏は大宝令文の冒頭には「任官」の二字があったとし、しかも大宝律令から養老律令への改修は、養老五年から同六年初めごろまで継続されたことから、「この任官の二字削除には、得度のケースが対象として意識されていた可能性が濃い」とされる。[10]ところで、僧尼の場合の課役免除は、蠲符にかわって公験が用いられた。[11]得度の際授与される公験は、度牒とも度縁ともよばれるが、これをもらう手続きは、まず経業を記した優婆塞貢進解を作成し、治部省に貢挙することを原則とする。ところが貢挙された人がいかなる手続きをへて得度し、度牒を授与されるにいたったかは明らかでない。そこでまず国分寺僧から考えてみよう。延暦二年四月二十八日の太政官符の引用する天平十三年二月十四日の勅によれば、「仍取二精進練行操履可レ称者一度レ之、其雖レ可レ称不レ得二即度一、必須下数歳之間観二彼志性始終無レ変乃聴中入道上者」といい、[12]天平十四年十一月十七日の貢進解によれば、大養徳国では国分寺僧を定むべしとの符をうけ、郡司が部内の清信廉行にして僧尼たるにたえる人を貢挙するため、部内の人を簡試し貢進している。[13]また最澄の場合には、国分寺僧最寂の死去に伴い、その補充要請が近江国から出されるが、それと共に最澄の貢進解も治部省に送付され、さらに太政官に伝えられたと思われる。以下、その後の手続きを「近江国府牒」や「最澄度縁」から尋ねると、治部省では恐らく貢進解をしらべ勘籍を行い、その結果、宝亀十一年十一月十日付で、得度を承知したので施行せよとの符旨が、治部省をへて近江国に伝えられている。そこで二日後の十二日に、国師行表を師主として、国分寺で得度が行われているのである。ところが度縁の授与についてみると、「省符灼然」として、近江国より下付されている。しかも、『続日本紀』宝亀二年正月壬戌条には、「自二天平神護元年一以来、僧尼度縁、一切用二道鏡印一印レ之、至レ是復用二治部省印一」とあり、度縁には治部省印を必要としたと思われるのに、国司と国師の署名しかない。[14]

つぎに『延喜式』玄蕃寮判授条によると、年分度者の得度の方式が示されている。それによれば、試業をおえたものが、その所業にしたがって各々論議し、衆に勝れたものに得度を許すというのである。ここにいう試業とは、延暦二十五年正月二十六日の太政官符に、「各依二本業疏一読二法華金光明二部経、漢音及訓一経論之中、問二大義十条一通二五以上一」というものであろう。[15]ところでこの得度は、正月御斎会の最終日に宮中で行う。ここで治部省は、度者本人の提出した手実を徴し太政官に申請、民部省とともに勘籍を行う。そこで身元が確認され問題がなければ、度縁一通を作り、治部省・玄蕃寮と僧綱が共署し、太政官印を請うた上で本人に授けたという。また別勅による得度者も、その手続きはこれに准ずるとする。ただ沙弥尼の度縁には治部省印を捺すことになっているというが、弘仁四年(八一三)二月三日以前では、すべて治部省印を用いていたと考えられる。そもそも年分度者の濫觴は、『日本書紀』持統天皇十年十二月己巳朔条の「勅旨、縁レ読二金光明経一毎レ年十二月晦日、度二浄行者一十人一」というものであり、その本来の目的は、二葉憲香氏によれば、「正月の金光明読誦を目的とする得度制度」で、「その年の灾をはらい、福を招き、国家隆盛をもたらす功徳を期待する」祈年読経のためのものとされる。[16]このような年分度者の制が、奈良時代を通して行われていたことはまちがいないが、その実態を具体的に知りうる史料は乏しい。この点が奈良時代の年分度者を考える場合の難点であるが、それでもなお、得度・度牒の授与の方式が、延暦年間(七八二—八〇六)以後になって大きく変化したものとは到底考えられない。

かくのごとく国分寺僧と年分度者の場合では、その得度の方式も、度縁までもが異なっていることを知るのであるが、それでも両者に共通している点は、貢進解を提出することと、勘籍を行うことであったと思われる。課役免除の許可手続きとして勘籍は、五比の戸籍にまでさかのぼって行われたのである。このことは、一般僧尼の場合も同様であったと推察されるが、事実、正倉院の丹裹文書によると、天平十六年十二月二十九日に貢進された「山君田室年廿七右大舎人近江国神埼郡戸主正六位上山君足人戸口」と「山君馬乗年十三近江国神埼郡戸主君山水通戸口」は、翌十七年正月七日、中納言藤原豊成の宣により勘籍すべきことが、玄蕃少属秦道成によって示されているのである。(17)これ以後の手続きについては、明確にすべき史料をもたないが、勘籍の結果によって、地方の場合は、国分寺僧に準じて得度許可の通知が治部省から国司へと伝えられ、一方京内では僧綱へ伝達されたのではないかと推察される。これをうけて地方では師主が、国師が師主となる例も多かったと思われるが、得度を行い、京内でも師主が各寺で得度にあたったのであろう。(18)度縁の作成については、師主がこれにあたったと推察されるが、地方では国分寺僧のごとく治部省印のないものであった可能性が強く、京内では、時代ははるかに降るが、『政事要略』巻五十五にある天慶四年三月二十日の太政官符より推考すると、師主の作った度縁が、僧綱を経由して提出され、治部省印を請うて後、各師主の手許にもどったといえそうである。以上のごとく、一般僧尼の場合の方式を考えてまちがいないとすれば、彼らは国分寺僧のごとく貢挙の時のきびしい選択もなく、年分度者のような試業もない。天平六年十一月戊寅の太政官奏に「比来出家、不レ審二学業一、多由二嘱請一、甚乖二法意一」とあることを考えあわせてみても、出家の条件はかなりゆるやかで、師主や貢進者の恣意的判断にまかすことが多かったのではないかと思われる。

ところで、『続日本紀』養老四年八月癸未条によれば、「詔、治部省奏、授二公験一僧尼多有二濫吹一、唯成二学業一者、一十五人、宜レ授二公験一、自余停レ之」とある。いささか理解し難いものだが、横田健一氏は、「八月一日には不比等に度者三十人を賜っていますが、その二日後の三日になって一五人だけが学業を成すものとして公験を与えられ、あとは取り消されているのです」といい、[19]中井真孝氏は、「治部省の奏言により僧尼に公験をさずけるにあたり、僧尼に多く濫吹があるため、以後は業をなせるもの一五名に限って公験をさずけることにした」という。[20]だが、この前後の得度の状況をみると、養老四年三月癸亥には「勅、度二三百二十人一出家」、八月辛巳朔には藤原不比等の病気平癒のため「賜二度卅人一」、翌五年五月壬子には聖体不予のため「簡下取浄行男女一百人上入道修道」、神亀二年(七二五)九月壬寅には除災を願って三千人の出家入道、神亀三年六月丁卯には太上天皇のため僧尼あわせて三〇人を度し、七月甲午には二二人を度す。こうしてみると、養老四年以後の得度が、必ずしも学業成就者のみを対象としているとは思えず、何故この時だけ、このような措置をとったかは、横田・中井両氏の見解からも十分納得できない。しかしここに、二つのことが想定される。その第一は、藤原不比等の病気平癒を祈念して行った一連の対策、度者三〇人の賜与にはじまり、大赦、都下四八寺での一日一夜の薬師経読誦、官戸を良民にしたこと等と関連づけて考えることであり、第二は、養老二年十月庚午の太政官より僧綱への布告や、翌三年十一月乙卯朔の僧綱への詔にみられるように、僧尼の質の向上を目ざして行われた学問奨励策の一環とみなすことである。ただ、前者については他にこのような例がなく、この時点では、後者に重きをおいて考えた方がいいように思われる。しかもここで注目されるのは、二葉憲香氏が、「奈良時代の宗学は極めて少数の学徒の関係するものであって、大多数の僧徒のあずかり知らぬものであった」「奈良時代の(五宗ないし六宗の)宗学は、国家が一部の僧に学ばせたのであり、僧尼全般に要求したのは、呪術的に屈折受容した戒・定・慧の三学であったらしい」[21]と、一般僧尼と学僧との間に明確な差異を指摘していることである。上述一五人の得度者、ただ学業を成ぜるものというのは、まさにかかる学僧をさすものではなかろうか。宗解と結びつく、経論の解義を要求しはじめる延暦年間(七八二―八〇六)の年分度者の先駆的なものが、この学問奨励策のなかから要請され、生れてきたのではないであろうか。彼らの得度は当然中央で、年分度者に準じて行われ、度縁の作成授与も同様であったと想像される。

かくして、得度と度縁をめぐる方式が明らかになったが、つぎに律令政府の側より得度させ、度縁をだす動機についてみると、まず先述の年分度者があげられる。また臨時の度については、㈠天皇のため、㈡皇后皇族のため、㈢先人追福のため、㈣有能沙門還俗の代度、㈤高官の疾病平癒祈願のため、㈥高官に対し代度者を授く時、㈦労働力提供の場合、等が考えられる。また、得度の資格、度縁をうける条件についてみると、原則としては学業あり、浄行あり、しかも私度僧にあらざるものであった。とくに養老期をみると、民間で活躍する行基の徒や私度僧には弾圧を加え、学問奨励を叫ぶと共に統制を厳しくし、懸命に僧尼の質的向上を図っているのである。しかしながら、このような方策をかかげたにもかかわらず、度者の貢挙は必ずしもすっきりした形で行われたとは思えない。恐らくは、前述した天平六年十一月戊寅の太政官奏にあるごとく、学業を審らかにせず嘱請によるものが多かったと推察されるばかりか、私度僧についても、そのすべてが律令政府の弾圧下にあり、度科の対象にならなかったとは思われず、むしろ多くの私度僧が官僧として採用されているかのようである。養老五年五月壬子の詔によると

太上天皇、聖体不予、寝膳日損、毎レ至二此念一、心肝如レ裂、因帰二依三宝一、欲レ令二平復一、宜下簡二取浄行男女一百人一、入道修上レ道、経レ年堪レ為レ師者、雖レ非二度色一、並聴二得度一、

と、度色にあらざるもの——度色とは「識二経論一堪二僧尼一者」をいい、度色にあらざるものとは僧尼令出家条によれば、「其私度人縦有二経業一、不レ在二度限一」といっていることなどよりして、私度のものと考えられる——までも、浄行が長く「堪レ為レ師者」は得度させているのである。これは、長屋王治政下の養老五年という厳しい僧尼統制の時代

にあっては、太上天皇不予という特殊な条件下に出された特別の処置とも考えられる。しかしながら、天平期以後の史料と対比してみると、これは決して思いもよらぬ特殊な方策ではなく、律令政府が取った僧尼度科対策の一側面として理解できそうである。つまり一面では学業あり、浄行あり、しかも私度でないものを対象としながら、一方では、僧尼たるにたえうるもの、智行あるものは、度色にあらずといえどもこれを官僧へくり入れようとする政策が、時代をふるに従って次第に強く表面に現われてくるように思われるのである。そこでまず、さきにもふれた天平六年十一月戊寅の太政官奏について、もう一度考えてみよう。それには

仏教流伝、必在二僧尼一、度二人才行一、実二簡所司一、比来出家、不レ審二学業一、多由二嘱請一、甚乖二法意一、自レ今以後、不レ論二道俗一、所レ挙度人、唯取下闇二誦法華経一部、或最勝王経一部一、兼解二礼仏、浄行三年以上者上、令二得度一者、学問弥長、嘱請自休。

とある。即ちにこれ以後は、推挙する人が僧侶であろうと俗人であろうと、嘱請による度は一切禁止し、最低でも法華経一部か最勝王経一部を暗誦し、兼ねて礼仏を解し、浄行三年以上の者を得度させ、それによって「学問弥長、嘱請自休」を期待しているのである。これについては、私度禁止の徹底化の意味に解する先学もあるが、むしろこれは、すべて私度＝不審学業者ではないと考える以上、あらゆる不審学業の徒が巧みに嘱請によって僧尼になることを防いだものといわねばならぬ。そしてさらに考えれば、この太政官奏は、上述の条件を満足させるものには、何人にも得度の資格を与えたものといいうるのであり、その意味において堀一郎氏も指摘のように[22]、民間の優婆塞・優婆夷、さらに私度僧たちにもすべて大僧への門戸を開放したものと思われる。つまり従来までは度色に限定され、あるいは前述の養老五年五月の詔のように、「経年堪為師者」のみが度色にあらずとも入ることができた官僧への道は、これに

よって、民間の度色にあらざるもの達に対しても開かれたものといいうるのである。

ところで、ここに想起されるのは天平三年(七三一)八月癸未の行基の徒に対する詔である。それによれば

比年随₂逐行基法師₁優婆塞優婆夷等、如ㇾ法修行者、男年六十一已上、女年五十五以上、咸聴₂入道₁、自余持ㇾ鉢行ㇾ路者、仰₂所由司₁、厳加₂捉搦₁、其有ㇾ遇₂父母夫喪₁、期年以内、修行勿ㇾ論、

とある。これに対して井上光貞氏は、養老天平の間にかけての僧尼統制策の一環としてこれをとりあげ、「行基の徒の私度に更に年齢の制限を加えた」ものとされ、(23)一方北山茂夫・塩沢君夫氏は、如法修行者は上層農民乃至土豪層に限られるから、この詔は、行基に随逐する上層農民乃至土豪層と農民大衆との階級分裂を企図したものだとされる。(24)如法修行者が果して北山・塩沢両氏のいうように、文字を解し、班田耕作の必要ない上層農民乃至土豪層のみのものか、あるいはこの詔が階級分裂を策したものかは速断を許さない。ただここにいう如法について石母田正氏は、「僧尼令とそれにもとづく従来の格に準拠すること」とされるが、(25)如法修行者という場合には、さらに法華経一部か最勝王経一部を暗誦し、礼仏を解し、浄行修行も三年程度は行った人をいうのであろう。またこの詔では優婆塞・優婆夷が対象となり、僧形の私度僧は除かれているが、それでも養老年間の行基的仏教に対する禁圧と比較すると、井上氏のごとく統制の強化と考えるより、大きな政策転換が行われたとする方が自然のように思われる。さらにこの場合には年齢にも制限が加えられ、「自余持ㇾ鉢行ㇾ路者、仰₂所由司₁、厳加₂捉搦₁」と行基の徒だけに限定されてはいるが、再び天平六年十一月の太政官奏との関連においてみる時、そこに至る前段階として、まず民間での社会事業などに功績をあげつつあった行基の徒の、私度僧ではない如法修行者の、しかも課役に関係ないものの得度が考えられたのではなかろうか。

かように律令政府の度科対策は次第に変化していくのであるが、いま『続日本紀』天平宝字二年八月庚子朔条によれば、「天下諸国隠二於山林一清行逸士十年已上、皆令二得度一」と、明らかに民間の修行者の官僧への抜擢を示しており、さらに宝亀十年九月癸未の勅には

僧尼之名、多冒二死者一、心挟二奸偽一、犯二乱憲章一、就レ中頗有二智行之輩一、若頓改革、還辱二緇侶一、宜下揀二見数一与中公験上、自今以後、勿レ令二更然一

といっている。即ち、僧尼の中には死者の名を冒し、心に奸偽を挟んで憲章を犯乱させている者が多い。ところが中に頗る智行ある輩がいるので、このような人をも含めての急な改革は、かえって緇侶を辱しめるものとなるであろう、だから智行者の現在数を調査して、そのすべてに公験を与えよといっている。つまりこの勅では、智行の輩なれば死者の名を冒したものでも——僧尼令私度条には、「凡有二私度、乃冒名相代一、幷已判二還俗一、仍被二法服一者、依レ律科断、師主、三綱及同房人知レ情者、各還俗」とあるにもかかわらず、これに公験を与え、律令体制のなかへくり入れていこうとしているのである。このように律令政府は、とくに天平期以後において、僧尼たるにたえ智行あるものには、度色にあらざる私度にまで公験を与えて官僧の列に加えたのである。このことは、従来私度僧といえばすべて、反律令的な存在とみなしてきた考え方に再検討を求めるものである。

それでは一体、私度僧はどのように考えられていたのだろうか。時代は少々降るが、平安初期の釈家の説によりながら眺めてみたいと思う。僧尼令出家条によれば、「其私度人縦有二経業一、不レ在二度限一」とあり、私度僧の官僧になることは厳重に禁止されている。ところが、僧尼令集解出家条穴記には、「謂以二私入道一、即不レ聴二得道一也、但科レ罪還二本色一後、願者聴耳」といい、同跡記には、「成二白衣一訖後、受二官度一者、不レ在二禁限一」という。さらに同朱記で

は、「成二白衣一訖後、更為二官僧尼一者不レ禁也。身所レ得経業、有レ不レ離二其身一之故者」とする。即ち釈家によれば、律令政府が私度の経業あるものをも認めないのは、それらが私に入道したからだという。それ故、私度でも経業あるものは、白衣に成り訖ったならば官度を受けられるという。ここにいう白衣となり訖るとは、恐らく私度僧として勝手につけた袈裟・衣を捨て、完全に俗形にもどることを意味すると思われるが、かかる者に対しては、「身所レ得経業、有レ不レ離二其身一之故者」ということにより、官度の機会を与えられたといっていることは注目しなければならない。即ち釈家によれば、経業あるものはその手続きさえ正当ならば、官僧へくり入れることに何の障害もなかったと考えられていたのである。そしてこのような釈家の説は、いずれも平安初期のものであるとはいえ、前述の事例をあわせ考えると、奈良時代も同様であったと思われるのである。かくして私度に対する律令政府の政策は、決して私度僧の経業禁圧にあるのではなくして、僧尼支配の上から私にみだりに入道するものを防止し、養老元年四月壬辰や五月丙辰の詔にみられるような遊行乞食、罪福の因果説法、村邑寄落、課役忌避等の反律令的行為を禁圧するにあったのだといわねばならぬ。

ところで、『続日本紀』等から度者の数を年代順に拾ってみると、大宝二年一〇〇人（太上天皇不予）、同三年一〇〇人（四大寺大般若経転読）、養老四年三二〇人、同五年一〇〇人（太上天皇不予）、神亀二年三千人（除災異）、同三年僧二八人尼二人（太上天皇不予）、同年僧一五人尼七人、天平八年一〇〇人（太上天皇寝膳不安）、同九年中央四〇〇人・地方五七八人（天下泰平国土安寧）、天平十三年七五〇人（諸国優婆塞造橋作業）、同十六年一〇〇人（万燈会）、同十七年四〇〇人、三八〇〇人（天皇不予）、同十九年六五六三人、同二十年五一〇人、僧尼各々千人、天平感宝元年千人、天平勝宝四年僧九五〇人尼五〇人（聖武上皇不予）、同六年僧一〇〇人尼七人（太皇大后枕席不安）、天平宝字元年八〇〇人、宝亀九年三〇人（皇太子不予）とな

っている。これらはすべて集団度の例であるが、とくに天平十年以後になるとその数は激増する。勿論神亀二年には三千人という例外はあるが。これは律令政府の度者対策が、一方においては前述のごとく度者に対して種々の条件をつけてその質の向上につとめながら、もう一方ではこれと並行して、きわめて多くの、すべて如法修行者とも思えない人達にまで度縁が渡されたことによるものと考えられる。これは一体何を意味するのか。一口にいってそれは、論功行賞的な度縁の授与によるものと思われる。即ち『続日本紀』天平十三年十月癸巳条の、畿内及び諸国の優婆塞等を召して賀世山の東の河に橋を造らせ、それによって七五〇人を得度させたという記載、また優婆塞貢進解をみると、天平十七年からは著しく記事が簡単になっており、竹内理三氏の指摘のように(26)、大仏造顕の労働力をうるため、仏典の修行によらずとも、造仏の事業に奉仕することにより、得度を認めるに至ったと思われることなどがそれである。即ち、天平十七年九月二十一日の従五位上百済女王解に「甲賀役百廿日」とあるのや、天平勝宝二年四月二十四日の尾張国国師鏡忍解にある「先参入役日百日」「先参入役日百廿日」の記載、さらに天平十七年中のものに役使終了の意味にとれる「了」とあるのや、天平勝宝二年のものに四月・五月の二カ月奉仕と思われる「四月　五月」の記載のあるもの等は、上述のことを如実に示しているものであろう。しかし、申請者のすべてが、無条件で度縁を与えられたとは思えない。天平十四年より始まる「納櫃本経検定幷出入帳」に収める「櫃本経出入注文」の天平十五年条には、

十二月出花厳経八十巻借請出家所受竹志豊野「納了」「赤万呂」

とあり、

十七年七月十八日出涅槃経廿巻第二帙　在帙並占「納了」「人成」

右、依良弁大徳宣、出家人試所令奉請如件、

ともみえるからである。(27) ここにいう出家所と出家人試所は同一のものと思われ、堀池春峰氏の指摘のごとく、「優婆塞・夷を得度せしめ沙弥・沙弥尼に至る前提として人物・学業を考査する所」であったのであろう。(28) 続出した出家希望者を制御する機関として、その果した役割は大きかったと思われるのである。ただ、その設置期間は、変則的大量度科の行われた一時的なものにすぎなかったと考えられる。なお、得度を許されたものは、沙弥・沙弥尼とよばれる。

受使教演沙弥　辛国「人成」

㈣　受　戒

つぎに「受戒給二」について考えてみよう。まず、受戒の資格のあるものは沙弥・沙弥尼であるが、受戒の場所、手続き等については必ずしも明確でない。いま、「西琳寺縁起」によると、受戒は大宝三年（七〇三）には閏四月十五日に大官大寺で、和銅元年（七〇八）は四月二十八日、同二年は三月二十八日、共に飛鳥寺で行ったとある。また、養老五年（七二一）以後の記載ではすべて、三月二十三日、薬師寺とある。この場合、薬師寺での受戒の記載は神亀四年（七二七）までであるが、薬師寺の平城京移建は「縁起」によれば養老二年（七一八）としていること、さらに養老六年七月己卯の太政官奏によれば、僧綱はこの年より「宜下以二薬師寺一、常為中住居上」とここに置かれて、僧尼支配の中心となったこと等より、薬師寺での受戒は多かったと思われる。ところが、ここに固定していなかったことは、最澄の『内証仏法相承血脈譜』に、最澄の師行表は天平十五年（七四三）興福寺北倉院で受戒したとあり、「大倭国正税帳」には受戒寺とあって、特定の寺院名の記載がないこと等から明らかである。ただ、『続日本紀』天平十九年一月癸卯条に、

「制令下二七道諸国沙弥尼等一、於二当国寺一受戒、不も須二更入レ京」と、沙弥尼だけは当国の寺で受戒せよとあるが、このことはあくまで一時的なもので、受戒の場合は得度の時とは異なり、すべて上京し、いずれかの場所で受戒したものと思われるのである。それが鑑真来朝以後には、「自今以後、授戒伝律、一任和上」の詔にしたがい、天平勝宝七歳（七五五）に戒壇院が完成すると、正式の授戒はすべてここで行われはじめた。ところが、天平宝字五年（七六一）一月になると、新たに下野薬師寺と筑紫の観世音寺にも戒壇が設けられ、いわゆる三戒壇が成立した。下野薬師寺においては東海道足柄坂以東及び東山道信濃坂以東を、観世音寺は西海道を担当地域とし、三戒壇によってもれなく授戒を行いうるようにした。

受戒の手続きについては、時代は降るが、貞観七年三月二十五日の太政官符によれば、「爾乃毎レ年三月以前、僧綱放二牒諸寺一、令レ進下当年可二受戒一者夾名上、会三集綱所一治部玄蕃共勘二名籍一」とある。しかもその条件としては、年分度者は一二カ年、臨時度者は三カ年の沙弥の行を練らしめることが必要であり、そのうえ法華最勝威儀三部経を試み、年六〇以下二五以上でこの三部経を学得したものを簡定し、選ばれたものに対しては、さらに二一日間の悔過を修せしめ、四月十五日以前にその受戒日を定めるという。[29] この制がこのように確定した時期については、この太政官符には旧例によるとあるのみで断定はできないが、ここに至るまでには、奈良時代よりかなりの紆余曲折を経たものと思われる。たとえば正倉院文書のなかには、

左弁官史生下清人恐ミ謹啓　欲受戒僧事

僧満歓

右僧、清人等親之世、是願云、忽有思意、聊欲受戒者、幸請一二禅師等、令戒檀(壇)、欲(令)受戒、乞不過今日、事成熟

幸甚〻〻、過今日者、更无可望、必垂□恐□□□□誠惶謹□

というものがある。[30] 日付は一応宝亀七年と推定されているが、清人が浄人と同一人物とすれば、もう少し遡る可能性もある。[31] さて、この史料で注目されるのは、奈良時代にあっては、受戒の場合にも、優婆塞同様の貢進手続きがとられた例の存在することである。勿論、このような形式の受戒者が多数を占めたとは思えず、主流は太政官符に示された方法によったと推定される。また、受戒の条件については、年齢や学解の内容にまでこまかな制約があったとは到底考えられない。しかし、受戒のためには沙弥行が要求され、受戒者審査のための機関が存在したこと等はまちがいない。この点でまず気づくのは、「納櫃本検定幷出入帳」第八櫃天平十五年と推定しうる条の擬僧試所という記載である。[32] 前述の出家人試所と同じく、大仏造顕時代の一時的なものとも考えられるが、それでも受戒の審査規準は、得度より一層厳しいものであったにちがいない。つぎに興味あるものは、山沙弥所の存在である。正倉院文書中には

自政所来法花経基法師疏七巻白紙及无緒軸未知書主
自山沙弥所来
納他田水主
以八月六日返送三巻第二三四者使他田水主
以九月三日返送四巻第五六七八者使　知阿刀史生
村山首万呂
返了

優婆塞戒経十巻黄紙及表綺緒紫檀軸綵帙牙籤

右、依政所宣、付竹田真弓、奉請於山沙美所、

天平勝宝七歳五月十日呉原生人

主典葛井連「根道」

というものがあり、[33]ここに山沙弥（美）所の記載がある。これが管見のすべてであり、これだけからその実態を明らかにすることは困難だが、山沙弥所とあることからすれば、それが山林中にあること、比丘・比丘尼になるためには何らかの沙弥行を必要としたことを考えあわせ、これが山林中に設けられた沙弥のための修行所であったとしてまちがいないと思われる。では、どうして沙弥のための修行所が山林中に設けられたかについては、薗田香融氏が、即身成仏観に支配された古代の如法修行には、必然的に山林修行が付属し、取り去ることのできない重要な部分を形づくっていたからだとされる。さらに、即身成仏の補助手段として行われた求聞持法という密教的な山林修行について考察を進め、それによってえられた自然智は、優婆塞や沙弥にとって最も必要な経典の暗記と、文句の解義に効能があったと指摘する。[34]かように山林修行の果す役割はきわめて重要だが、さらに護命伝にみられるように、白月は山に入り、黒月は寺に帰るといった生活様式をとっていたことをもあわせ考えると、山林での沙弥行は、彼らにとって必須の条件であったと思われる。

ところで、正倉院文書中には、かなりの沙弥の名が散見する。そのうちに比較的多くその記載のあるものは、智憬・標瓊・教演・薬智・明一等で、彼らはすべて東大寺に所属する。そこで智憬は良弁、標瓊・薬智は平摂、明一は慈訓にと各々師事し活躍していたと思われる。沙弥行の期間について、前述貞観七年三月の太政官符には、年分度者二年、臨時度者三年とあるけれど、天平期に散見する例は、さらに長期間のものばかりである。史料にあらわれる最

小限でも、智憬の場合は天平十四年九月二十八日より十九年十月二十五日、教演は天平十六年二月十二日より二十年三月二十四日、標瓊は天平十六年二月二十二日より二十年一月二十四日までの年月を経ているのである。(35)

以上の考察によって、受戒の資格あるものは沙弥行をへた沙弥・沙弥尼であることが明らかとなり、受戒の手続きは、直接貢進の例もあったが、原則としては各寺を通して僧綱に申告され、治部省・玄蕃寮が名籍を勘知して登壇受戒させたものと思われる。受戒の場所については、鑑真来朝以前では一定していないが、一応全員に上京させていること、天平勝宝七歳(七五五)以後は戒壇院に固定し、天平宝字五年(七六一)以後には三戒壇で行われはじめる。しかも受戒は年一回、三-四月に実施されたと思われる。

ところが、ここに問題が残る。それは鑑真渡来以前の受戒が、どのような形で行われていたかということである。いま、凝然の『三国仏法伝通縁起』によると、

道融并智璟皆是通二達律蔵一之人、道融禅師聖武天皇御宇天平年中、良弁僧正由二霊夢告一、請二道融禅師一為二説戒師一行二布薩法一、此即梵網菩薩説戒、即請二智璟法師一令レ講二行事鈔一、此即世間漸講二律蔵一、然未レ行下彼受二具戒一法上、如二賢璟言一、鑑真和尚已前、諸僧皆依二瑜伽一行二三聚浄戒自誓作法一、其従他受亦受二三聚一、成二七衆戒一、賢璟大徳於二維摩堂一、与二思託律師一論難之時、即立二此義一成下立通受比丘得二具足戒一之義上、如下行基菩薩随二徳光法師一受中具足戒上者、即是通受従他行相、

とある。この記事は、鑑真来朝後におこった戒律をめぐる混乱ぶりを、賢璟や志忠等の対応をくわしく述べた『延暦僧録』(36)普照伝や、『東大寺要録』所収(37)の『延暦僧録』の記載等と対比して考えると、さらにいえば、賢璟についての関連記事や豊安の『戒律伝来記』等をもあわせ考えると、きわめて信憑性の高いものと思われる。いま、戒を常盤大

定氏に従って分類してみると、

```
        ┌共　門┬別受戒──四分戒(二百五十戒)────随他受戒
        │      └通受戒┬瑜伽戒(三聚浄戒)────┐
        │              └瓔珞戒(三受門)        ├自誓受戒
        └不共門──圓頓戒──梵網戒(十重四十八軽戒)┘
```

となる。[38] なお、瑜伽戒は大小倶戒で、瑜伽戒に説く三聚浄戒においては、摂律儀戒に小乗の具足戒をとりいれている。ここで再び前述の文を考えてみると、鑑真渡来以前においては、皆大乗戒である瑜伽戒によって三聚浄戒自誓作法を行じており、現前の師を必要とする従他受も、同じく大乗戒である三聚浄戒を持して七衆戒を成ずとし、さらに自誓受戒である通受比丘でも、小乗戒である具足戒を成立することができるという。このことは、鑑真以前においては、大小戒を調和し混同して考えていたといわねばならぬ。換言すれば、鑑真以前の受戒は、大小戒いずれによるか明瞭な区別なく、さらに受戒すべき戒壇も整わず、きわめてあいまいなものであったと思われる。受戒の形式も、強いていえば自誓受戒が多く、従他受また三師七証によるがごときことは勿論なく、最少限の師により行われたと推測されるのである。道光にはじまるとされる戒律の研究は、道融・智璟等により一層の発展をとげ、主要な寺には、少なくとも天平末年の頃からは、律宗（衆）とよばれる研究グループさえ誕生した。[39] しかし、道璿の来朝によっても何ら影響をうけないほど、さらにいえば修正できないほど、わが国独自の体系ができあがってしまっていた。そのうえ、国家権力が常に優位にたつ状況下では、本来僧尼にとって最も大切な受戒も、仏教独自のものとは全く本質的に異なるものになっていることにも気づかなかった。さきにも述べた天平十九年一月の諸国沙弥尼の当国寺受戒のごときは、受戒がきわめて便宜的に、軽く扱われている例といわねばならぬ。

このように授戒権も得度と同じく、完全に国家権力によって把握されるという体制が当然視されていたが、これは鑑真来朝後に、受戒の形式が整ってからも変ることはなかった。細川公正氏は、その後におきた律宗内部の法進一派と思託一派の分裂について、律令国家に迎合するものと、仏教本来の純粋な立場を維持し受戒権の確立を企図するものとの対立と考える。(40) かくして受戒の形式にかかわらず、僧尼は一応比丘・比丘尼戒をうけ戒牒をもらうことになるのであるが、この戒牒を授与されたことは、一人前の官僧と認められたことを意味すると共に、上級官僧への登竜門となっていたようにも思われる。受戒をおえた僧尼は、比丘・比丘尼とよばれるにいたる。

(五) 師位僧

最後に師位について考えてみよう。その史料上の初見は『日本書紀』朱鳥元年六月甲申条に、「是日、三綱律師、及四寺和上・知事、并現有二師位一僧等、施二御衣御被各一具一」とあるものだが、その後の史料にはめぐまれず、その実態把握は必ずしも容易ではない。そこでまず、前述の釈の問答から眺めると、大部分の場合、入師位の人は受戒した比丘・比丘尼より選ばれたものと考えられる。しかし、比丘・比丘尼から師位僧への昇進年月、及びその方法は全く明らかでない。つぎにその僧界における地位についてみると、僧尼令集解任僧綱条、和銅四年十月十日の令師大外記正七位下伊吉連子人の口宣には

僧綱死闕并入二師位一僧歴名者、先申二弁官一、即官与レ省相副、申二太政官一。

とあり、天平十九年二月十一日付の大安・法隆両寺の「伽藍縁起幷流記資財帳」の末尾には、佐官兼薬師寺主師位僧勝福・佐官兼興福寺主師位僧永俊の記載があり、また、『続日本紀』天平宝字二年八月朔条の詔のなかには、「僧綱始氏、諸寺師位僧尼等爾物布施賜夫」の記事もある。さらに天平宝字三年五月甲戌の勅の「宜レ令下百官五位已上、緇徒師位已上、悉書二意見一、密封奉レ表、直言正対、勿モ有二隠諱一」の記載、それに上述の朱鳥元年六月の記事までを考えあわすと、師位僧は指導的立場にある上級官僧で、とくに天平宝字三年五月の勅では、五位以上の官人と対比されている点が興味深い。それがさらに翌天平宝字四年七月庚戌になると、大僧都良弁・少僧都慈訓・律師法進等が奏言して、四位十三階の僧位を創設せんとし、その十三階中において、三色師位と大法師位は勅授位記式に准じ、自余の階は奏授位記式に准ずることを申請し、師位の等級は奏状のごとくなっている。ここにいう三色師位は、伝燈法師位・修行法師位・誦持法師位をいい、その上に大法師位があったのである。このように眺めてくると、長い間漠然としていた師位の官位相当の問題は、天平宝字三年（七五九）から四年にかけて一層具体化し、勅授位記式によって任命されるというように、完全に五位以上の官人として扱われ、師位の官人機構内の地位が明示されるにいたるのである。

つぎに二つの師位僧の例について考察してみたい。第一は『続日本紀』天平勝宝元年閏五月甲辰条の

私度沙弥小田郡人丸子連宮麻呂授二法名応宝一入二師位一、

という記事であり、第二は、

丹比連大歳（大養徳国城下郡鏡作郷戸主立野首斐太麻呂戸口）

読経　法華経一部並破文

最勝王経一部

千手千眼経
薬師経　「反」（異筆）
誦経　八名普密経
多心経
観世音経
師主薬師之寺師位僧行基
浄行五年

という優婆塞貢進解にみえる師主薬師之寺師位僧行基という記載についてである。[41]

前者については、その私度僧から師位への抜擢の理由が、陸奥産金の功労によるものであることはいうまでもない。ただ我々がこれによって注目すべきは、度↓受戒↓師位というコースを辿らなくとも、その優れた国家への功績によっては、丁度論功行賞として度を授けたごとく、仏教的な種々の過程を経ずして、かかる重要な地位が与えられたという特殊な例外の存したということである。後者の場合は、これが果して後の大僧正行基であったかどうか一応疑問ではあるが、私は後述のことから明らかなように同一人物と考えたい。ところで、年代を欠くこの貢進解の年代については、その上限は大倭を大養徳に改めた天平九年(七三七)十二月丙寅以後となるが、国・郡・郷の記載――岸俊男氏の指摘のごとく、郷里制施行期間の下限は天平十一年末から天平十二年初め頃であるが[42]、この貢進解にはすでに郷里の記載はなく、郡郷制へ変化して後のものであること、さらに天平十七年(七四五)正月には大僧正に登用されていること等より考えて、大体天平十二年より十七年正月までの間と推定される。しかも天平十年頃の成立といわれる古記には、(43)行基大徳の名をみることができる。これらのことより野村忠夫氏も指摘されたように、(44)行基の中央への結びつき、官寺との関係は、決して従来までいわれたように、天平十五年の大仏鋳造参加以後ではなく、少なくとも天平十年頃までは遡りうるのではないかと思う。されば我々の問題は、かつて小僧といわれた行基が、いかにしてかかる官寺に、しかも師位という上級官僧として入ったかということである。即ち、それは度→受戒→師位というコースを辿ってきたのか、あるいは前述の私度僧のごとく、律令国家に対する功績による抜擢なのかということである。いま、それについて主要な行基伝より、とくに天平十七年以前の経歴に関する部分を列挙して考えてみよう。

〔大僧正舎利瓶記〕和上法諱法行、一号二行基一、薬師寺沙門也、(中略)至二於飛鳥之朝壬午之歳一、出家帰道、苦行精勤、誘化不レ息、人仰二慈悲一、世称二菩薩一、是以天下蒼生、上及二人主一、莫レ不二望レ塵頂礼一、奔集如レ市、遂得二聖朝崇敬、法侶帰服一、天平十七年、別授二大僧正之任一、並施二百戸之封一、于レ時僧綱已備、特居二其上一、(下略)

〔続日本紀 卒伝〕和尚薬師寺僧、(中略)和尚真粋天挺、徳範夙彰、初出家、読二瑜伽唯識論一、即了二其意一、既而周二遊都鄙一、教二化衆生一、道俗慕レ化、追従者動以レ千数、所行之処、聞二和尚来一、巷无二居人一、争来礼拝、随レ器誘導、咸趣二于善一、又親率二弟子等一、於二諸要害処一、造レ橋築レ陂、聞見所レ及、咸来加レ功、不日而成、(下略)

〔日本往生極楽記〕(上略)菩薩出家為二薬師寺僧一、読二瑜伽唯識論等一了二知奥義一、菩薩周二遊都鄙一、教二化衆生一、道俗慕レ化、追従者動以レ千数、(下略)

〔元亨釈書〕(上略)天智七年生、(中略)十五出家、居二薬師寺一、学二瑜伽唯識等論於新羅慧基一、又従二義淵一益二智証一、二十四受二具足戒於徳光法師一、基事二行化一、道俗追随之者以二千百一数、(下略)

〔日本霊異記 中巻第七〕(上略)時有二沙弥行基一、(中略)聖武天皇、感二於威徳一故、重信之、時人欽貴美称二菩薩一、以二天平十六年甲申冬十一月一、任二大僧正一、於レ是智光法師、発二嫉妬之心一、而非之曰、吾是智人、行基是沙弥、何故天皇、不レ歯二吾智一、唯誉二沙弥一而用焉、(中略)而作二是言一、光者古徳大僧、加以智光生、行基沙弥者、浅識之人、不レ受二具戒一、何故天皇、唯誉二行基一捨二智光一也、

〔行基年譜〕 行年卅七歳甲辰文武天皇八年、甲辰、慶雲元年也、卄従二少年一至二卅七歳一棲二息山林一云云、如レ是等之間、或修行、或安居、築レ池掘レ河度レ橋伏二通樋一掘レ溝云云、行年五十四歳辛酉元正七年、養老五年辛酉五月三日、命交(受カ)朝廷参上、京都二人得度、(中略)行年六十六歳癸酉聖武天皇十年、天平五年癸酉閏三月、朝廷与二輦車一両一得度卅五人給、(中略)我智深大僧也、行基智浅沙弥也、(智光伝説)

〔扶桑略記〕 十七年乙酉正月己卯日、以二行基卄一為二大僧正一、(中略)卄未レ経二僧位一、不レ受二於具足戒一、尚是沙弥也、一云、年十五歳出家入道、卄四歳受二具足戒一、(中略)爰有二尺智光一、(中略)已上異記

このようにみてくると、これらの史料は、㈠『舎利瓶記』、『続日本紀』卒伝、㈡『日本往生極楽記』『元亨釈書』、㈢『日本霊異記』、㈣『行基年譜』の四つに分類できそうである。このうち史料の性格上、最も根本史料として貴重と思われるのは㈠で、㈡は㈠から発展したと考えられる部分が多い。また、㈢・㈣では、いずれも智光伝説を通して行基と官との結びつきを語る。そして、㈠・㈡と㈢・㈣は全く異なった史料の系統に属するといってよいが、『扶桑略記』は両説を併記している。

そこでこれらの史料によって、行基と官及び官寺との関係、結びつきの時期等について考えてみたい。まず彼の出家であるが、『舎利瓶記』には「飛鳥之朝壬午之歳、出家帰道」とある。壬午之歳とは天武十一年にあたり、『元亨釈書』の「十五出家」の記載は正しい。その師主について『三国仏法伝通縁起』は、法相第一伝といわれる道昭として

いるが、『続日本紀』卒伝に「初出家、読二瑜伽唯識論一、即了二其意一」とあること、共に天下周遊の事績があること等からすると、『縁起』の記事は妥当性をもつものといえる。また出家の場所について井上薫氏は、道昭のいた飛鳥寺の可能性が大きいとされる。(45) 薬師寺との関係については、㈡では「菩薩出家、為薬師寺僧」とか、「居薬師寺、二十四受具足戒於徳光法師」とあって、あたかも出家以来薬師寺にいて、官僧としての生活を続けていたかのように記されている。ところが、信頼度の高い㈠の史料では、薬師寺沙門・薬師寺僧とのみあって具体的ではない。このことは、後に薬師寺に入ってもいいうることで、受戒についての記載も信憑性に乏しいように思われる。つぎに、小僧行基と官との結びつきの時点についてみると、㈠・㈡では全くふれられていないのに、㈣では養老五年(七二一)五月三日、天平五年(七三三)閏三月をあげる。このうち養老五年の記事は文意をつかみ難いが、この五月三日は『続日本紀』によれば太上天皇不予とあり、三日後には、度色にあらずといえども得度を許していること等から、あるいは何らかの接触があったとも考えられる程度であるのに対し、天平五年は大変可能性が高いものと思われる。というのは、行基の律令政府との関係は、最大限天平三年(七三一)以降、遅くとも天平十年(七三八)ごろまでが考えられるからである。天平三年とは上述のごとく、行基に随逐の優婆塞・優婆夷で、如法修行者のうち、男は六一歳以上、女は五五歳以上が入道を許された、いわば行基的仏教容認の年であり、天平十年ごろとは古記の成立年で、すでに大徳とよばれていたことが明らかな年である。しかもこの天平五年条には、智光伝説が記されている。同じ伝説が、『日本霊異記』には天平十六(七)年の大僧正就任と関連づけて記載されている。ところで、この説話については、堀一郎氏の指摘のごとく、行基・智光が共に有名高徳の沙門であり、しかも説話の作られた年代が近いこと等から、当時真実として一般に流布されていたと考えられるものである。(46) それがこのように違った時点でも記されているのは何故かといえば、行基が浅識で、具足戒も受けていないような沙弥でありながら、思いがけず抜擢されたことに対する智光の、さらにいえば大僧等の批難を象徴しているように思える。このように考えてくると、行基は道昭の弟子として得度したが、その後は民間にあって活躍し、恐らくは天平五年(七三三)以後、遅くとも天平十年(七三八)ごろまでには師位を与えられたものと思われる。『扶桑略記』の表現によれば、行基は「未レ経二僧位一、不レ受二於具足戒一、尚是沙弥也」という状態から、一躍師位僧となり、薬師寺にその籍を連ねることになったのである。このことが、正規のコースをたどった一部学僧の誹謗するところとなり、ましてや、大僧正の任別授の措置にいたっては、憎しみにまで達したのであろう。

以上、『令集解』所載の養老四年二月の格の問答を手がかりにして、度・受戒・師位についての考察を試み、奈良時代における僧尼の実態を明らかにせんとした。とくに僧尼を官僧ととらえることによって、奈良仏教の基本構造の一端を明らかにし、日本仏教史の上では古くて新しい王法と仏法との関係究明の一助にしたいと考えた。この考察は同名のものとして、すでに二十数年前に試論として発表し、大方の叱正をえたが、いまここに再論を試みた。過ぎ去った歳月の長さに比して、考察の深まらないのを嘆くのみだが、改めて御批判を仰ぎたいと思う。

註

(1)『続日本紀』慶雲四年七月壬子条の詔のなかには、「僧尼准二八位以上一、各施二絁布一」とあり、「賦役令蠲符条」の古記には、「問、位記灼然者亦免、若公験灼然者若為、答、亦与二位記一同合レ免」とあること等により明らかである。

(2) 薗田香融「国家仏教と社会生活」(岩波講座『日本歴史』4)

(3) 田村圓澄『飛鳥・白鳳仏教論』第三章

(4) 義江明子「大宝以前の戸籍制度」上(『続日本紀研究』第一七五号)

（5）これは『令義解』雑令の文であるが、『令集解』左京職条の朱記には、他国の人といえども、京の寺に居住の僧尼は京職が管理し、一方、外国の寺に住む僧尼の名籍は、京の人・外国の人を論ぜず国司が管掌するとある。
（6）岸俊男「造籍と大化改新詔」「いわゆる陸奥国戸籍の残簡」（『日本古代籍帳の研究』所収）
（7）拙稿「律令国家の氏寺対策」（仏教史学会編『仏教の歴史と文化』所収）
（8）拙稿「官僧について」（『続日本紀研究』第三巻第三号）
（9）中井真孝「僧尼令・准格律条について」（『ヒストリア』第五六号）。新川登亀男氏も「修多羅衆論」（竹内理三博士古稀記念会編『続律令国家と貴族社会』所収）のなかで、「養老四年以前に、公験が存在した証左にはならない」とされる。ところが橋本政良氏は、「告牒𠀋」の記載について中井説に疑義を提示され（「僧尼令の科罪方式」〈『続日本紀研究』第一七四号〉）、井上光貞氏は、はっきりと中井説を否定される（「仏教と律令」〈『日本古代思想史の研究』所収〉）。
（10）野村忠夫『官人制論』第三章
（11）養老四年以前にはどんな手段・方法がとられていたかは明らかでない。
（12）『類聚三代格』巻三
（13）『大日本古文書』二ノ三一八頁
（14）この理由につい倉橋はるみ氏は、「度縁と戒牒」（『日本歴史』第四〇四号）のなかで、「国分寺僧においては『省先責手実、申官、与民部共勘籍』にあたることは得度の後でなく前に、その許可を求めた時点で為されたはずであり、度縁は国分寺で得度が完了した後、それぞれの国で造られたと思われるのである。最澄度縁に見える国師の署は僧綱の署に、国司の署は治部・玄蕃の署に代わるものであり、国印は治部省印に代わるものだと考えねばならぬ。よって宝亀二年、度縁には治部省印を用いるという法令が出ているにもかかわらず、最澄の場合それが見られないのは、その法令が無視されていたことを示すものではなく、国分寺僧に関しては、法令に准じつつも手続上便宜がはかられていたと理解すべきであろう」とされる。これにはいささかの不安な点はあるが、大変興味ある見解と思われる。
（15）『類聚三代格』巻二
（16）二葉憲香「年分度者の原義とその変化」（木村武夫先生還暦記念会編『日本史の研究』所収）

（17）『大日本古文書』二五ノ一三一頁

（18）勘籍の問題について、

謹啓　申可為勘籍沙弥等事　（『大日本古文書』六ノ五六八―五六九頁）

沙弥慈数備後国神石郡志麻郷戸主物部水海戸口物部多能

沙弥慈良備前国邑久郡積梨郷戸主秦造国足戸口秦部国人

右件沙弥等、蒙《藉》恩沢、其等藉欲早速勘《早速欲勘籍者》、今事状具、即附慈数、謹白、

宝亀五年三月十二日

という史料がある。これによると、沙弥慈数と沙弥慈良が勘籍を申請している。沙弥という以上、出家得度しているといわねばならぬが、野村忠夫氏は「得度を許された時点で勘籍を申請したのである」とされる。一方、『続日本後紀』承和十年三月甲寅条の勅によると、「如レ聞、頃年之間、得度之輩、裹二粮遠路一、迥向二戒所一、而依レ無二定限一、徒引二数旬一、論二之物意一、頗背二穏便一、今須下度者勘籍、三月卅日以前、勘定申畢、起レ自二四月一日一、七箇日之間、依レ例修二懺悔一、始レ従二八日一、即令二授戒一、授戒之後、会二集同寺一、俾上修二安居一、自今以後、立為二恒例一」とある。野村氏はこれについては、「それぞれの戒所における得度とこれにともなう勘籍という方式」とされるが、これは授戒する前の度者の勘籍と読める。勘籍が本来、「国家課役免除の許可手続」（竹内理三『寧楽遺文』解説）である以上、この場合の勘籍は、後にもふれる貞観七年三月の太政官符にみるように、申請のあった受戒予定者の名籍勘知、身元確認作業と考えた方がよさそうである（野村忠夫『官人制論』第三章）。

（19）横田健一「白鳳仏教の象徴」（講座『飛鳥の歴史と文学』①所収）

（20）中井真孝『日本古代の仏教と民衆』第三章

（21）二葉憲香「日本古代仏教における三学と六宗」（二葉憲香編『国家と仏教』所収）

（22）堀一郎『日本上代文化と仏教』第三部

（23）井上光貞「東域伝燈目録より観たる奈良時代僧侶の学問」上（『史学雑誌』第五七編第三号）

（24）北山茂夫「行基論」（『万葉の世紀』所収）、塩沢君夫「八世紀に於ける土豪と農民」（『歴史学研究』第一七四号）

(25) 石母田正『日本古代国家論』第一部、Ⅲ
(26) 『寧楽遺文』智識優婆塞貢進文解説
(27) いずれも『大日本古文書』二四ノ一六六頁
(28) 堀池春峰「優婆塞貢進と出家人試所」(『日本歴史』第一一四号)
(29) 『類聚三代格』巻二
(30) 『大日本古文書』二五ノ三六四頁。根本誠二「奈良時代の官僧について」(下出積與博士還暦記念会編『日本における国家と宗教』所収)によれば、「沙弥満歓の受戒の便宜をおそらくは東大寺僧某に依頼している」「それは具体的には『交名』への沙弥満歓の名の記載の依頼であろう」とする。
(31) 最大限天平宝字七年四月までである。
(32) 『大日本古文書』二四ノ一八八頁
(33) 『大日本古文書』九ノ六〇〇頁、四ノ八七頁
(34) 薗田香融「古代仏教における山林修行とその意義」(『南都仏教』第四号)
(35) 拙稿「山沙弥所と山林師所」(『続日本紀研究』第六巻第一二号)および根本誠二前掲論文には沙弥行について記す。
(36) 本書「賢璟」参照
(37) 「戒法不二精厳一」「彼時受者不レ依二仏教一、恐不二得戒一」等の記載
(38) 常盤大定「日本仏教と戒律」(『日本仏教の研究』所収)
(39) 石田茂作「奈良時代の宗派組織概観」(『奈良時代文化雑攷』所収)、井上光貞「南都六宗の成立」(『日本歴史』第一五六号)
(40) 細川公正「鑑真の一考察」(『歴史地理』第七六巻第四号)
(41) 『大日本古文書』二四ノ三〇二頁
(42) 岸俊男「古代村落と郷里制」(藤直幹編『古代社会と宗教』所収)
(43) 日本思想大系『律令』解説で井上光貞氏は、青木和夫・岸俊男両氏の意見をふまえ、「天平十年ごろの成立というあいま

いな表現を用いることにしている」とされる。
(44) 野村忠夫「行基」(『日本歴史』第五六号)
(45) 井上薫『行基』
(46) 堀一郎『日本上代文化と仏教』第三部

二　優婆塞・優婆夷について

㈠

優婆塞・優婆夷について中村元氏の『仏教語大辞典』には、「在家男女の信者」といい、さらに、「もとの語義は仕える人・奉侍する人。出家修行者に仕え、世話をしたのでこのようにいう」とある。奈良時代の文献に頻出する優婆塞・優婆夷も基本的にはこの通りと考えられるが、いまはもっと具体的に、その実態について考察を加えてみたい。ところで、この優婆塞・優婆夷については、すでに多くの先学による見解が公にされているが、ここではまず、堀一郎氏や中村明蔵氏による研究を手がかりに考えてみたい(1)。民間仏教の担い手として優婆塞・優婆夷の動きを注目される堀氏は、優婆塞・優婆夷という語を私度僧と殆ど同義語的なものとして使用し、それを特徴づけるものは、「遊行乞食、歴門仮説、道場建立、罪福の因果説法、祥災卜占、村落寄宿、治病祈禱、呪術厭魅、社会事業、無戒律である」とする。一方、中村氏のものは、残存する優婆塞貢進解を中心に考察した詳細な研究ではあるが、その結論として説くところは、優婆塞・優婆夷が、「単に将来官僧になるというだけの意味でなく、反律令的性格を有する面が多分に見られ、私度僧を含む広い意味での修行者」であり、「宗教活動によって民衆の欲求に答えていた」「彼等の中には写経生などがあったが、その大半は私度僧として活躍していたのではないか」と、殆ど同じ結論をだしている。これらの見解は、奈良時代における民間信仰の理解のために必要な一視角であることは認めるが、優婆塞・優婆夷についての考察はいささか一面的すぎるように思われる。つまり、私度僧という漠然とした語句が使用されることによって、優婆塞・優婆夷のもつ反律令的・民間的色彩のみが強調されているように思われる。かかる点を多少でも補い、もっと種々の面より優婆塞・優婆夷の姿を考えることは、奈良時代における仏教の実態を究明するうえにも大切なことの一つと考えられる。

(二)

中村氏は優婆塞のなかには写経生などもいたが、その大半は反律令的性格を多分にもつ私度僧であったとし、私度僧と優婆塞の関係は、民間においては殆ど両者の区別なく、優婆塞は大部分の場合、ただ単に官僧になるための手続きとして、得度の時、形式的になったものが多かったと考えられているようである。

僧尼令出家条には、「其私度人縦有二経業一、不レ在二度限一」とあり、私度僧が官僧になることは厳重に禁止されている。ところが同条跡記には、「成二白衣一訖後、受二官度一者、不レ在二禁限一」とあり、さらに朱記として、「成二白衣一訖後、更為二官僧尼一者不レ禁也。身所レ得経業、有レ不レ離二其身一之故者」ともある。即ち釈家によれば、律令政府が私度の経業あるものをも度さないのは、私度の経業の故ではなくして、それが私に入道したからだという。それ故、私度僧として活躍していたものでも、形だけ白衣となることによって官度をうけられるという。つまり、経業あるものはその手続きさえ正当なれば、官僧にくり入れることに何の障害もなかったと考えられていたのである。このような釈家の説は、平安初頭のものではあるが、十分考慮に値するものと思われる。このようにみてくると、私度僧が優婆塞・優婆夷になり得度するという例は、かなりの数にのぼったと推定される。まさに私度僧は、まず優婆塞・優婆夷になることが必須の条件で、両者をただ漠然と同一視しようとする見解はまちがいといわねばならぬ。優婆塞・優婆夷は白衣なのである。僧形のものとは明瞭に異なるのである。

『日本霊異記』によれば、沙弥の場合は、たとえそれが私度であっても、鬢髪剃除し、袈裟衣をつけていたことが明確であるのに対し[2]、優婆塞の場合は、『日本霊異記』下巻の一四の説話に、優婆塞となった小野朝臣庭麿が、「我修行者　非₂俗人₁也」と主張しても、「汝浮浪人　何不ㇾ輸ㇾ調」と問責されたように僧形ではなかったのである。誰の目にも優婆塞・優婆夷と私度僧は明瞭に区別できたと思われる[3]。これに対し、むしろ私度僧・官僧の明確な区別はできない場合が多かったのではないかと考える。両者共鬢髪を剃除し、袈裟衣をつけていたこと、さらには度色にあらざる私度僧の官僧化や[4]、山林に隠れる清行逸士の得度[5]、死者の名を冒して官僧になりすましている者が多く輩出したり、そのなかに智行の輩がいるため公験を与えようとしていることを考えると[6]、姿のうえで識別することは不可能であり、私度僧の行為も官僧に比して、すべてが反律令的行動をとっていたとは思えない。官僧のなかにもただ官寺に留まるのみでなく、山林修行を行う者や、民衆のなかにあって活躍する人がかなりいたと思われ、特別に区別できない場合が多かったと考える。

優婆塞・優婆夷が僧形でなくとも一般人と異なるところは、常に仏道修行に心をかけ厳しい修行を行うこと、すでに法名をもち、写経等にも積極的に参加し、さらには呪術力をもつものもいるといったこと等であろう。『日本霊異記』中巻の一九では常に心経を誦持する優婆夷を、同中巻の一三や下巻の二八等には山寺にいる優婆塞の姿を記す。また、行基に追随して仏道修行にはげむ多くの優婆塞・優婆夷がいたことも周知のごとくである。優婆塞・優婆夷の修行のための行動範囲はかなり広かったと思われる。例えば『日本霊異記』下巻の一四には、京→越前国加賀郡、中巻の一三には信濃国→和泉国の記載がある。また、経典跋語によれば、法名をもつものや、(7)写経に従事して仏縁を深めるもの、写経のための檀越となり、さらにはそのため知識を統率するがごとき、かなりの指導力を発揮したと考えられるものもある。(8)ついで『日本後紀』延暦十五年七月辛亥条には、越優婆夷とよばれた越前国生江臣家道女が、「妄説二罪福一、眩二惑百姓一」といわれたように、民間にあって大きな影響力をもった例があり、また『日本霊異記』上巻の三一に、「忽然得レ病（中略）令レ問二求禅師優婆塞一」とあるのや、同じく下巻の三六に、「請二召禅優婆塞一而令二咒護一」とあるように、禅師と共に病気看護のため呪術的な働きをしたものもある。(9)これらはいずれも民間において活躍した優婆塞・優婆夷であるが、一方、寺院に所属して学問修行し、将来得度し、官僧になっていく過程にあるものも多数あったと思われる。『日本霊異記』上巻の三にあるものは、まさに童子→優婆塞→官僧へのコースを辿ったものと思われ、同じく上巻の四には、圓勢師の弟子となっている優婆塞の話を伝えている。

ところがこれらとは別に、全く労役奉仕のみに終始した優婆塞・優婆夷もかなり多かったと想像される。仏教的な素養も殆ど身につけていないと思われるかなりの数の優婆塞・優婆夷が、造東大寺司・写経所内等には見出される。では彼らはいかなる手段によって、このような職場につくことができたのだろうか。天平勝宝五年のものと推定される朝明人君啓によると、(10)

朝明人君謹啓
優婆（マヽ）大原牛養小子
右人、不堪担夫、乞欲預彼所雑使、不勝望情、謹表不次、
七月廿一日即付牛養
（異裏切封ウハ書）「謹上六郎尊僕（僕カ）側　人君状」

と朝明人君が六郎というものに、恐らくかつて担夫に貢挙したのであろう優婆塞大原牛養を、その雑使に用いてくれといっていること——担夫から雑使へと仕事内容にまでの希望を述べている——や、その他得度のものとは思えないいくつかの貢進文によって、優婆塞・優婆夷は誰かの貢挙によってその職についたと考えられる。さらにこのほかに、大仏造顕のため衆庶を動員してその大事業の遂行の援助を命ぜられた行基に追随すること等によって、仕事に従事するようになった例もかなり多かったと思われる。

(三)

つぎにかかる優婆塞・優婆夷に与えられた特典について考察してみたい。まず考えられるのは給粮である。一般官人と同様に上日帳まで作成し(11)、それに従って給する。その給与額は、管見の限りなかなか適当な史料が存在しないが、写経所に多く働く優婆塞の例をみると、大体舎人と同程度の一日一升二〜四合の場合が比較的多いようである。しかしながら功銭は全く受け取らぬ。雇夫・雇女の場合と異なり、仕丁等と同様に全く給粮のみである。ただ、石山寺造

営の雇人功給歴名帳のなかには、「優婆夷禄六百文給了」とあるが、[12] これはあくまで臨時の支給と考えられ、その他には「造法華寺解」にみられるように、衣裳や頓給料のごときをもらう場合があるのみである。このことは優婆塞・優婆夷の労働が、一般雇役と同一には考えられていないことを意味する。つぎに、かかる優婆塞・優婆夷の庸調等の負担はどのようになっていたのだろうか。彼らが長期にわたって在職する点から考えて、在任中の課役は当然免除されていたであろう。さらに得度の特権が認められていた。これはすべてに認められたとは思えないが、それは例えば、『続日本紀』天平十三年（七四一）十月癸巳条の賀世山東河造橋による七五〇人の得度の例や、天平十七年（七四五）以後激増した得度に端的にみられる。彼らの場合は、得度したことに対する喜びもさることながら、度牒を貰うことによって生ずる特権を満喫したことと思われる。僧尼の特権については、令に明確な規定個所はないが、賦役令蠲符条に、「凡応レ免二課役一者、皆待二蠲符至一、然後注レ免、符雖レ未レ至、験二位記一灼然実者亦免」とあり、その古記に、「問、位記灼然者亦免、若公験灼然者若為、答、亦与二位記一同合レ免」とある。この場合、公験を滝川政次郎氏のごとく得度公験と考えるならば、[13] 出家によって課役免除の特権が与えられたことを示すものとなる。また、僧尼令自還俗条の朱記によれば、「僧尼自還俗、謂凡自還俗、不レ制也。但還俗之後、隠二賦役一者、依下隠二賦役一科上者、其罪可レ見レ律。」と、僧尼に賦役がないことを前提とした解釈をとっている。さらに『続日本紀』養老元年五月丙辰条に、「率土百姓、浮二浪四方一、規二避課役一、遂仕二王臣一、或望二資人一、或求二得度一」とあるのは、得度による課役免除の事実を具体的に示したものと考えられる。

貢　優婆塞舎人事

賀茂部秋麻呂年廿伯耆国会見郡賀茂郷戸主賀茂部馬戸口

神護景雲四年六月廿五日
持経師位法師 恵 雲
七月九日」
（別筆）「少鎮 実 忠

という史料がある。(14) ここにある優婆塞舎人の例は、管見の限りただこの一例だけである。井上薫氏はこの記載について、「貢進文は優婆塞と舎人のどちらかに採用してもらいたいという意味で書かれていると思われる」とされる。(15) しかしこの史料は、他の貢進文からすると、優婆塞または舎人として採用してもらうためのものではないように思われる。優婆塞舎人という語はいささか気になるが、舎人として官人機構の末端で働きながら、しかも仏道修行を志す賀茂部秋麻呂が貢進されたとする方が自然なように考えられる。そして彼の貢進は、出家のためのものではないように推考する。貢進の様式は解の形をとり、「申貢出家人事」とか、「申貢優婆塞事」とあるものから、ただ「貢　出家人事」とあるもの、さらには「貢　優婆塞・優婆夷」と簡単に記載されているものなどがあるが、竹内理三氏が『寧楽遺文』に「智識優婆塞等貢進文」としてあげているなかにも、簡略な記載のものには、必ずしも出家のための貢進と考えられないものが多い。こうしてみると、賀茂部秋麻呂も少鎮実忠の所へ貢進されたとする方が適当なのではないか。ただ彼の場合は、天平二十年の「経師等上日帳」(16)に、図書寮未選である優婆塞上毛野池長が、九月から写経所で働き十二月に出家しているのと同様に、出家へのコースをたどる可能性をもつものと考えられる。つまり下級官人コースから出家していく例と思われる。これに対し『続日本紀』天平勝宝二年一月丙辰条には、「造東大寺官人已下、優婆塞已上、一等卅三人叙二位三階一、二等二百四人二階、三等四百卅四人一階」と大仏造顕事業功労者に対する特別論功行賞の記載があるが、このなかの優婆塞には位をもらうことによって、課役免除の特権を獲得し、さらには下級官人のなかへ入っていく機会をえたものもあったと思われる。

(四)

つぎに労働組織のなかに占める優婆塞・優婆夷の地位を考えてみると、特定の時期を除いては、あまり大きな比重を占めたとは思われぬ。優婆塞の場合には、「役使寺所優婆塞」の記載や、(17)前掲大原牛養のごとく雑役に利用されるとか、造丈六院銅守など、(18)さらに写経所内では装潢等の手伝いをしている例(19)などが散見される程度である。一方、優婆夷は写経所関係史料にかなりみられ、その仕事は、料理、浄衣の洗濯・修理等、女の特技を生かしたものが多く、その点かなり重宝がられたようである。(20)ところでこの優婆塞・優婆夷が最も大きな役割を果したのは、何といっても大仏造顕事業である。多くの労働力の提供等によって、その事業推進のため尽した力はかなり大きかったと思われる。

天平十七年十一月十日から始まる「経師等調度充帳」の十二月条に、「十九日優婆塞司佐伯若子」という記載がある。(21)これについてはすでに堀池春峰氏の見解が示されている。(22)それによると、優婆塞司設置の目的は、「大仏造顕を中心とした社会情勢のもたらした優婆塞・夷の輩出に対処した律令国家の対策」であり、「行基を中心とした優婆塞・夷の下部構造を直接優婆塞司によって把握せしめ、国家に従属せしめようとするにあった」とする。この場合、佐伯若子について堀池氏は、今毛人と関係のあった人ではなかろうかといっているが、これが今毛人当人であることは完全に実証しうる。(23)今毛人については、天平勝宝元年の「造東大寺司解　申職事等成選事」の記載によると、(24)

次官正六位上佐伯宿禰今蝦夷年卅一左京人

右人、元舎人監舎人、天平十六年成選、十七年四月廿五日叙従七位下、十八年三月七日動上一階、廿一年四月
一日特授六階、

とあり、野村忠夫氏によれば、[25]天平十年（七三八）頃舎人監舎人として出身、天平十七年（七四五）二七歳で従七位下ということがわかる。さらに、翌十八年十一月一日の「金光明寺造物所告朔解案」には「大養徳国少掾従七位上佐伯宿禰」とあり、[26]これが今毛人であることはまちがいない。かくして今毛人は、大養徳国金光明寺造営の専当国司的地位をもって、造営責任者の一人になったといいうる。この地位にあって、今毛人は極めて有能な働きを示す。即ち、『続日本紀』延暦九年十月乙未条の薨伝から推察されるように、「大仏造営のための物的人的資源の結集、資材や役民の徴発」[27]等にあたったのであろう。やがて金光明寺造物所から造東大寺司への切りかえにあたり、次官に任ぜられていくのであるが、かかる抜擢の要因には、すでに天平十七年の優婆塞司時代以来の優れた活躍があったと思われる。堀池氏は優婆塞司について、前述のごとく「優婆塞・夷の輩出に対処した律令国家の対策」とされるが、[28]これはむしろ、金光明寺造営に大きな労働力を提供した優婆塞・優婆夷の管理、監督にあたったとする方がいいのではないかと考える。

ではどのような方法で、優婆塞司という特別な機関を設けるほどに、大勢の優婆塞・優婆夷を動員しえたのであろうか。これには行基等がかなり大きな役割を果したことはいうまでもないが、さらに行基等の意を体した有力優婆塞や、郡司等の地方土豪層の活躍におうところが多かったと思われる。古代において地方豪族がかなりの宗教的指導力を発揮したことについては、すでに優れた見解が示されているが、[29]例えば、知恩院所蔵の「瑜伽師地論」巻二六の書写跋文に、[30]

天平二年歳次庚午九月、和泉監大鳥郡日下部郷石津連大足書写、

大檀越優婆塞練信従七位下大領勲十二等日下部首麻呂総知識七百九人（男二百七十六人 女四百三十三人）

とあるのも、このことを裏づけるようである。即ちこの史料によれば、優婆塞練信や大領日下部首麻呂が大檀越となって、民衆を写経事業に参加させているのである。[31] このことからして、大仏造顕に関しても、これと同じように多くの民衆が優婆塞・優婆夷として動員されたのであろうと推察する。一方、律令政府にとっても、優婆塞・優婆夷としてその力を利用することは、その代償として得度を許すことはあったが、功銭を必要としないことと共に、恐らくは、彼らの献身的な仕事への打ちこみ方にも魅力を感じたにちがいない。[32]

以上、優婆塞・優婆夷について、従来の研究がただ漠然と、殆ど私度僧と同一視し、反律令的側面のみが強調されていることに対する疑問から出発し、奈良時代における優婆塞・優婆夷の実態をできるだけ広く考察しようとした。そして、私度僧と優婆塞・優婆夷は明瞭に区別されることや、律令政府の仏教興隆政策のなかで活躍する優婆塞・優婆夷の姿を考えてみたが、さらに大局的見地からみると、かかる優婆塞・優婆夷こそが、民衆の間における仏法伝達者として、大仏造顕の理想とされたいわゆる知識仏教の担い手として、きわめて大きな役割を果していったものであることが痛感される。

註

（1）堀一郎『我が国民間信仰史の研究』第二部第二編、中村明蔵「優婆塞について」（『続日本紀研究』第七巻第一一号）。その後のものには柴山正顕「奈良時代における優婆塞について」（遠藤元男博士還暦記念『日本古代史論叢』所収）、根本誠二「古代における優婆塞・優婆夷について」（下出積與編『日本史における民衆と宗教』所収）がある。

（2）『日本霊異記』のなかで例えば中巻の一、下巻の一〇・一四・一五・一七などはこのことを示す。

（3）他の史料からも、優婆塞・優婆夷が僧形であったという例をみない。ただ呪験力をもつ優婆塞・優婆夷の場合は、一般人と多少異なるところがあったとは思われる。
（4）『続日本紀』養老五年五月壬子条
（5）『続日本紀』天平宝字二年八月庚子朔条
（6）『続日本紀』宝亀十年九月癸未条
（7）『寧楽遺文』下巻、六一四―六一五頁
（8）『寧楽遺文』下巻、六一二頁、『瑜伽師地論』巻二六跋語
（9）禅師とは「呪術医術を専一とする僧」（堀池春峰氏）、「特に修験あり病を療し福を招く特殊の僧に冠せられる敬称」（堀一郎氏）といってよい。その後の研究も、ほぼこれにつきると思われる。なお、「優婆塞貢進解」からみられる読誦経典に陀羅尼の多いことについて中村氏は、仏教の中で最も呪術的な陀羅尼をかくも多く暗誦していることは、民衆の宗教的欲求に優婆塞が迎合していたことだとされる。しかし、読誦経典の中に陀羅尼のごとき密教教典が多いのは、優婆塞のみではなく、仏教界の一般的現象であったと考えられる。
（10）『大日本古文書』二五ノ八〇―八一頁
（11）『大日本古文書』一四ノ四一五頁
（12）『大日本古文書』一六ノ一八五頁
（13）『皇学叢書』第二巻三六〇頁
（14）『大日本古文書』六ノ四九頁
（15）井上薫『日本古代の政治と宗教』一二五頁
（16）『大日本古文書』一〇ノ三七〇頁
（17）『大日本古文書』二五ノ一〇四頁
（18）『大日本古文書』九ノ一九八頁
（19）『大日本古文書』一〇ノ四四四頁

(20)「写経所食口帳」には、夷従という記載がみられる。夷従という語や、優婆塞と同じく給粮のみで、しかも給与額が六合―一升と優婆塞より少ないことから推測して、これは女性で優婆夷に従属し仏縁を結ぼうとしたものかとも考えられるが、実質的にはかなりの労働力を提供したと思われる。なお、自進という記載もあるが、これを優婆塞・優婆夷の中へ入れて考えること(『寧楽遺文』によれば竹内理三氏は入れていられるようである)には、いささか躊躇を感ずる。
(21)『大日本古文書』八ノ五八一頁
(22)堀池春峰「優婆塞貢進と出家人試所」(『日本歴史』第一一四号)
(23)『大日本古文書』九ノ六七頁にある「大養徳国少允佐伯若子」という記載だけでも十分である。『日本古代人名辞典』第三巻八一五―八一六頁
(24)『大日本古文書』二五ノ八七―八八頁
(25)野村忠夫「律令官人の構成と出自」(『律令国家の基礎構造』所収)
(26)『大日本古文書』九ノ三〇〇―三〇一頁
(27)岸俊男「東大寺をめぐる政治的情勢」(『日本古代政治史研究』所収)
(28)堀池氏はさらに、「優婆塞司が単に技能・労力の提供機関とのみは考えられないし、司が把握していた彼らの指導にも当っていたであろうから、学業・浄行等は優婆塞司により査定せられていたはずである」とされる。
(29)高取正男「古代民衆の宗教」(『日本宗教史講座』第二巻所収)
(30)『寧楽遺文』下巻、六一二頁
(31)檀越・知識については、中村明蔵「奈良時代の民衆仏教についての一考察」(『続日本紀研究』第六巻第一二号)がある。
(32)正倉院古文書のなかに

掃部寺造御塔所解　申智識塞上日事(『大日本古文書』二五ノ一二〇―一二一頁)

合陸人

日置龍麻呂日卄九　私部長麻呂日九

三刀矢広立日卄九　秦刀良日卄九

秦吉麻呂日廿九　　丹比法師日九

右、従五月一日至于廿九日、智識優婆塞等上日数、具注之申送如前、以解、

天平勝宝二年五月廿七日伊福部男依

（異筆）「伊賀山作所

物部三乗廿七肥後　丈部山廿九越中　椋部千足廿九越中

乎知金弓廿四川内　丸部大名廿三尾張

という史料がある。ここにある伊福部男依は、少なくとも天平九年十月以後写経所で活躍し、写疏所・写後書所等の知事となって大きな役割を果してきたが、天平二十年八月以来上日帳によると、二十一年三月の中頃以後は、写経所に勤務せず、掃部寺の別当として出向しているのである。そしてこの史料にみるように、智識優婆塞をひきいて、塔の造建か修理に参加しているのである。しかも追記の三行については、福山敏男氏が、「この五人は伊賀の杣で料材の採取に従事していたものであるから、恐らく右の文書と関連するもので、掃守寺の塔の料材などを持すものかと考えられる」と指摘される（『奈良朝寺院の研究』掃守寺項）。追記の五名までが優婆塞かどうかは不明だが、律令国家の鎮護国家政策推進のため、氏寺に対しても積極的な方策が実施されていく過程のなかで、優婆塞が動員された実態をみることができる。なお、これらの優婆塞は、一人も出家していないように思われる（拙稿「律令国家の氏寺対策」〈仏教史学会編『仏教の歴史と文化』所収〉）。

三　道昭

(一)

法相第一伝と伝えられる道昭[1]の出自は、河内国丹比郡の船氏で、父は恵釈（恵尺）といわれる。この船氏は、周知のごとく、王辰爾の後裔氏族の一つで、六世紀後半に分れた同族には、津・白猪の二氏がある。船氏の史料上の初見は、『日本書紀』欽明天皇十四年七月条に、「幸二樟勾宮一。蘇我大臣稲目宿禰、奉レ勅遣二王辰爾一、数二録船賦一。即以二王辰爾一為二船長一。因賜レ姓為二船史一。今船連之先也」とあるもので、ついでは、敏達天皇元年五月条に、同じく王辰爾が、高句麗の烏羽の表解読に功を立てたと伝えている。その後は、推古天皇十六年（六〇八）六月に唐客裴世清等が難波津に宿泊の時、船史王平は中臣宮地連烏摩呂・大河内直糠手と共に接待役となり、翌十七年四月には、船史龍が、難波吉士徳摩呂と一緒に肥後国葦北津に派遣され、百済僧道欣・恵彌等一行を調べたと記す。また、「船首王後墓誌銘」によれば、王辰爾の孫王後は推古・舒明両天皇に仕えて勲功あり、大仁の位を与えられたという。これらの史料をとおして、船氏の果した役割はほぼ推測されるが、一方、王辰爾の弟牛は、敏達天皇三年（五七四）十月には津史の姓を与えられ、甥にあたる膽津は、欽明天皇三十年四月条によれば、白猪田部の戸籍を作成し、白猪史の姓を賜わったという。津氏はその名の示すように、港津の関税事務等を担当したと考えられ、膽津の仕事は、籍帳制度の先駆的役割を果したものとして興味深い。

彼らの居住地は、現在の大阪府羽曳野市にあたり、津氏が高鷲の大津神社付近、白猪氏（養老四年〈七二〇〉五月葛井と改姓）が藤井寺付近であるのに対し、船氏は野中寺付近とされ、互いに一―一・三キロメートルの近接した距離にあったと推定される。この地域はまた、西文氏一族の居住地とも接し、文・武生・蔵三氏を含めて円を画いても、その半径は二キロメートルほどにすぎなかったという。(2) 当然、「大化前後の頃はまだそれ程でもなかったらしいが、時と共にしだいに生活の上で極めて密接な関係をもつようになった」と思われる。しかし西文氏に対し、「新しい帰化人」である王辰爾一族の優勢は、すべての面で決定的になっていった。(3) 彼ら一族が、常に大陸文化の摂取につとめ、いかに敏感な反応を示したかについては、とくに大化改新以後輩出したこの一族の多くの人達の活躍のあとをたどれば、一目瞭然である。

(二)

このようなすぐれた環境のなかで道昭は、舒明天皇元年（六二九）に誕生した。父の恵釈は、王辰爾の子か孫と推測され、『日本書紀』皇極天皇四年六月己酉条によれば、「蘇我臣蝦夷等臨レ誅、悉焼二天皇記・国記・珍宝一。船史恵尺、即疾取二所レ焼国記一、而奉二献中大兄一」とある。『天皇記』『国記』は、聖徳太子が蘇我馬子と議して編纂し始めたものであるが、恵尺が炎のなかから救いだしたのは、「彼が精魂を傾けてこの史書の編纂に当っていたからであろう」と思われる。(4) 彼の位階については、『続日本紀』道昭卒伝に少錦下と記す。この位階名は、天智天皇三年（六六四）二月以降天武天皇十四年（六八五）一月まで使用されていたことからすると、この間に恵尺は世を去ったものと考えられる。道昭はすでに帰国し、多彩な活躍を開始していた時代であった。

さて、船氏の氏寺は野中寺と推定されている。この寺の創建について『聖徳太子伝私記』には、

野中寺河内国蘇我大臣造

とある。

ここにいう「蘇我大臣造」の記載は、船氏と蘇我氏の密接な関係から生れた伝承と思われるが、あるいは実際上、造営について何らかの交渉があったのかもしれない。さらにいえば、「豪族の私寺が蘇我氏の法興寺の下に系列化されていった」ことを示す一例といえるのかもしれない。(5) 遺物・遺跡面よりの考察によれば、法隆寺西院式の伽藍配置をもち、飛鳥期の瓦を出土する。ただ、隣接の西琳寺と同様に、飛鳥時代でも後期の創建とされていることを考えると、(6) 道昭誕生前後の時代に建立されたとしてまちがいなさそうである。

ところで、大化元年（六四五）に道昭は一七歳である。後の多くの例のようであれば、すでに出家していたのであろう。出家の場所は、野中寺か飛鳥寺であったろうが、創建されていたとしても野中寺では何かと不備で、適当な師主も得がたかったであろうこと、後に飛鳥寺僧として活躍していることや、前述の蘇我氏と野中寺の密接な関係等を考えると、飛鳥寺の公算は大である。しかし、得度の形式がどんなものであったか、師主は誰なのかについては何もわからない。ただこの当時の飛鳥寺が、大化改新後にいたるまで、最も多くの人材を擁し、仏教界の中心的役割を果し

ていたことは疑いない事実であり、道昭の学問修行を行ううえには、最もすぐれた環境であったと思われる。当時飛鳥寺にいたと考えられる著名な僧侶には、恵灌・福亮・道登・恵至（慧師）・恵隣・恵妙・恵雲（慧雲）・霊雲・常安・僧旻等、いずれも大化元年（六四五）八月に十師に任命された人々の名があげられる。(7) 彼らの学問内容については、具体的になにも明らかになしえないが、『三国仏法伝通縁起』『本朝高僧伝』『元亨釈書』『東大寺具書』等によれば、そのすべてが三論宗を学んでいたとする。圧倒的な三論宗全盛時代といえるが、これとともに摂論宗も行われていたのではないかと思われる。富貴原章信氏によれば、摂論宗の伝来は法相宗に先行し、推古天皇三十一年（六二三）以後斉明天皇七年（六六一、道昭帰朝以前）の間に新羅より伝えられたと推定される。その論拠としては、「後の奈良朝には明らかに我が国に摂論宗の研究者があり」「この摂論宗が法相宗の伝来以後に伝来する筈はなく、どうしてもその伝来は、法相宗の伝来以前でなければならぬし、またすでに円光・慈蔵の時代に新羅まで摂論宗は伝来していたこと」等をあげられる。さらに、『日本書紀』白雉二年十二月晦条に、「於二味経宮一。請二二千一百余僧尼一。使レ読一切経一」とあることから、「すでにこの当時にあって、相当に完備せる一切経の伝来していたことが知られ、しかもこの二千一百余の数字が、たまたま隋の仁寿二年に撰せられた衆経目録に見える二千一百九部に合致すること等を考うれば、やはり地論、摂論宗に属する経論疏は、道昭の将来ではなかろうと考えられる」とする。(8) きわめて明確な見解といわねばならぬが、井上光貞氏も、「古いレジームの殻を全然おっていない」東大寺にはみられない摂論宗の名が元興寺にあること、『類聚三代格』の天平九年三月十日の官符に、元興寺摂大乗論門徒（摂論宗は摂大乗論を所依となす）について、「始興之本、従二白鳳年一、迄二于淡海天朝一、内大臣割二取家財一、為二講説資一」とあることから、「大化改新の後しばらくして鎌足の外護のもとに、元興寺、時の飛鳥寺に摂大乗論門徒がおかれた、という意味に他なるまい」とされる。(9) このようにみてくると、大化改新前後の飛鳥寺は、当時の最も優れた僧侶達が集まり、三論宗を中心に、摂論宗の研究も進められていたことが明らかである。道昭もこの環境のなかで成長したのであるが、「摂論宗と法相宗とは密接な関係にあり、三論宗を学んだ人より摂論宗を習った人の方が、より法相宗を研究すべき可能性が多い」[10]ことからすると、恐らくは道昭も、とくに摂論宗に強い関心をもって学んでいたのであろう。

『日本書紀』白雉四年五月条によれば、遣唐使派遣の記事がみえる。この派遣は大化改新後最初のもので、新政府が唐の文物制度を急ぎ学びとろうとする積極的姿勢がうかがわれるものである。すなわち、この時の派遣団は、大使吉士長丹、副使吉士駒をはじめ、多くの留学生・留学僧をふくめた一二一名の第一団と、大使高田首根麻呂、副使掃守連小麻呂を中心とする一二〇人の第二団とによって編成された。第二団は不幸にして、入唐の途中薩摩国の曲・竹嶋の間で遭難してしまったが、第一団は無事大任を果している。この第一団に道昭も加わっているのであるが、同行の学問僧には、道厳・道通・道光・恵施・覚勝・辨正・恵照・僧忍・知聡・定恵(内大臣の長子)・安達(中臣渠毎連の子)・道観(春日粟田臣百済の子)、さらに或本の知辨・義徳、伊吉博徳書の妙位・法勝等の名があげられる。このうち白雉五年(六五四)二月条の伊吉博得の記録によれば、知聡は海で死に、覚勝は唐で死んだと伝える。恵照・僧忍・道通・知辨・妙位・法勝はこの条以外に記載なく、義徳は、持統天皇四年(六九〇)九月に大唐学問僧智宗・浄願と帰国したことのみ明らかである。道厳は、『日本書紀』崇峻天皇元年条に、百済より献上された僧としてみえるが、年齢的に別人と思われる。辨正についても、『懐風藻』所載の弁正や、養老元年七月少僧都に任命されて以後僧綱内で活躍する僧の名があげられるが、これまたいずれも年代がはなれすぎて別人と思われる。年齢的に可能性あるものとしては、辨照(弁照)が考えられる。同一人とするならば、帰国の時期については不明だが、文武天皇二年(六九八)には律師に、大宝二年（七〇二）一月には少僧都に任命されている。道光については、『三国仏法伝通縁起』には、「天武天皇御宇詔二道光律師一為二遣唐使一、令レ学二律蔵一、奉レ勅入唐経レ年学レ律、遂同御宇七年戊寅帰朝」と記す。入唐年は凝然の誤りといわねばならぬが、唐での道光は、この時代活躍していた道成・満意・懐素・道岸・弘景・融済等に師事して律宗を学び、帰朝の時には『行事抄』をもたらしたという。帰国後は、『依四分律抄撰録文』を著し、その序には、「戊寅年九月十九日、大倭国浄御原天皇大御命勅大唐学問道光律師撰定行法」と記し、奥に題して「依四分律撰録行事巻一」としるしたという。道融以後の律宗研究の先駆的役割を果した人物といってよさそうである。なお、『日本書紀』持統天皇八年四月庚午条には、「贈二律師道光賻物一」とある。律師とあることは、この場合、律にくわしい人というよりは、天武天皇十二年（六八三）三月以降新たに僧綱に加えられた律師とする方が自然なように思われ、帰国後のいつかの時点で僧綱入りし、活躍しはじめたものらしい。賻物を賜うとあることは、この少し前になくなったのであろう。恵施については、いつ帰国したかは不明だが、「法起寺塔婆露盤銘」によれば、乙酉年＝天武天皇十四年（六八五）に堂塔を構立したと伝え、『続日本紀』文武天皇二年三月壬午条によれば、僧正に任命されて僧綱を統轄したという。いきなり僧正任命という例がほとんどないことからすれば、これ以前より僧綱内にあって、重要な役割を果していたものと推定される。その入滅は、道昭の翌年の大宝元年（七〇一）である。このほか定恵は、藤原鎌足の長子で、天智天皇四年（六六五）に無事帰国しているが、残念にも同年十二月に入滅したらしい(11)。さらに官人の子である安達・道観については、これ以外の記載なく、なにも明らかになしえない。

以上、白雉四年に入唐した一六名の学問僧の考察を試みたが、一応活躍のあとがたどれるものは極めてわずかで、学問内容のわかるものにいたっては、しいてあげても道光と定恵だけといってよい。他の辨正・恵施は、僧綱の一員として、僧界行政の面では大きな役割を果したらしいが、学問的分野については、何も記録されていない。これらに比すれば、道昭に関する史料は、すでに在唐時代より豊富である。このことは史料残存の偶然性ばかりではなく、他に比して抜群の求道心と学問研究、多彩な活躍ぶりによるものといわねばならぬ。唐での道昭が玄奘に師事したことは周知の事実だが、このことを中国側の史料である『宋史』巻四九一には、「次孝徳天皇白雉四年、律師道照求レ法至二中国一、従二三蔵僧玄奘一受二経律論一、当此土唐永徽四年也」とあり、『仏祖統紀』巻三九にも、「永徽四年、日本国遣二沙門道照一入二中国一、従二奘法師一伝レ法」と記す。さらに、『続日本紀』道昭卒伝によれば、「適遇二玄奘三蔵一、師受レ業焉、三蔵特愛、令レ住二同房一、謂曰、吾昔往二西域一、在レ路飢乏、無二村可一レ乞、忽有二一沙門一、手持二梨子一、与レ吾食之、吾自レ啖後、気力日健、今汝是持レ梨沙門也」といい、また「於レ後随レ使帰朝、臨レ訣三蔵以二所持舎利経論一、咸授二和尚一而曰、人能弘レ道、今以二斯文一附属、又授二一鐺子一曰、吾従二西域一自所二将来一、煎レ物養レ病 無レ不二神験一、於レ是和尚拝謝、啼泣而辞」とあり、さらにこの鐺子が病気をなおし、帰途の海を鎮めて神験を発揮したという。かかる伝承が、いつ頃から語られるようになったかは不明だが、ここには、師弟の間の温かい愛情が感じられる。同行の留学僧のなかで、道昭だけがとくに玄奘に師事することになったのには、種々の原因が考えられようが、結局は、入唐前に最も強い関心をもっていたであろう摂論宗の立場から、一番親しみやすく、かつ玄奘の名声へのあこがれもあって、研究には最適と判断したからであろう。

道昭の玄奘門下での研鑽は、白雉四年（六五三）より九年間にわたり、斉明天皇七年（六六一）には帰国したと思われる。[12]しかし、そのもたらした学問内容については、凝然以来法相第一伝といわれるのみで、必ずしも明らかにされてはいない。ただかつて島地大等氏は、「玄奘訳の新訳仏教の若干を将来したことだけは確実」で、「組織された慈恩の唯識学を受けたものではなかったようである」と指摘され、[13]深浦正文氏も、「彼の発足が成唯謝論の訳出の真の直後に当っていたから、それは未だ慈恩の成唯識釈たる述記の成否も確定し難い草創の時期に際していた」「唯識の伝来についてかれ道昭のそれは、僅かに法相教義の外廓的結構の上に止まる程度のものに過ぎなかったので、到底後世に見るが如き精緻な頼耶縁起の法門を輸入したとは認められぬ」とする。[14]

一方、田村圓澄氏は、凝然以来の定説に対し、道昭が唐から伝えたのは摂論宗であるという新説を示された。その論拠として田村氏は、第一に、「道昭の在唐時代は、窺基による法相宗の成立以前であり、なお隋朝以来の摂論宗の盛行の余波がつづいていた」こと、第二には、前述の天平九年三月十日の太政官符に、元興寺の摂論宗について、「始興之本、従二白鳳年一、迄二于淡海天朝一、内大臣割二取家財一、為二講説資一」とあることに着目し、「従白鳳年、迄于淡海天朝」を、道昭・定恵の入唐から帰国までの一〇年間あまりを指すと考え、「藤原鎌足は、道昭らの入唐学問僧の派遣に尽力し、また帰国した道昭を後援して、そして恐らく、吾が子定恵の追善の意味をこめて、仏法興隆の使命を名実ともに荷負する飛鳥の法興寺に、摂論宗を設置したのではなかろうか。摂論宗は、道昭・定恵がともに長安で学び、そして日本に将来した新しい学問であった」とされる。[15]第一の見解については、特別の異論をさしはさむ史料をもたないが、第二の摂論宗は道昭によってもたらされたとの説は、前述のごとく、道昭入唐以前に、すでに新羅より伝えられていたとする方がはるかに順当と思われ、さらに「始興之本、従白鳳年、迄于淡海天朝」云々の記載も、はじめ元興寺に摂大乗論門徒＝摂論宗がおかれた白鳳から天智朝までは鎌足が援助していた――もっといえば、白鳳期以後、鎌足は在世中、元興寺摂論宗に家財をさきとり講説の資としたと読む方が自然のように思える。まして「従白鳳年、迄于淡海天朝」を、「道昭や長子の定恵を送り出し、そして再びこの両者を迎えるまでの期間」とすることには無理があるようである。

　では、道昭の教学史的立場よりの地位はどうかというに、後の法相教学の上からは外廓的結構に止まる程度のものであったとしても、従来の摂論宗とは異なる新しい玄奘の教学を体得して帰国したはずであり、その点からすれば、凝然の主張のごとく法相宗第一伝の名に値しよう。(16) なお、道昭の将来経について『続日本紀』道昭卒伝には、「後遷二都平城一也、和尚弟及弟子等奏聞、徙二建禅院於新京一、今平城右京禅院是也。此院多有二経論一、書迹楷好、並不二錯誤一、皆和上之所二将来一者也」とある。将来経のよさをたたえ、遷都後は平城右京の禅院に所蔵されているというが、これらの経典についてかつて石田茂作氏は、天平十九年十月九日の日付をもつ「写疏所解」(17)に、「従禅院寺奉請疏論等、歴名如件」という禅院寺本であると指摘された。禅院と禅院寺とのちがいはあるが、「飛鳥の本元興寺東南の隅に創建された造営物が禅院と呼ばれる僧院であり、それが平城新都へ移し建てられたのち、またの名を禅院寺と称されるようになった」とするならば、両者のちがいは問題でない。(18) この「写疏所解」は一部を欠いてはいるが、それでも総数一〇〇部に近い経疏名を記す。そのなかには明らかに将来経でないものもふくまれているが、大多数は道昭によってもたらされたものと考えられる。これらの禅院寺本が何回も書写されていることや、時代がかなり降る『日本三代実録』元慶元年十二月十六日壬午条に、「道照法師本願記曰」として、「真身舎利、一切経論、安二置一処一、流二通万代一、以為二一切衆生、所依之処一焉」と引用されていること、さらには『延喜式』玄蕃寮禅院経論条に、「凡禅院寺経論、三年一度曝涼、省寮僧綱、三綱、檀越等相共撿挍」とまであることは、「書迹楷好、並不二錯誤一」ということもあり、長い期間にわたっての道昭将来経の重要性を十分知らせてくれるものである。

㈡

さて、道昭の帰国は前述のごとく斉明天皇七年（六六一）、三三歳の時であったと思われる。帰国後第一の仕事としては、『続日本紀』卒伝に、「於㆓元興寺東南隅㆒、別建㆓禅院㆒而住焉」とあり、『日本三代実録』元慶元年十二月条には、「以㆓禅院寺㆒、為㆓元興寺別院㆒、禅院寺者、遣唐留学僧道照、還㆑此之後、壬戌年三月、創㆓建於本元興寺東南隅㆒」とあって、壬戌年＝天智天皇元年の禅院創建があげられる。ところが、『類聚国史』巻一八〇には、その年を壬午年＝天武天皇十一年と記す。そこで両者を比較すると、年号を除いては、「道照法師本願記」をもふくめて全く同文であることに気づく。さらに『扶桑略記』の記載も『日本三代実録』と全く同じであり、『続日本紀』卒伝の文脈から、帰朝直後の創建とした方が自然に思えること等からすると、『類聚国史』の誤記は明らかである。

道昭の宗教活動は、この禅院で始まる。『続日本紀』卒伝には、「于㆑時天下行㆑業之徒、従㆓和尚㆒学㆑禅焉」とあるが、ここにいう禅とは、瑜伽行としての観心で虚妄分別をこえるための実践行であり、法相宗にとって不可欠のものとされる。ところで道昭は、ここに止まって弟子の育成にあたったが、やがて民間を周遊するにいたる。『続日本紀』卒伝には、「於㆑後周㆓遊天下㆒、路傍穿㆑井、諸津済処、儲㆑船造㆑橋、乃山背国宇治橋、和尚之所㆓創造㆒者也、和尚周遊、凡十有余載、有㆑勅請㆑還、還㆓住禅院㆒」と記されている。民間での活動開始の年については、後にとあるのみで明確でないが、恐らくは禅院創設の後、天智朝の五―六年（六六六―七）からであると思われ、その期間が十有余載とあることからすると、天武朝にいたったのであろう。しいていえば、あるいは天武天皇八年十月の勅に、「凡諸僧尼者、常

住二寺内一以護二三宝一」といっている時までかも知れない。(19)

以上、帰国以来民間周遊にいたるまでの過程について考察をすすめてきたが、では、道昭が多彩な宗教活動を行った天智元年以後の、律令政府の仏教対策はどのようになっていたのであろうか。まず天智朝からみると、『日本書紀』に記載された仏教関係の記事は、わずかに、

天智天皇四年三月癸卯朔、為二間人大后一、度二三百卅人一

天智天皇十年冬十月辛未、於二内裏一、開二百仏眼一、是月、天皇遣レ使奉二袈裟・金鉢・象牙・沈水香・旃檀香、及諸珍財於法興寺仏一。

とあるにすぎず、いずれも追善と不予との関係のものばかりと考えられる。そこで他の史料によれば、天智天皇七年（六六八）に崇福寺が創建され、九州には観世音寺が、さらには川原寺も建立されたのではないかと思われ、また前述の天平九年三月十日の太政官符や、『家伝』の「亦割二取家財一入二元興寺一、儲二置五宗学問之分一」という記載からは、藤原鎌足の外護によって、仏教研究が促進されたこと等を知ることができる。

しかし、これらを天武朝以後の対仏教政策と比較すると、決して積極的な仏教振興策がとられていたとはいいえない。家永三郎氏は天智朝の仏教について、「明らかに他の一潮流によって圧倒されていた」といい、「正確な史料に関する限り天皇の仏教に帰依し給うのは十年御不予以後」で、それ以前は、「周孔之教による政治的革新にのみ専心せられて、仏教を顧み給う御暇がなかった」とされる。そして観世音寺造建は、「斉明天皇の御遺志に添い奉る御孝情に出でしもので別個」であるとし、崇福寺造立も七年ではなくて十年と考えるべきだとする。(20)田村圓澄氏は、天智天皇は父や母の宮廷仏教を継承し、川原寺や観世音寺が、母の斉明天皇の冥福を祈るための寺院であったとされる。飛

鳥の官寺たる川原寺さえも、「宮廷仏教に対応する私寺であり、国家仏教への志向をもたなかった」とする。ただ家永氏のごとく、天智天皇には不予以前に仏教への関心がなかったというのではなく、内裏の仏殿のごとき私的な仏殿の存在は、早くからの天皇の仏教帰依を示すものとされる。[21]

天智天皇個人の仏教信仰について両氏の意見は異なるが、国家的規模で仏教問題が考えられていなかったとする点では共通しているように思われ、このことは前述の史料からも一応うなずける。ところがこの時代仏教の実態は、律令政府の積極的興隆策はとられたようにもないが、「他の一潮流によって圧倒されていた」のでもなく、「宮廷仏教」の範囲内にとどまっていたのでもなさそうである。このことは、文献面からの考察ではほとんど不可能に近いが、出土する瓦の研究によれば、白鳳前期の百済泗沘時代後期様式をもつ素弁蓮花文鐙瓦から推定される寺院は九十余ヵ寺、地方への波及がそれより一時期遅れるとみられる単弁蓮花文鐙瓦を出土する寺院も約七〇ヵ寺で、西は筑前から東は常陸・結城廃寺にまで及ぶとする。[22] しかもこれが天智朝頃までと考えられていることからすると、文献の上では想像できない仏教の普及度である。このような状態にいたったことについては、その要因をたしかめる術はないが、強いていえば、大化元年八月癸卯の詔にみえる「凡自㆓天皇㆒至㆓于伴造㆒、所㆑造之寺、不㆑能㆑営者、朕皆助作」という記事や、大化二年三月辛巳の詔に、「又於㆓脱㆑籍寺㆒、入㆓田与㆑山」という政策の実行におうところ大であったのかと思われるし、[23] さらには新しい仏教に異常な魅力を感じ、これを受容せんとした土豪層の積極的な姿勢も注目しなければなるまい。いわゆる郡名寺院の成立等はその好例と思われる。

一方、寺院の増加にともなって、僧尼の数も激増したと考えられる。しかし、この時点での得度がどのような形で行われ、僧尼に対してどのような処置がとられていたのかは全くわからない。ただ天智朝の末期かとも思われるが、僧綱制が発足したと考えられることは注目される。『日本書紀』天武天皇二年十二月戊申条には、「以二義成僧一、為二小僧都一。是日、更加二佐官二僧一、其有二四佐官一、始起二于此時一也」とあり、恐らく天智朝にすでに僧綱は、

僧正——大僧都——小僧都——二佐官

の形で生れていたと推定される。系統的には十師の制が発展的解消をとげたものであろうが、僧尼・寺院の飛躍的増加に伴い、それらの管理・統轄を円滑に行うため設置されるにいたったと考えられる。さらにいえば、六官を中心とする行政組織が成立し、官司制の整備・充実が行われていったなかで、僧界の支配管理のための新しい僧官制——僧綱も設置されるにいたったのであろう。(24)

つぎに天武朝の仏教について考えてみると、天智朝との最も大きな相違は、律令国家の仏教に対する積極的な施策が行われはじめたことである。それらの政策は、

一、大寺制の成立
二、鎮護国家のための仏教の地方流布
三、僧尼に対する諸規定の作成
四、僧綱制の確立

等の四点に分類できそうである。第一の問題については、『日本書紀』天武天皇九年四月是月条に、「勅、凡諸寺者、自レ今以後、除下為二国大寺一二三上、以外官司莫レ治。唯其有二食封一者、先後限二卅年一。若数レ年満レ卅則除之。且以為、飛鳥寺不レ可レ関二于司治一。然元為二大寺一、而官司恒治。復嘗有功。是以、猶入二官治之例一」とあることが注目される。中井真孝氏はこれについて、「国家が全面的に経済援助を無制限に保証して官治をおこなう(国)大寺と、その期限的制

約をうける有封寺――別の観点からいえば大寺の一種である――と、それらを除いた一般諸寺とに区わけする措置である」とし、この時点での大寺としては、大官大寺・飛鳥寺・川原寺の三寺があげられるとする。これらの大寺は、僧綱所がおかれたことから、「仏教統制の中枢にあった」とし、さらには国家的仏教行事が行われ、「国家とその主権者の安寧をいのる場所として、その司祭者たる僧侶の研修の場所」であったとする。(25)

第二については、『日本書紀』天武天皇五年十一月甲申条に、「遣二使於四方国一説二金光明経・仁王経一」とあり、同十四年三月壬申条には、「詔、諸国毎レ家、作二仏舎一、乃置二仏像及経一、以礼拝供養」とあることが注意される。仏教の地方流通はかなり広汎な地域にわたっていたが、律令国家によるこのような政策は、天武朝にはじまったといわねばならぬ。

第三の問題については、まず『日本書紀』天武天皇九年十月壬寅朔乙巳条に、「恤二京内諸寺貧乏僧尼及百姓一而賑給之、一二毎僧尼一、各絁四匹・綿四屯・布六端。沙弥及白衣、各絁二匹・綿二屯・布四端」とあり、朱鳥元年六月甲申条には、「是日、三綱律師、及四寺和上・知事、并現有二師位一僧等、施二御衣御被各一具一」とある。ここに師位・僧尼・沙弥と、すでに官僧に序列ができていたらしい。また、天武天皇八年十月庚申条には、「勅制下僧尼等威儀及法服之色、并馬従者往二来巷閭一之状上」とあり、さらに同月是月条には、「勅曰、凡諸僧尼者、常住二寺内一、以護二三宝一」云々とあって、いずれも一応は僧尼令との関連を思わせる。

最後に第四の問題についてみると、僧綱制がすでに天智朝に成立していたことは既述した通りであるが、天武天皇二年(六七三)には事務担当の佐官が四人となり、さらに天武天皇十二年(六八三)には律師が加わってくる。『日本書紀』天武天皇十二年三月戊子朔己丑条によれば、「任二僧正・僧都・律師一、因以勅曰、統二領僧尼一、如レ法、云々」とある。

この時点での僧綱は、飛鳥寺または大官大寺にあり、一応全国統轄の形をとっていると考えられるが、地方にどの程度まで、その支配権が及んだのかは明らかでない。大宝令制下になって、国司の下に国師を派遣して、仏教界の指導管理を行っていることからすると、恐らくは漠として不徹底なものにしかなりえなかったのであろう。ただ律師を加えることによって、律による僧尼統制を意図し、僧界の自主性を考えてはいるようだが、僧綱の機構は俗官支配の下にあるといわねばならぬ。このことはすでに天智朝に、理官あたりの被官として玄蕃寮的なものができ、その下に僧官が置かれたと思われるが、天武朝にはこの形が一層整い、仏教政策の推進に大きな役割を果すことになる。

以上、天武朝における政策を列挙したが、いずれも以前にはみられない律令国家の積極的施策といってよい。国家仏教の成立した時代といわれる所以である。ところが、これらの政策のなかで、明らかになっていない問題が残る。それはまず、天武天皇八年十月の勅に、「凡諸僧尼者、常㆓住寺内㆒、以護㆓三宝㆒」云々といっていることである。中井真孝氏は、ここにいう寺は国家経営・管理の寺で、この勅の目的は、国家の寺に僧尼をしばりつけ、僧尼の民間活動を禁止し、国家とその主権者の安寧を祈らしめることだとし、これが大寺制の本質であるとする。さらに前述の勅にはつづいて、「然或及老、或患病、其永臥㆓狭房㆒、久苦㆓老疾㆒者、進止不㆑便、浄地亦穢、是以、自㆑今以後、各就㆓親族及篤信者㆒、而立㆓一二舎屋于間処㆒、老者養㆑身、病者服㆑薬」とあることについては、老病の僧尼に対してのみ坊舎をたてることを認めた措置であることから、これは私寺の建立の禁ないし抑圧の施策であるとされる。[26] 興味ある見解であるが、これが直ちに私寺の建立の禁ないし抑圧政策になっていったかは疑問であり、また常住寺内についても、一般的に僧尼の民間活動が禁止されたのかどうか疑わしい。「凡諸僧尼者」とあることからは、すべての僧尼を対象としているかのごとく思われ、しかも大宝僧尼令の寺院寂居主義を念頭におくとき、この勅をそれとの関連で考えることは興味あるが、ここでは僧尼一般をさすとはいいえないようである。いま、道昭の本貫地河内一国のみについてみても、知識が結ばれ、寺院がつぎつぎと建立されているなかで、僧尼の民間遊行が全く禁止されていったとは到底考えられないからである。とすると、ここにいう僧尼は、この時点では国大寺（あるいは有封寺をも含めて）に現住するもの、さらにはとくに選ばれたものを対象に考えていたのではないかと推測する。『続日本紀』道昭卒伝に、「有レ勅請レ還、還住二禅院一」とあることは、道昭がこの対象のなかに入ったとも考えられる。さらに中井氏が、私寺建立の禁ないし抑圧の端緒とされることも、僧尼令の「非寺院条」との関係からであるが、増加しつつある寺院のことを思うと、いささか無理なようである。稲垣晋也氏によれば、この期の寺院は、川原寺式の複弁蓮華文鐙瓦を出土する七十余カ寺を筆頭に、法隆寺式・紀寺式等の瓦を出土する寺も数多く、地方寺院の分布地域もさらに広がっている。『扶桑略記』持統天皇六年九月条には、「有レ勅。令レ計二天下諸寺一、凡五百四十五寺」とあり、稲垣氏は瓦の考察から白鳳時代寺院址数を四九六寺と数える。また、河内国だけについてみても、稲垣氏は白鳳寺院として五一寺をあげ、時代は降るが、『続日本紀』天平勝宝元年十月丙子条には「河内国寺六十六区」とある。これらの数を考えると、そのなかには多くの私寺がふくまれていたことはまちがいなく、恐らくは飛鳥から天平期にかけて、引き続き造寺は行われていたと思われる。ただ大宝以後の地方寺院は、国師の支配下におかれることになったのであろうが、それ以前には、中央において正確に把握しがたいほど多くの私寺、郡領寺院や郷長寺院までが建立されるにいたったと考えられる。(27) この場合、律令国家が私寺を、豪貴族の仏教を抑圧していたとは思えず、むしろこれらの仏教興隆の波にのって巧みに統制し、その支配権を徐々に拡大して、対仏教政策を推し進めようとしていたと推察される。

　つぎには、寺院の増加に伴い激増したであろう僧尼の問題がある。師位僧・僧尼・沙弥（尼）と官僧に序列が生れていたようであるが、得度・受戒がどのような形式で行われていたのか、まして地方の僧尼がどんな扱いをうけていたのかは全く不明である。地方においては、官僧と私度僧の区別さえも不徹底なものであったのであろう。『続日本紀』神亀元年十月丁亥朔条にある治部省奏言のなかには、「白鳳以来、朱雀以前」「京及諸国僧尼名籍」が、「所司記注、多有二粗略一」といった状態であったという。そもそも官僧の制度を意識しはじめるのは国大寺制の成立以後で、最初は前にも述べた常住寺内の僧尼を対象としたと考えられるが、それが次第に範囲を拡大していったと思われる。官僧へのコースが、後まで、民間からも、度色にあらざるものまでも、「経年堪為師者」は得度させていることを考えると、さらにいえば、民間や山林での修行者を一貫して官僧にくり入れようとしていることを考えると、官の寺より次第に、その対象がひろめられていった過程を推測することができる。(28)

このようにみてくると、天武朝は律令国家の仏教政策の上で、一応画期的時代だったといえる。ただ、田村氏が「中央・地方を一貫する仏寺と僧尼の存在、およびそれに対する中央の統制の確立」(29)した時代といわれるにはまだ遠いが、それへの指向が打ちだされた時代だったとはいえる。

(四)

さて道昭であるが、彼の民間での活躍は、先述のごとく天智朝より天武朝にいたる十有余載、三十八―九歳ころより五二歳ころまでの最も活動的な時代だったと推定される。天智朝から天武朝にかけての仏教政策の大きな変化が、直接民間での仏教興隆にどんな影響を与えたか不明だが、その浸透、流行を促進したことはまちがいない。道昭の場合、その活躍の舞台は、大和・山背・摂津・河内等の国々に及んだのであろうが、その本拠地は、恐らく本貫地河内国であったろうと推測する。とくに船氏の氏寺野中寺は、先述のごとく蘇我氏建立の伝承をもち、出土瓦等の考察よりすれば飛鳥後期、道昭誕生前後の創建と推定され、道昭とは種々の面での深い結びつきが考えられる。奈良時代から平安初頭にかけて活躍した東大寺僧等定が、東大寺で学問修行の後、本貫地の河内国に帰り、西琳寺大鎮として大きな役割を果し、再度中央僧界に復帰して僧綱の中心人物になったことを想起すると、(30)道昭もまた、すでに同じような道を歩んでいたのではないかと思われる。この場合、河内国は先進地域として、仏法弘通もかなり徹底していたものと思われ、まして道昭は新帰朝の化主として、津・白猪氏等のきわ立って高い文化水準をもつ同族集団を背景に、他への優越性と影響力とを意識して行動したものと推測され、最も活躍しやすい条件を具していたのではないかと考えられる。いま河内国における白鳳時代までの寺院址をあげてみると、約六〇ヵ寺にも達し、大和国についで全国第二位となる。このなかには、諸豪族の氏寺が最も多かったと思われるが、その内容は、郡司クラスの豪族による建立ばかりではなく、郷単位の、つまり郷長寺院の出現が指摘されている。一方、民衆を動員しての知識結も盛んに行われ、そのなかから知識寺の建立も推進されたと思われる。知識結には当然リーダーが必要であるが、河内国のごとき先進地域では、民衆を統率する土豪層や、宗教的指導者である教化僧・化主等と呼ばれる人達にも事欠かなかったと推測される。彼らの活躍の分野は造寺のみならず、写経や社会事業等にまで幅広く展開していったと考えられる。その点、野中寺の『金銅弥勒菩薩造像記』(31)に、

丙寅年四月大旧八日癸卯開記、橘寺智識之等、詣二中宮天皇大御身労坐之時一、誓二願之一奉弥勒御像也、友等人数一百十八、是依六道四生人等、此教可レ相レ之也、

とあることや、経典跋語[32]に、

歳次丙戌年五月、川内国志貴評内知識、為七世父母及一切衆生、敬造金剛場陁羅尼経一部、藉此善因、往生浄土、
終成正覚、　教化僧宝林

と記すことは興味深い。また時代は降るが、盧舎那仏造顕の契機となった知識寺の存在や、紀伊国花園村大般若経奥書[33]に、天平十一―十二年（七三九―四〇）に河東化主万福法師が河内大橋の造橋を始めたと記す等のことは、この地域には、ずっと民間で知識結の伝統が継承されていたことを示すものと考えられる。

『柏原町史』によれば、河内大橋の造営者として道昭をあげている。これには何の史料的裏付けもないが、後述するように宇治橋造橋の業績ありとすれば、本貫地にあって、しかも知識を結集し、民衆動員力もあったであろう道昭に、交通の要衝河内大橋造橋の可能性は十分あったと思われる。前述道昭伝に、「於レ後周二遊天下一、路傍穿レ井、諸津済処、儲レ船造レ橋」といっていることの一つに、このような事業もあったかと推定されるのである。それがさらに、前文にひき続き具体的な例として、「乃山背国宇治橋、和尚之所二創造一者也」とある。ところがここに創造という記載については、「宇治橋断碑」の存在が問題となる。

世有二釈子一　名曰二道登一　出レ自二山尻　恵満之家一大化二年　丙午之歳　構二立此橋一　済二度人畜一

とあるからである。この断碑については、すでに先学によって、その建立年代や道登の記載等についての問題が提示されている。関係史料の考察を通して、その適否を考えてみよう。

まず道登との関係を示すものには、前述断碑と『日本霊異記』があり、道昭との関係を伝えるものには、『続日本紀』卒伝をはじめ、『元亨釈書』『本朝高僧伝』等があげられる。それが『扶桑略記』によると、「件橋北岸石銘曰」と

して上述の銘文をあげ、道登の説明には『日本霊異記』の説話を記し、さらに「国史云」として、「道昭和尚創造也」とも記して両説を紹介する。『帝王編年記』になると、「二年丙午。元興寺道登、道昭奉㆑勅始造㆓宇治川橋㆒」とあり、両者を結びつけて新説を出すにいたる。

このようにみてくると、宇治橋創造説話は、道昭説が『続日本紀』卒伝、道登説は『日本霊異記』が最古と考えられる。各々の成立年代については、明確に指摘することは困難だが、一応、『続日本紀』の編纂された延暦十六年（七九七）、『日本霊異記』の成立した遅くとも弘仁十四年（八二三）以前といってよい。しかも両者の成立過程では、各々の伝承を全く知らなかったと思われることからすれば、少なくとも平安初頭には、道登説、道昭説の二つが存在していたと想像される。ところが藪田嘉一郎氏は、『日本霊異記』の史料的価値を全く認めず、「日本霊異記に出てくる道登なる人物は、どこからか仕入れてきた怪奇譚を種に、造橋碑や『日本書紀』によつて作りあげたといふ疑を洗ひながすことが出来ないのである」とされる。さらに山尻恵満の家は、「為体のしれない家である」とし、大化という年号が碑にあることを疑い道登元興寺居住の事実も怪しいとする。その上、「道登の登の字は、古へ升の字と通用せられた」として、道登は道昭をもじって作ったとされる。(34)

完膚なきまでに道登説が否定されたかに思われるが、果して完全に道登説を無視することができるのであろうか。結論からいうと、いささか無理なように考えられる。まず『日本霊異記』の史料的価値であるが、この本に収録されている説話が、かなり高い史料性をもっていることは、多くの例によって周知の所であり、道登についても、当時の最も優れた僧を網羅し、仏教界の指導体制を整えたと思われる十師の一員としてその名を記し、『日本書紀』白雉元年二月庚午朔戊寅条には、白雉献上の際、彼が高麗の休祥の例を語ったといい、さらに白雉二年三月戊申条には、

「皇祖母尊、請㆓十師等㆒設斎」とあって、道登もこのなかにいたと推測される。このように著名な道登である以上、彼の名にまつわる説話を一顧だにも価しないとはいい難く、さらに十師として名を連ねた人々が、すべて元興寺（飛鳥寺）との関係をもっていたらしいことを考え合すと、道登が元興寺僧であったとすることに不思議はない。また高麗学生の記載も、当時多かった高句麗への留学を意味すると考えれば問題はない。まして登と升を同一と主張されることは、いささか強弁のように思われる。[35]

　このように考えてくると、宇治橋造橋伝説は、すでに平安初頭には道昭・道登と結びついて伝えられていたといわねばならぬ。大化二年の道昭による造橋は、狩谷棭斎も『日本霊異記攷証』でいうように、道昭僅か一八歳となり、いささか無理なように思われるが、王辰爾後裔氏族には道昭創始説が語り伝えられ、一門の菅野真道による『続日本紀』編纂の時、記述されるにいたったと推測する。[36]このことは、火葬創始説についても同様のことがいえそうである。火葬の始原については、すでに多くの道昭以前の例が報告されているからである。[37]なお、造橋についての疑点はあるが、道昭が民間周遊時代に、知識をひきいて宇治橋造橋に参加したであろうことは、河内大橋の場合同様、十分可能性のあることである。

　十有余載の周遊の後、道昭は勅によって禅院に還住するにいたったという。十有余載といえば、民間周遊は前述のごとく、「常住寺内、以護三宝」とある天武天皇八年（六七九）十月まではないかと推察する。では、天武朝においてこのような政策がうち出されたことの意味はどこにあるのであろうか。これは、同月庚申条にみられる「勅制僧尼等威儀及法服之色」云々とあるものと共に、僧尼を官僧としてとらえ、それを規定して、鎮護国家政策を推進させようとしたものと考えられるが、さらにいえば、仏教界の学問的充実を目ざしたものではないかと思われる。大陸からつぎつぎと帰国する僧尼達にとって、わが国仏教の現状があまりにも唐とへだたりすぎること、道慈の時代ですら、大唐とわが国の僧尼との相違等についての批判が『愚志』一巻となったことを思うと、この時代の仏教界の不備に対する反省が真剣に論ぜられたと推察する。とくに学問研究の立ちおくれはひどく、飛鳥寺を中心に多少の学問研究は行われていたであろうが、所謂学団の形成も不充分で、研究の推進にはまだ程遠い状態であったのであろう。しかもそれの整備が、仏教興隆にとって必須の条件であったと考えられるならば、民間にあって菩薩行を行じていた学問僧等にも、国大寺を中心に居住することを命じ、なかでも新しい法相教学を体得している道昭を、飛鳥寺へ還任せしめているのは当然といえよう。(38)

『三国仏法伝通縁起』によれば、行基は道昭を師としたと記しており、出家は天武天皇十一年（六八二）一五歳の時と伝えられる。天武天皇十一年は道昭が五四歳の時で、飛鳥寺の禅院にもどっていたと考えられる。とすれば行基は、井上薫氏の指摘のごとく、飛鳥寺で出家した可能性が大である。ここで行基は、『続日本紀』卒伝に「読二瑜伽唯識論一即了二其意一」とあるように法相教学を学び、菩薩行の実践としての社会事業への参加をも教えられたと思われる。

(五)

その後の道昭の活躍については具体的史料にかけるが、禅院を中心としての学問修行と弟子の育成、さらには天皇の病気平癒祈願等の仏事にも参加していたのであろう。天武天皇九年四月の勅によって、飛鳥寺が国大寺の二―三に準じて、とくに官治の例に入れられたことは、大官大寺・川原寺と共に、種々の国家的行事への参加がより一層強化されていくことになったのであろう。

『薬師寺縁起』によれば、

一　講堂一宇。(中略)安置繍仏像一張。高三丈。広二丈一尺八寸。阿弥陀仏幷脇士菩薩天人等。惣百余体奉繍之。流記帳云。以壬辰年四月十二日、奉為飛鳥清御原宮御宇天皇。天武天皇。藤原宮御宇天皇。持統天皇。奉造而請坐者。又其後別安置金色釈伽仏像一体。高三尺。

とある。ここにいう壬辰年は、持統天皇六年(六九二)と考えられ、この日に天武天皇の冥福を祈って繍仏は寄進されたと推測される。一方、『僧綱補任抄出』上の文武天皇第二年および『七大寺年表』には、

大僧都道昭十一月十五日任。薬師寺繍仏開眼講師賞。大僧都始。

とある。[39] 薬師寺繍仏開眼講師の記載が、『薬師寺縁起』と関連あるものと考えるならば、道昭は、持統天皇六年には薬師寺に招かれて、開眼講師をつとめたことになる。[40] しかもその賞として、六年後には大僧都に任命されたという。持統天皇六年の論功行賞としては遅すぎるようだが、一貫して継続していた仏教界への寄与・業績に対する評価もふくまれていたのであろう。また、僧綱の構成メンバーとの関係も考えられる。この時の僧綱構成員のうち確実なものは、この年三月に任命された僧正恵施、少僧都智淵、律師善往である。このうち僧正恵施は、白雉四年五月に道昭とともに入唐した学問僧であり、智淵は『僧綱補任』によれば、薬師寺繍仏開眼供養の際には、道昭の下で読師をつとめたこともある。このような関係が、あるいは道昭を僧綱の一員に迎える一因となったのかもしれない。ただ道昭の大僧都としての記載は、文武天皇二年(六九八)十一月十五日に任ぜられたとあるのみで、翌年にはもう消えている。これは名誉職的な僧官任命といえるようで、具体的な僧綱の施策には全く関与しなかったと思われる。齢七〇に達し

た道昭にとっては、禅院での禅定の日々こそが肝要事であり、もはや政治に対する関心はなかったと推測される。

文武天皇四年（七〇〇）三月己未、道昭は縄床に端座したまま、長く輝かしい波乱に富んだ七二年の生涯をおえた。天皇は「甚だ之を悼惜したまい、使を遣して弔賻せしめ」弟子は遺教をうけて、遺体を粟原で火葬に付したという。

以上、先学の業績に導かれながら道昭の生涯をたどったが、その長い七二年間は、一応、㈠入唐まで、㈡在唐時代、㈢民間遊行時代、㈣飛鳥寺禅院時代、の四期に大別できそうである。そのうち、道昭が最も活動的で生甲斐を感じた時代は、恐らく帰国後の天智―天武朝時代であったと思われる。それは年齢的にも壮年期にあたり、大化改新後の新しい律令国家成立過程のなかで、十余年にわたって民衆教化と社会事業に全力を投入し、また飛鳥寺に召還されては、法相教学を中心とした学団形成に大きな役割を課せられた時代であったと考えられるからである。ところで、民衆教化は仏教本来の使命であるにもかかわらず、すぐれた学問僧の民間周遊は、道昭以前にも以後にもほとんどその例をみない。以前は史料的にも究明し難いが、以後は明らかに寺院寂居主義と学問奨励策が障害になったものと思われ、民間教化僧と官寺等にいる学問僧とは截然と区別され、交流もないようにみえる。道昭のごとき両面をもつ僧の出現は、奈良末―平安初頭をまたねばならぬことを思うと――勿論道昭の場合は律令仏教草創期の故に可能であったとはいえるが――興味深い。彼の民衆教化の志は、行基という後継者をえ、さらに多数の教化僧の出現によって継承発展させられていったが、学問研究の面でも、法相教学は奈良―平安初頭にかけて最も多くの学僧達の関心をあつめ、禅院寺本も後学に親しまれて、学問の進歩に大きく貢献することになったのである。

註

（1）道照・道昭と二通りの記載をもつが、「これに関する最も古い記載たる日本書紀にいふところの〃道昭〃なる表記法をもって、正しいもの、とすべきではあるまいか」とされる藤野道生氏の見解(「禅院寺考」〈『史学雑誌』第六六編第九号〉)に従う。

(2) 井上光貞「王仁の後裔氏族と其の仏教」(『史学雑誌』第五四編第九号)

(3)(4) 関晃『帰化人』第二編

(5) 田村圓澄「得度権について」(『九州史学』第四四・四五号)

(6) 石田茂作氏の諸論攷や、稲垣晋也氏の「古瓦よりみたる飛鳥・白鳳期の寺院」(『古代の日本』研究資料編)、『飛鳥白鳳の古瓦』等による。

(7) 拙稿「古代僧官考」(『仏教史学』第一三巻第一号)

(8) 富貴原章信『日本唯識思想史』。石田茂作氏もほぼ同一の見解を示していられるが、衆経目録の一切経は、「僧旻とか高向玄理請安等の留学生によって伝来されたと考えては如何であろう」とされる(『写経より見たる奈良朝仏教の研究』第一編)。

(9) 井上光貞「南都六宗の成立」(『日本歴史』第一五六号)

(10) 富貴原章信前掲書

(11) 定恵は長安で、玄奘門下の神泰に師事したという。なお、僅か一一歳の定恵を派遣したことについて、横田健一氏は、「全く父鎌足の信仰によるもの」とされ、慧日寺に学んだことについては「何らか唐長安の仏教界の消息に通じた人の教示によった」とされるのに対し、田村圓澄氏は、「定恵を人質として差し出すことにより、日本に対する唐の圧力を緩和せしめることであった」とされるが、果して田村氏のごとくいい切れるかどうか(『藤原鎌足』)。横田健一「藤原鎌足と仏教」(『白鳳天平の世界』所収)、同「定恵和尚入滅年代について」(『日本歴史』第二八〇号)

(12) 井上光貞前掲論文、堀池春峰「平城右京禅院寺と奈良時代仏教」(『仏教史学』第二巻第四号)。論拠として井上氏は、㈠『三代実録』元慶元年十二月条に、彼が帰国後、禅院を建てた年を壬戌年＝天智天皇称制元年(六六二)としていること、㈡『続日本紀』卒伝によると「随使帰朝」し、帰路、風雨にあって難航を重ねたとあり、伊吉博得書によると斉明天皇七年(六六一)帰朝の遣唐使は難航を重ねていること、をあげ、堀池氏も同一見解を示される。さらに井上氏は第三の論拠として、『続日本紀』卒伝によると、帰朝後、その入寂(七〇〇年)までの間に「和尚周遊、凡十有余載」とあることを指摘して、『類聚国史』の壬午年説（六八二）を否定される。なお、深浦正文氏は、道昭と新羅との関係を記載する『扶桑略記』所引の『為憲記』や『日本霊異記』の記事について、伊吉博得書にいう耽羅島漂着の事実が誤り伝えられたのではなかろうかという（「唯識の日本初伝と玄奘道昭の関係について」〈『大和文化研究』第九巻第一一号〉）。

（13）島地大等『日本仏教教学史』第二編第三章

（14）深浦正文前掲論文。薗田香融氏も「最澄の論争書を通じて見た南都教学」（『平安仏教の研究』所収）でこのことにふれる。

（15）田村圓澄「摂論宗の日本伝来について」（『南都仏教』第二五号）。横田氏は、「あるいは定恵の消息が日本の鎌足のもとに入り、鎌足に『摂大乗論』講の設置をすすめたのかもしれない」と、鎌足の摂論宗設置の事情を、定恵と関係づけて説明される（横田健一「藤原鎌足と仏教」〈『白鳳天平の世界』所収〉）。

（16）井上光貞氏は、「行基年譜、特に天平十三年記の研究」（竹内理三博士還暦記念会編『律令国家と貴族社会』所収）で、道昭と三階教との関係を指摘される。それによれば、「道昭が白雉四年の入唐後、壬戌年以前までの在唐期間は、三階教の最も盛行していた時期であったが、三階教に道昭の接したことは明らかな事実で、それはその将来経典を着録している天平十九年の写疏所解の九十一部中に、同教の根本法典たる明三階仏法二巻・三階律周部九巻、信行撰の略明法界衆生根機浅深法一巻、同、法華音義二巻をあげていることで知られる。道昭は帰国後、土木事業にも活躍したが、これも三階教の影響であろうか」とされ、さらに、弟子行基の慈善救済・社会土木事業にも三階教との関係を想定される。興味ある見解ではあるが、経典の将来所持と彼の思想との関係、さらには行動との関係までを推測することは、慎重な検討が必要なように思われる。少なくとも現時点では、道昭の法相第一伝説を全面的に否定し去ることはできないように考えられる。

（17）『大日本古文書』二ノ七〇七—七一二頁

（18）藤野道生前掲論文

（19）道昭の天下周遊について二葉憲香氏は、『古代仏教思想史研究』で、「大乗的実践の立場を圧殺する」天武朝の仏教が、「道昭をして大乗的実践へ身をもってふみきらせる」——天下周遊へふみきらせたと考える。そして、「持統朝になると十有余載にわたる周遊天下の菩薩行が始まるが、それは律令仏教に対する批判の意義を有すると考えてよいであろう」とする。また、「続紀道昭伝が彼の死を周遊天下を終ってすぐのように書いているのは、単に文章簡潔ということから来るのではないようだ」ともいう。さらに『僧綱補任抄出』上の記載から、文武天皇二年の頃、「道昭は勅によって、薬師寺繡仏開眼師として周遊から帰り、賞によって大僧都となり、以後元興寺を出ずついに没したと考えることができよう。この推定に大過なければ、道昭の周遊天下は持統天皇三年頃から文武天皇二年頃まで、道昭六十一歳頃から七十歳頃までということになる」とされる。また、梅林久高氏は、「道昭のその仏教運動の開始へと主体的要請された歴史的契機は、二葉氏が指摘されるように、律令仏教への批判、抵抗に起因していると考えられる」とする立場から、「道昭は天武九年五十四歳頃から持統六年六十五歳頃まで、天下周遊していたと解すべきではなかろうか」とする(「律令体制成立下における道昭の仏教思想」〈二葉博士還暦記念会編『仏教史学論集』所収〉)。さらに中村浩氏も、「僧道昭に関する諸問題」(『大和文化研究』第一四巻第八号)で、天下周遊の時期は天智朝—天武朝以後とされ、有勅請還の理由には、「この頃編纂中の大宝令に仏家側からの一員として参加させるためと考えたい」とすると共に、二葉氏と同様に薬師寺開眼供養への参加をあげる。ところが『続日本紀』道昭伝の記載は、二葉氏のいわれるように天下周遊直後の死と読みとれるかどうか疑問であり、周遊が六一歳から七〇歳頃まででは十有余載の記載と合わない。また薬師寺繡仏開眼供養も後述のごとく持統天皇六年(六九二)と考えると、二葉氏の説は論拠を失うことになるようである。さらに天武天皇八年十月の「凡諸僧尼者、常住寺内、以護三宝」の記事を考え合すと、天下周遊は、天智天皇五—六年(六六六—七)から天武天皇八年(六七九)頃までとするのが最も妥当のように思われる。なおまた二葉・梅林両氏は、天下周遊に道昭の律令仏教に対する批判、抵抗の意義を有するとされるが、この時点でそこまでいうことは無理のようである。中村氏が大宝令編纂への参加をあげることについては、時間的にも、彼の能力からしても不可能と思われる。

(20) 家永三郎『上代仏教思想史研究』第二部
(21) 田村圓澄『飛鳥仏教史研究』第一部第二章
(22) 稲垣晋也前掲論文
(23) 稲垣氏は、このような政策について、「地方政治の一環として、在地有力氏族に一国につき、一ないし二単位あての寺院造営を援助し、同時にこれを通じて、それら氏族の権威を利用しながら旧体制をしだいに律令体制に組みかえようとしたのではなかろうか」と考える。

(24) 註(7)拙稿

(25)(26) 中井真孝「七世紀後半の国家と仏教」(『ヒストリア』第五五号)

(27) 藤沢一夫氏の研究に基づき、稲垣氏や小田富士雄氏等は、その所論を展開する。小田富士雄「地方寺院の存在形態」(『古代の日本』研究資料編)

(28) 本書「官僧について」参照

(29) 田村圓澄『飛鳥仏教史研究』第一部第二章

(30) 本書「等定」参照

(31) 『寧楽遺文』九六三頁。福山敏男氏は、橘寺は柏寺であるとし、「霊異記の画恵寺、後の海会寺と見ることも一応取上げられてよいと考える」とされる。海会寺は飛鳥時代後期に建立されたといい、その所在地は河内国に属するが、野中寺への距離は「東北方直線距離で八里足らず」であったとする(「野中寺弥勒像銘文中の柏寺」『史迹と美術』第二〇八号、『書の日本史』第一巻「野中寺弥勒造像銘」)。

(32) 『寧楽遺文』六一〇頁

(33) 五来重「紀州花園村大般若経の書写と流伝」(『大谷史学』第五号)

(34) 藪田嘉一郎『日本上代金石叢考』宇治橋造橋碑

(35) 藤野道生前掲論文

(36) 造橋碑の建立年代について藪田氏は、『日本紀略』延暦十六年五月癸巳条に、「遣下二弾正弼文室波多麿一造中宇治橋上」とあることから、「勿論此れは造晉事業である。この造晉を縁としてこの碑が造られたものではなかろうか」とされる。興味ある見解であるが、造碑の目的を、「当時道昭道登の名の紛らはしく伝えられていることを利用し、造橋のはじめをなるべく古くしたいという尚古的衝動にかられた結果ではないか」とまでいわれるのは、どんなものであろうか。

(37) 多くの研究が発表されているが、その成果は、『日本の考古学』第七巻、『新版考古学講座』第七巻等にまとめられている。

(38) 藤野道生前掲論文

(39) 『僧綱補任』には道服とあるが、道昭の誤写と思われる。

（40）福山敏男・久野健『薬師寺』、町田甲一「薬師寺の歴史と彫刻」（町田甲一・坂本万七『薬師寺』所収）

四　慈　訓

慈訓についての従来の研究は、管見の限りでは、ただ断片的に教義面よりは富貴原章真氏によって、(1)また、王仁の後裔氏族と仏教との関係研究の一環として、その新羅仏教との関連について井上光貞氏の研究があるのみで、(2)官僧慈訓についての考察は全くなされていないといってもよい。ところで、奈良時代において仏教は、国家の要請に基づいて興隆せしめられたといっても過言ではなく、その歴史は、律令国家の対仏教政策と切り離して考えることはできない。されば官僧として、しかもたえず政治の中心にあって、枢要な地位を占めていた慈訓の動きを考えていくことは、奈良仏教史を追求していく一つの有力な手段となると思う。そういう意味からここでは、先学の驥尾に附して彼の教学内容を考えると共に、彼の官僧としての活躍をも跡づけてみたい。

(一)

慈訓の出自については、『興福寺寺務次第』『興福寺別当次第』『元亨釈書』等には、いずれも河内国の船氏と記す。

船氏とは王辰爾の後裔氏族の一つで、六世紀後半に分れた白猪氏（のち葛井と改姓）、津氏と共に、その新しい伝来の知識技能をもって登用され、重要な役割を果すようになった「新しい帰化人」である。(3) その居住地は、互いにわずか一―一・三キロメートルほどの近距離にあり、井上光貞氏の表現をかりれば、「共通文化及び地縁を媒介として、一つのより高い混然とした融合を形成して居たと考えられるのである」。そしてそのなかから、船恵尺、王後、白猪宝然、葛井諸会、同広成、船沙弥麻呂等を輩出している。また、いま当面の仏教関係においても、恵尺の子で法相宗第一伝といわれた道昭や葛井氏からでた慶俊らがおり、この一族は、「先進仏教界の思想的変化に対する著しく早い、且つ智的な反応」をもちつづけたのである。かかる優れた環境のなかで慈訓は、持統天皇五年（六九一）に誕生したと考えられる。そして宝亀八年（七七七）、八七年の長き生涯をおえるのである。(4)

しかしながら、彼の前半生は殆ど闇に閉ざされ、何ら知る術もない。ただ、『元亨釈書』等によって、興福寺にいたことを知るのみである。彼の確かな史料上の初見は、天平十年（七三八）、慈訓四八歳の時までまたねばならぬ。

慈訓大般若経奉請状

（端裏書）「山科寺」

（端書）「所請内堂」

奉請

大般若経一部六百巻

右、依昨日牒、奉請如件、

天平十年三月十一日　慈　訓

というのがそれであり、(5)これによれば彼は、大般若経六〇〇巻を山科寺より奉請している。しかもそれは、内堂の要請によるもののようである。この内堂なるものが一体何を指すものかはにわかに推測しえないが、ともかくこの文書によって、彼が山科寺（興福寺）に実在したこと、しかもその内部における地位は、かなり高いものであったであろうと思われる。

彼の学統について考えてみると、本来は法相の学者であったようである。確かな記録とはいえないが、『元亨釈書』には「初事二興福寺良敏玄昉二師一学二相宗一」とあり、『七大寺年表』天平十七年条には、「興福寺法相宗、良敏弟子」とある。この場合、興福寺で良敏に法相教学を学んだという記載に関しては、天平十年の前掲史料や良敏の推定年齢等と考え合せ、大体信用してもよいと思う。ただ玄昉については、養老五年（七二一）入唐以前の師弟関係と考えざるをえず、尾山篤二郎氏のごとく、(6)入唐年齢を二〇歳と考えると慈訓の推定年齢より五歳年少となり、宇井伯寿・富貴原章真氏の推定によっても慈訓とは同年齢となり、(7)いずれもその間における師弟関係は考え難い。

つぎに『三国仏法伝通縁起』によると、

天平十二年始所レ講之者、乃是旧訳六十華厳、新羅学生大安寺審祥大和尚属二講弘之選一初演二此宗一、（中略）既以二勅詔一為二宗講師一、于レ時請二慈訓小僧都興福寺最初別当鏡忍僧都、圓證大徳一以為二複師一、

といい、天平十四年に審祥の卒するや、

厥後即請二前二複師一立為二講師一、次第講敷、

といっている。即ちこの記事は、法相教学を学んだ慈訓が、天平十二年（七四〇）の華厳経開講に際しては複師として、天平十四年以後は講師として、華厳教学の有力な指導的研究者となっていることを示している。この記載の真偽に関

し、まず華厳との関係についていえば、第一には『続日本紀』天平勝宝八歳五月丁丑条に華厳講師慈訓なる記載があり、しかも学業優富として尊崇の的になる程であり、第二に寿霊の『華厳五教章指事』によっても、

又此土古徳、訓僧都等、名高㆓一朝㆒、学普㆓六宗㆒、近受㆓祥法師㆒、遠依㆓蔵法師㆒、伝㆓彼一乗宗㆒

といわれている。(8) 即ちこれによれば、島地大等氏も指摘されるごとく、(9) 奈良―平安初頭に活躍した寿霊によっても、慈訓は華厳教学の最高権威として認められていたことは明らかである。

また、この天平十二年という年の審祥開講以後における華厳教学との関係についても、井上光貞氏は石田茂作氏の慈訓入新羅説(10)――天平十七―八年頃（七四五―六）新羅へ渡航し、主として華厳法相関係の経典論疏をもたらしたという推定――を、本貫である王仁裔氏族と新羅との関係の指摘(11)を付加することによって承認し、この事実に照らして、「天平十二年複師を勤めたと記す三国仏法伝通縁起の説はよる所あって記したものではあるまいか」といわれる。だが、この入新羅説は後述のごとくいささか問題が残り、これによることはできないが、井上光貞氏が指摘される他の論拠、即ち慈訓を生んだ王仁裔氏族においては、すでに天平十五年以前にその本貫地において華厳教学を受け入れていること、天平十四年以前に俗姓船連次麻呂が華厳経の研究を行っていること等の論証は、天平十二年審祥開講の複師就任以下の記事が十分信頼するに足るものと思わしめられる。かくして慈訓が華厳教学の中心人物であり、天平十二年の華厳開講には複師として、十四年には講師となって活躍したことは明らかとなった。

それでは彼の場合、法相教学と華厳教学との関係はどのようになっていたのだろうか。井上光貞氏によれば、「彼の華厳教学研究の発端は天平十二年以前であり」「天平十二年以前にその転向があった」とする。しかしながらこれは、法相教学から華厳教学へと、研究目標の転向があったとは考えられないようである。むしろ彼にあっては、わが

国に大きな影響を与えていた新羅仏教の両宗兼学の影響をうけて、両者が齟齬することはなかったと思われる。富貴原章真氏によれば、新羅法相宗の影響をうけた「義淵の教学内容には法相宗と華厳宗が交錯して居り」、その孫弟子たる慈訓が、「単に法相宗のみでなく兼ねて華厳宗まで学んでいたとしても決して不当ではなく」「義淵の学風を承けている」ものとされている。(12) このように両宗を兼学していたことが、後に容易に、審祥の下で華厳教学研究に集中することができたのだと思われる。しかしこの後でも、彼の思想は完全に法相教学から絶縁されたとはいえないようである。このことは、一般に伝えられる学統をみても、法相・華厳いずれの系統にも慈訓の弟子として、正義・仁秀・永厳の名がみえるし、華厳の系統を伝える正義—良朗—義聖の薬師寺系統の華厳教学が、島地大等氏の指摘によれば(13)、「法相教学と調和した華厳教学であった」といわれることによっても明らかである。

以上、『三国仏法伝通縁起』等により、慈訓の教学の一斑をみたが、今度は正倉院文書にみられる経典を通して、彼の仏教思想の一端をうかがってみたい。勿論、史料残存の偶然性、経典の所持、奉請等が思想とは無関係の場合もあるという点から考えて、これによって慈訓教学の内容をすべて明確に探知することは不可能ではあるが、大体の傾向はうかがえるのではないかと思う。

資料番号	文書名称	年月日	経典名	大日本古文書 巻頁
(1)	大般若経奉請状	天平10・3・11	大般若経一部六百巻	七ノ一六六
(2)	写経所啓	天平12・7・8	顕揚論疏十巻	七ノ四九〇
(3)	律論疏集伝等本収納幷返納帳	天平15・11・9	枢要一部四巻 金剛三昧論一部三巻	—
		天平16・2・5	花厳経疏八巻元暁師選者	—

		天平16・2・24	花厳経疏一乗教分三巻上中下法蔵師選	八ノ一八五―一九三
		天平16・2・26	花厳論卌七巻	
		天平16・6・11	花厳経疏二巻 吼目四巻真聖師選金剛三昧経一巻	
		天平16・6・30	金剛三昧経論一巻	
		天平16・7・29	花厳疏第一巻法蔵師	
		天平16・8・25	花厳疏四巻元暁師	
		天平16・9・9	花厳論第一巻	
(4)	辛国人成経疏本奉請文	天平16・6・23	花厳疏三巻第一八十 孔目四巻第一二三四 金剛三昧経一巻	二四ノ二六七
(5)	写経論集納受帳	天平19・5・25	金剛三昧経論疏下巻	九ノ三六五
(6)	納櫃本経検定并出入帳	天平20・2・30	三无性論二巻	二四ノ一九一
			大灌頂経一部十二巻	二四ノ一七四
(7)	本経疏奉請帳	天平21・3・17	摂大乗論疏十一巻廓法師造	一一ノ九
(8)	僧宣教疏本目録	勝宝3・6・15	法花論子注一部三巻	一二ノ八
(9)	応請疏本目録	勝宝3・6・26	瑜伽論抄一部廿巻基法師 唯識論要集一部十巻道勝師 法花論疏一部三巻吉蔵師 仁王経疏一部二巻恵浄師	一二ノ一八
(10)	造東寺司請経論疏注文案	勝宝3・7・27	華厳経二部一部六十巻一部八十巻 信力入印法門経五巻 度諸仏境界智光厳経一巻 庄厳菩提心経一巻 仏花厳入如来徳知不思議境界経一巻 大方広仏華厳修慈分一巻 大方広菩薩十地経一巻	

兜沙経一巻　菩薩本業経一巻
諸菩薩求仏本業経一巻　菩薩十住経一巻
等目菩薩所問三昧経三巻　度世品経六巻
漸修一切智徳経五巻　十住経一巻
顕无辺仏土功徳経一巻　如来興顕経四巻
羅摩伽経三巻
一二ノ二六一―二六二

(11)　経疏出納帳　勝宝4・5・5
続高僧伝一部卅巻
四ノ八九

(12)　興福寺僧慈訓請経文　勝宝4・5・23
虚空蔵菩薩神呪経一巻　虚空孕菩薩経二巻
千眼千辟観世音菩薩陀羅尼神呪経二巻
観世音菩薩秘密蔵神呪経一巻
十一面観世音神呪経一巻
観世音菩薩如意摩尼陀羅尼経一巻
観自在菩薩如意心陀羅尼呪経一巻
虚空蔵菩薩問仏経一巻　観普賢菩薩行法経一巻
虚空蔵菩薩能満諸願最勝心陀羅尼求聞持法一巻
一二ノ二九八―二九九

(13)　間写経本納返帳　勝宝5・1・30
旧花厳経一部
九ノ六一一
勝宝6・3・24
花厳経一部八十巻
九ノ六一三

(14)　経疏出納帳　勝宝5・9・3
注維摩結経六巻　大方等頂王経一巻
維摩結経二巻　維摩経四部
三ノ六四二

(15) 経疏帙籤等奉請帳　勝宝6・2・26　菩薩蔵経疏十巻　一三ノ一九五
勝宝7・5・12　離苦慧菩薩所問礼仏経一巻　未曾有経一巻　一三ノ一九六
大方等修多羅王経一巻　造塔功徳経一巻

(16) 図書寮経散帳　勝宝7・7・2　四阿含暮抄解二巻　一三ノ一九七
勝宝7・7・2　長阿含経廿二巻　中阿含経六十巻
増一阿含経五十巻　雑阿含経五十巻
別訳阿含経廿巻　阿含正行経一巻
阿含口解十二因縁経一巻　泥犁経一巻　一三ノ一七四
勝宝7・7・5　正法念所経七十巻　仏本行集経六十巻
諫王経一巻　薩遮尼乾子経十巻　一三ノ一七五

(17) 写経所請経注文　勝宝7・7・2　長阿含十法経二巻
勝宝7・7・5　仏本行集経六十巻　薩遮尼乾子経十巻
勝宝7・8・11　弥勒来時経一巻　一三ノ一五一

(18) 東大寺写経所解　宝字2・7・14　千手千眼経廿巻　金剛般若経一百巻　一三ノ三八三

(19) 奉写御執経所等奉請経継文　宝字3・12・21　最勝王経卌六部　一六ノ四五八

(20) 櫃納経疏道具目録　肇論疏三巻　枢要四巻　八ノ五七七

(21) 処々経本奉請注文　護命法門神呪経　樹提伽経一巻
長者女奄提遮獅子吼了義経一巻　二四ノ二六八

このように、その経典の種類はきわめて広い範囲にわたるのであるが、(14) そのうち数の多いものとしては、華厳と密部関係のものがあげられる。前者の多いことは、前述のごとく華厳教学の中心人物であった彼としては当然であるが、密部経典の意外に多いことは注目しなければならぬ。このことは、『続日本紀』天平勝宝八歳五月丁丑条に、

勅、奉為二先帝陛下一屈請看病禅師一百廿六人者、宜レ免二当戸課役一、但良弁、慈訓、安寛三法師者、並及二父母両戸一、然其限者終二僧身一、（中略）良弁、慈訓、二大徳者、当二于先帝不予之日一、自尽二心力一、労二勤昼夜一、（下略）

と看病禅師の中心人物として活躍している記載とあわせ考える時、甚だ興味深い問題を提示しているようである。つまり彼は、華厳教学研究の中心的役割を果していたのであるが、その教学内容は、決してわれわれが今日考えるようなものではなく、現世的呪術的性格の濃いものであったといわねばならない。なお、天平勝宝七歳二月九日の「外島院一切経散帳」によれば、[15]「請留花厳講師所」として、つぎのような経典名を記している。不空羂索陀羅尼自在王呪経三巻・千眼千辟観世音菩薩陀羅尼神呪経二巻・千手千眼観世音菩薩広大円満無礙大悲心陀羅尼経一巻・観世音菩薩秘密蔵神呪経一巻・観世音菩薩如意摩尼陀羅尼経一巻・観自在菩薩如意心陀羅尼呪経一巻・如意輪陀羅尼経一巻・陀羅尼集経一二巻・十一面神呪心経一巻・六字神呪経一巻・無垢浄光大陀羅尼経一巻・請観世音菩薩消伏毒害陀羅尼経一巻・大方広如来秘密蔵経二巻・占察善悪業報経二巻・大乗造像功徳経二巻・広大宝楼閣善住秘密陀羅尼経三巻・観自在如意輪菩薩瑜伽法要一巻・不増不減経一巻・毗尼母論八巻・宝雨経一〇巻等で、その内容は密部関係のものばかりである。この花厳講師が後述のごとく慈訓と思われることからすると、これもまた、慈訓の教学や行動の現世的呪術的性格をうかがいうるものといってよい。

（二）

慈訓が天平十二年の華厳経開講に際しては複師となり、十四年には講師として活躍したという『三国仏法伝通縁起』の記載は、すでにみたごとくほぼ信頼するにたるものであるが、それより三－四年後の天平十七－八年（七四五－六）には、求法のため新羅に渡ったのではないかといわれている。それは、『元亨釈書』等の慈訓入唐説にヒントをえられた石田茂作氏が、写経の研究から提言されたもので、井上光貞氏もこれを認められていることはすでにみた通りである。ところが、これにはさきに一言したごとくいささか疑問がある。それは、石田氏がヒントをえられた入唐説のソースについての疑問である。即ち入唐説が、慈訓がどこかへ渡航したという当時からの伝承から生れたものであるのか、あるいはまた、境野黄洋氏が指摘されたように[16]、前掲の寿霊の「遠依蔵法師」という文章の誤読から起ったものかに問題が存するのである。この場合、結論をさきにいえば、私には後者の方により妥当性があるように思える。『元亨釈書』『東国高僧伝』によれば、同文にて、「後偕㆓審祥法師㆒踰㆑海入㆑唐、謁㆓賢首国師法蔵㆒稟㆓華厳深旨㆒」とあるが、これは年代的にいっても無理がある。『三国仏法伝通縁起』にいう審祥の天平十四年寂去説が誤りとすれば[17]、同行は可能としても、『本朝高僧伝』が「賢首大師唐先天元年化、先訓之寂六十六年」といっているように[18]、法蔵には謁しえないからである。しかも現存の入唐説の記載史料の成立が、いずれも『華厳五教章指事』より新しいということは、入唐説が別のソースより生れたと考えるより、誤読とした方がより自然ではなかろうか。このように考えると、慈訓の入新羅説は、石田氏の写経よりの研究や、井上氏による王仁裔氏族とその本貫たる新羅との関係の指摘にもかかわらず、論拠を失い、積極的にこれを支持することは困難なように思われる。

つぎに、天平勝宝四年閏三月二十八日付の「造東寺司請経論疏注文案」によれば、

右、奉請講師慈訓師所、三年七月廿七日

という記載がある。[19] この講師が、一体何の講師であるのかは明示してないが、その奉請されているものの大部分が、華厳関係の経典であることは注意をひく（前掲表⑽）。また、天平勝宝七歳のものと思われる「写経所請経注文」によれば、[20]

長阿含十法経二巻一切経内

右、以去七月二日、請宮中講師（慈訓）所、使山口広成

仏本行集経六十巻　薩遮尼乾子経十巻已上並図書寮者

右、以同月五日、奉同（請脱）講師所、使馬長庭

弥勒来時経一巻一切経内

右、以今月十一日、奉請同講師（所脱カ）、使都保大人

八月十五日上馬養

とあり、「経疏帙籤等奉請帳」によれば、[21]

離苦慧菩薩所問礼仏経一巻　未曾有経一巻

大方等修多羅王経一巻　造塔功徳経一巻

右、依判官上毛野君（真人）去七歳五月十二日宣、令奉請宮中講師慈訓師所、使馬長庭

とある。ここでとくに注目したいのは、宮中講師慈訓師という記載である。史料上明らかにしうる限りでは、その在

任期間は天平勝宝七歳（七五五）五月十二日より八月十五日までの短期間にすぎないが、宮中講師となっていることは、聖武や光明子等の信任が、きわめてあつかったことを示すものにほかならない。また、前にもふれたごとく、天平勝宝七歳二月九日付の「外島院一切経散帳」にある華厳講師は慈訓と推定される。ここにいう外嶋院とは、遅くとも天平勝宝四年には光明子と所縁の深い法華寺内に建立されたもので、しかも史料上では、天平勝宝六年四月四日より七歳八月十七日までの間には、写経所がおかれている。(22)外島院写花厳経所の名でよばれている例もあるように、そこで書写される経典に新旧の区別はあるが、すべて華厳経に限られている。ここに華厳講師所が設けられたのであるが、その華厳講師が、天平勝宝五年九月三日付の慈訓の奉請文書の付記として、「以六年五月十七日便請留外嶋院」とあることから、(23)慈訓であることはまちがいないと思われるのである。

このように眺めてくると、慈訓はすでに天平勝宝三年以後には華厳講師として、法華寺内の外嶋院に居を占めて活躍し、さらに遅くとも天平勝宝七歳五月には宮中講師として、禁中におけるよき学問師範であると共に、さきに述べた彼の仏教の呪術的性格の故に、聖武や光明子等、とくに病気勝ちの聖武の大きな精神的支柱になっていたのであろう。『続日本紀』天平勝宝八歳五月丁丑条によれば、慈訓は華厳講師とよばれ、鑑真・良弁・法進・慶俊等と、「堪聖代之鎮護、為玄徒之領袖」と尊崇の的になると共に、良弁・安寛と一緒に看病禅師としてもめざましい働きを示したと記されている。内道場禅師と宮中講師との関係を明確にするものは何もないが、ともかくも禁中にいることは、玄昉や道鏡の例に照らしても明らかなように、政治との関係が強まり、彼をして律師を経ることなく、一躍少僧都に任ぜしめるという結果をもたらしたと思われる。(24)

そもそも僧綱の任命には、まず僧尼令任僧綱条によれば、

凡任二僧綱一、謂二律師以上一。必須レ用下徳行能化二徒衆一、道俗欽仰、綱二維法務一者上、所レ挙徒衆、皆連署牒レ官、

ということが必要であった。この場合、官とは太政官であり、徒衆とは古記によれば僧をいうのであり、朱記も俗人は署名しないのだという。この点、僧綱の人事は、一応は僧界の推挙によるものであったといえる。しかも、「若有三阿党朋扇、浪挙二無徳者一、百日苦使」と罪則規定まで設けて、僧団の自主的推挙を定めている。ところが、時代ははるかに降るが玄蕃寮任僧綱条によると、「凡任二僧綱一者、必簡二其人一、奉レ勅定レ之」と、その任命方法が「徒衆推挙＝奏任から奉勅簡定＝勅任へ」とかわっているのである。変更の時期について中井真孝氏は、「確実なことは明言できないが、天平九年玄昉の僧正直任もしくは天平宝字七年少僧都慈訓の解任あたりであろう」とされる。また、この変更の意味については、「奉勅簡定となれば、このような令制の理念がどこまで貫徹されるか疑わしく、奉勅者（政権担当者）の恣意的な任命——したがって罷免も——の歯止めを失い、僧綱の補任に時の政治権力の容喙をもたらす危惧をはらむ」とする。[25] しかしこのことは、徒衆推挙の場合でもさけられなかったと考える。一応僧界の自主性は規定されていても、任命の決定権がないことから、同じく時の政権担当者の意向に動かされる場合が多かったと思われるからである。このことは、養老元年（七一七）の藤原不比等による政権把握と僧綱の問題、[26] 天平元年（七二九）における長屋王の死と道慈の採用、[27] 天平十七年の行基の大僧正登用、[28] 天平勝宝八歳（七五六）五月に行われた良弁の大僧都任命等の問題[29]を考えあわすと、かなり明らかになるように思われる。このようにみてくると、慈訓の少僧都就任も、宮中の結びつきと共に、この頃殆ど支配体制を確立した仲麻呂政権との関係を無視することはできない。

㈢

藤原仲麻呂の勢力と橘諸兄政権との対立は、すでに天平十六年（七四四）の遷都問題や、天平十七年の難波行幸の時計画された橘奈良麻呂を中心とする黄文王擁立運動によって、次第に激しさを加えていったが、天平二十年頃よりは、政権の帰趨は諸兄より仲麻呂へと移りつつあったと考えられる。そして、天平勝宝七－八歳（七五五－六）頃ともなれば、仲麻呂の勢力はもはや圧倒的となり、諸兄派を一層激しく圧迫すると共に、自らの支配権を確立する。まず天平勝宝八歳には、二月に諸兄の致仕事件によってこれをほうむり、五月には諸兄派と目される大伴宿禰古慈悲の監禁事件をひき起している。さらに翌天平宝字元年（七五七）四月には皇太子道祖王を廃して大炊王を擁立し、五月には祖父不比等の手になる養老律令の施行を命ずると共に、新令官制の外に紫微内相を設置して、自ら内外諸兵事を掌ることによって反仲麻呂派に対抗し、翌六月には同族的私的兵力の集結を禁止するなど五カ条の禁令をだして、全く反仲麻呂派の軍事行動を禁圧した。かくして仲麻呂は、七月に行われた奈良麻呂を中心とするクーデターを完全に粉砕したのである。そしてさらに、右大臣豊成をも追放し、これ以後は名実共に絶対的権力者の地位についたのである。

この仲麻呂が、奈良麻呂の変直後の天平宝字元年閏八月壬戌には、山科寺維摩会復興の奏言を行っている。この維摩会は奏言のなかでもいっているごとく、鎌足によって始められ不比等によって中興された由緒あるもので、最高権力者となった仲麻呂が祖勲を回顧し、これにかつて鎌足に賜わった功田一〇〇町を施入することによって復興を図り、「内大臣の洪業をして天地と共に長く伝えしめん」といっていることは注目すべきである。つまりこの維摩会の復興は、鎌足の後継者たる自覚においてなされたものであり、天平宝字元年（七五七）五月丁卯の養老律令施行、天平宝字四年八月甲子の仲麻呂の意志によると思われる祖先功業顕揚の勅発布、[30]天平宝字五年前後に成立したと思われる『家伝』の編纂等[31]と共に、己の地位を歴史的に根拠づけ、正当化し、誇示しようとしてなされた仲麻呂の祖先顕彰の一連の仕事と考えることができよう。かかる意味をもつ維摩会が再興されたこの年に、慈訓は山科寺に別当として迎えられている。[32]そもそも別当とは、天平勝宝四年五月の良弁の東大寺別当就任[33]や、『延喜式』玄蕃寮別当三綱条等を比較して考えてみるに、それが三綱の上に立つその寺の最高位であり、官の許可をえて補任されたものらしい。ところが、ここに補任の注目すべき例外として興福寺が考えられる。『延喜式』玄蕃寮別当三綱条によれば、

凡興福寺別当三綱者、不レ依二諸大寺例一、随二氏人簡定一補レ之、

と記す。これは『延喜式』であり、当時の藤原専制政権を背景にして打ちだされたもので、当面の時代を考える場合何ら問題にならないとすれば論外だが、当面の時代を考える時にも、このことは簡単に捨て切れないように思われる。何故なら、「興福寺伽藍縁起」等を通して造立の歴史をみるに、その草創が藤原鎌足になることはいうまでもないが、建造物の殆どすべてが一族のものの手になっていること[34]や、前述の山科寺維摩会再興に関する奏言等に強い山科寺への氏寺的意識がみられること、さらには仲麻呂が絶対的権力者の地位にあること等を考えあわすと、『延喜式』の記載もほぼ承認できるように思われるからである。されば、慈訓の別当就任も、彼が以前より興福寺の上級僧であったこともあろうが、さらにそれより強く、藤原氏、とくに仲麻呂の要請によったものと考えられよう。このようにして慈訓は、藤原氏の氏寺興福寺の長官として、長く藤原氏の顕栄の保たれんことを祈願しつつ、また一方では、僧綱内の少僧都の要職にあって、仲麻呂政権下の仏教政策推進の一翼をになって活躍したと思われる。

『続日本紀』天平宝字三年六月丙辰条によれば、種々の奏言が記されている。これは同年五月甲戌の百官の五位已上、及び師位已上の緇徒に対する意見奏上の要請にこたえたもので、慈訓は参議従三位出雲守文室真人智努（浄三）と共に、仏教政策に関する奏上を行っている。その内容については後述することとして、この場合、まず『続日本紀』の記載の上で注目すべきは、この奏上を行っている人々が、すべて仲麻呂政権の支柱をなしていると考えられる人たちだということである。文室真人智努は、天平宝字元年（七五七）六月壬辰に治部卿となり、二年六月丙辰には参議兼出雲守、四年正月丙寅には中納言、五年十月壬戌保良宮遷都に際しては、石川朝臣年足と同様に四万束の稲を与えられている。ついで六年正月癸未には御史大夫、同十二月乙巳朔には神祇伯を兼ね、恵美押勝の乱に際しては、恐らくそのクーデターを察知したであろう九月戊戌（四日）――事件発生は十一日――に致仕している。また石川朝臣年足は、神祇伯・兵部卿・中納言・式部卿・御史大夫等を歴任し、天平宝字六年九月乙巳には薨じているが、野村忠夫氏によれば、仲麻呂政権のバックボーン的存在であった。(35) さらに、氷上真人塩焼も仲麻呂の下で、礼部卿・信部卿・参議として、また天平宝字六年十二月乙巳朔には中納言、同八年八月己巳には兼文部卿となり、恵美押勝の乱に際しては擁立されて皇位についたというが、仲麻呂と共に誅されている。このように、仲麻呂政権と特別な関係をもつ人々と慈訓が名を連ねていることは、とくに文室真人浄三と同一奏言をなしていることは、彼の仲麻呂政権下の地位を充分推測しうるように思われる。ところで、この時行われた仏教政策に関する奏言は、この慈訓の他にも数多くだされたらしいが、その多くは、「其緇侶意見、略拠二漢風一、施二於我俗一、事多不レ穏、雖レ下二官符一、不レ行二於世一、故不二具載一」とされ、(36) われわれが現在みうるものは『類聚三代格』による二つの奏言にすぎない。(37) ここでこれらの奏言について考え、仲麻呂政権下の仏教政策の一端をさぐってみよう。

まず、『続日本紀』にある文室真人智努と共にだした慈訓の奏言は、

天下諸寺、毎年正月悔過、稍乖二聖願一、終非二功徳一、何者、修二行護国一僧尼之道、而今或曾不レ入レ寺、計二官供於七日一、或貪二規兼得一、着二空名於両処一、由レ斯、讖及二三宝一、无レ益二施主一、伏願、自レ今以後、停二官布施一、令下二彼貧僧一无上所二希望一、

というものであり、僧尼の道が修行護国であるにもかかわらず、官の布施をむさぼることのみで施主に益がないので、官供を止めんとしたものである。つぎに『類聚三代格』の二つの奏言についてみれば、一つは、「厳浄二国家一無レ過二伽藍一、撥二却灾難一豈若二仏威一」といって、修行護国のため諸寺の破壊を修治せんとしたものであり、もう一つは、「私度僧者深乖二仏法一、更作二亡命一」ことより、私度僧は本色に送還し、すべてこれを禁断しようとしたものであった。この場合、後者において注意すべきは、あらゆる私度僧が取締りの対象となるのではなく、『続日本紀』天平宝字二年八月庚子朔条に、「天下諸国隠二於山林一清行逸士十年已上、皆令二得度一」とあるごとく、有能な修行護国に必要な山林の清行逸士は、これを官僧のなかへくり入れているのである。(38) 薗田香融氏によれば、「山林僧と護持僧は矛盾した概念ではなく」「むしろ互いに欠くべからざる深い関係にあった」といわれる。(39) さればここに問題にしているのは、あくまでも課役忌避を目的とし、修行護国に役立たない私度僧であるといわねばならぬ。このようにみてくると、これらの諸政策は荘厳された伽藍で、官僧により、慈訓のいうように僧尼の道たる修行護国を行わしめることによって、鎮護国家の政策をより一層推進させていこうとするものであったといえる。鎮護国家に役立たないとみるや、正月悔過の官供が停止され、私度僧が厳禁されたのは当然である。

つぎに、『続日本紀』天平宝字四年七月庚戌条によれば、慈訓は大僧都良弁・律師法進と共に奏上し、僧尼に四位十

三階の僧位を設けることを提言している。四位十三階とは、伝灯・修行・誦持おのおのに、入位・住位・満位・法師位の四階があって一二階、さらにその上に、大法師位を加えたものをいう。これは、従来までの師位僧を一層発展させたもので、「三色師位、幷大法師位、准二勅授位記式一、自外之階、准二奏授位記式一」と、その任命を官人と同様に行わんとしたものである。しかもその僧位は、「非レ酬二勲庸一、無レ用二証真之識一、不レ差二行位一、詎勧二流宕之徒一、今者像教将季、緇侶稍怠、若無二褒貶一、何顕二善悪一」といっていることによって明らかなごとく、僧尼の俗界における行業によって決定していったと考えられる。このような任命方法は、仏教本来の立場からすれば明らかに堕落であるが、僧尼をも官人として把握していこうとした、律令制本来の立場にもとづく政策といわねばならぬ。このようにして仲麻呂政権下の仏教政策は、官人としての僧尼による強力な鎮護国家政策の推進となっていったのであるが、慈訓も少僧都という要職にあって、その政策推進の一翼をになっていたことと思われる。

ついで慈訓は、保良宮遷都に参加しているようである。『興福寺官務牒疏』近江国保良寺の条によれば、

在二同郡(甲賀郡)同郷一、勅旨号二紫香楽山一、僧房九宇、廃帝天平宝字五年、依二四品飛鳥内親王御願一草創、於二保良地二一宇建立、本尊薬師仏、則慈訓僧正開基也、鎮守社高皇産大神、同六年二月戊寅勧請、為二保良都護神一、石川朝臣年足勧請、

という。[40]この史料について考えてみるに、ここにいう四品飛鳥内親王とは四品飛鳥田内親王のことと思われ、『続日本紀』天平宝字五年十月壬戌の条によれば、保良遷都の故をもって稲四万束を与えられている。このことは、彼女の保良寺草創発願の記事を充分考えさせると共に、慈訓開基の記載の信憑性をも高めているように思う。石川朝臣年足勧請になる鎮守社と、この保良寺との関係については明言できないが、ともかく保良寺の建立も鎮守社勧請と同じく、

保良の都鎮護のために行われたのであろう。なお、慈訓の保良宮行きは天平宝字五年（七六一）十月十五日、駕に随い、法進と同行したと想像される。(41)

（四）

ところでかかる慈訓も、少僧都在任わずか七年にしてその地位を追われねばならなかった。『続日本紀』天平宝字七年九月癸卯の条によれば、

遣二使於山階寺一、宣レ詔曰、少僧都慈訓法師行政乖レ理、不レ堪レ為レ綱、宜レ停二其任一、依二衆所一レ議、以二道鏡法師一為二少僧都一、

と、慈訓の追放とそれに変る道鏡の登用を記している。それでは一体、この追放の原因は何なのであろうか。詔によれば、「行政乖レ理、不レ堪レ為レ綱」といっているが、それが全くの口実にすぎなかったことは、宝亀元年（七七〇）道鏡政権が没落するや、直ちに少僧都に返り咲いていることによっても明瞭である。されば追放の原因は、端的にいって、『七大寺年表』に記すごとく「依二道鏡事一也」といわねばならぬ。(42) では具体的に、道鏡の事に依るとはどういうことをいうのであろうか。

まず第一には、上述のごとき仲麻呂との結びつきが考えられる。これについてみるに、慈訓が追放された天平宝字七年（七六三）は、反仲麻呂的気運が非常に高まっており、もはや仲麻呂政権の限界がみえた年であったことは注目せねばならぬ。いま岸俊男氏によれば、(43) 造東大寺司については、それに対する道鏡の関与はすでに天平宝字七年「四月

頃から顕著であり」、そのことは「造東大寺司に所属した写経所の関係文書に明瞭である」とされる。また造東大寺司の官人についても、「七年正月頃より大変動が起き」、長官の地位に七年正月には佐伯今毛人、八年正月に吉備真備と、「反仲麻呂的な人物が出てきたことは、仲麻呂の勢力をその支配下にあった造東大寺司からも除去しようとする計画が、道鏡と反仲麻呂的な貴族・僧侶の手によって着々と実行に移されつつあったことを示すものであろう」といわれる。そしてこのような仲麻呂から道鏡への動きは、ひとり造東大寺司に限られたものとは思えないのであって、かかる政治的情勢のなかで、仲麻呂派と目される慈訓が追放されたことは、当然のことであったのであろう。

第二には、いささか推測の域を脱しえないが、宮中における道鏡との関係も考えられるようである。すなわち、慈訓は既述したごとく宮中講師として活躍し、聖武・光明子等の精神的支柱となっていたと思われ、さらに聖武上皇不予に際しては看病禅師として重要な働きを示している。このような宮中との結びつきは、聖武上皇なき後も続いていたであろうことは想像に難くない。一方、道鏡は保良宮での孝謙上皇への看病によって、一時にその勢力をえ、擡頭してくるのであるが、かかる抜擢のきっかけとなった内道場禅師には、『続日本紀』卒伝によれば、すでに天平宝字五年（七六一）十月以前になっているのである。(44) その具体的な時期について『七大寺年表』は天平勝宝五年条に、

沙門道鏡、俗姓弓削氏、略渉二梵文一有レ聞、入二内道場一 真言院 内供奉 烈禅師、

と記す。この場合、「真言院　内供奉」の記載は、後に書き加えられたと考えた方がいいが、天平勝宝五年入内道場説については、後の道鏡勢力拡大の時期と考えあわせて、いささか早すぎるようにも思われるが、積極的にこれを否定することもできない。そこでもしこの時点からいたとすれば、当初は光明子—仲麻呂—慈訓等の圧倒的な支配下にあったといわねばならぬ。ところで、道鏡に関する確かな史料上の初見は、

梵網経二巻奉請良弁大徳御所使「沙弥道鏡」「八日納」「十九年六月八日丸部嶋守」「志斐麻呂」

（中略）

右依良弁大徳宣、奉請弘明師所、使弥沙レ「道鏡」　知田辺史生

以八月十七日、返納已畢、

というものであり、[45]これによれば東大寺にて良弁の許にいたらしい。この沙弥道鏡が、果して後の道鏡と同一人物かどうかについては、疑問がないわけではない。それは、両者をつなぐ史料が欠落していることからで、これは如何ともなしえないが、道鏡の推定年齢と一般的な沙弥年齢とのくいちがいの問題については、わが国では度牒をもらったものを沙弥とよぶことから、彼が当時何歳であったかは問題でない。道鏡の東大寺へ入るまでの前半生については、『僧綱補任抄出』上には、「初籠二葛木山一修二如意輪法一、苦行無レ極」と記している。これについて横田健一氏[46]は、道鏡教学全般にわたっての考察のなかで、仏教的な禅行の名の下に原始古代的な巫者的苦行修行を行うことによって、すぐれた呪験力を獲得していったことを論証されている。そして恐らく、ここで得た呪験力によって認められ、天平十九年（七四七）六月を遡る遠からざる時期に如法修行者として度科の対象となり、東大寺へ入ったのだろうと思われる。そして更に、良弁の下でという恵まれた環境のなかで、葛木山でえた呪力によって活躍し、それによって内道場禅師に抜擢されたと考えられる。ここにいう内道場とは、玄昉の時創設されたものであることは周知のところであるが、その存在意義は、玄昉の例に照らしても明らかなごとく、「政治の中心である朝廷の中へ宗教が接近し、従って（宗教家が政治に）容喙しやすい地盤を作」った点にある。道鏡もまた、ここを足場として次第にその勢力を伸張していったと考えられる。そして天平宝字五年（七六一）には孝謙上皇の看病禅師として禁掖に侍し、それ以後は、孝謙との結び

つきにより圧倒的な勢力をもつに至った。かかる情勢下に、さきに宮中講師・看病禅師として活躍し、この頃も宮中との結びつきをもっていたであろう慈訓との対立が激化するのは当然である。なお、憶測をたくましくすれば、宮中における慈訓と道鏡の勢力交替は、慈訓—仲麻呂、仲麻呂—光明子等の結びつきなどと考え合せ、仲麻呂政権の運命がそうであるように、天平宝字四年六月の光明皇太后の死を一つの境としているのではないかと思われる。かくして慈訓は、前述の仲麻呂との関係に加うるに、このような宮中における対立も加わって、天平宝字七年（七六三）九月には完全に閉めだされ、少僧都の地位を失い、興福寺別当の職をも弟子仁秀に譲ったのである。

その後は、宝亀元年（七七〇）再び少僧都に復任したが、すでに老齢に達し、何ら新しい動きを示すこともなく、宝亀八年八七歳の長き生涯を終えたのである。

むすび

以上慈訓について、その教学内容をうかがうと共に、官僧としての活躍のあとを考えてみた[47]。そして彼が、華厳教学の中心人物として活躍しながらも、その教学は——奈良時代仏教全般の傾向ではあるが——きわめて呪術的性格の強いことを指摘した。また、宮中講師・看病禅師として次第に禁中に勢力をえ、仲麻呂と結び、少僧都に任ぜられ、興福寺別当となり、仲麻呂政権下の仏教政策の推進力となったが、孝謙—道鏡勢力の擡頭によって完全においおとされていった過程を跡づけ、奈良時代における仏教と政治との関係について考えてみた。そこでわれわれは、方外の士とは全く無縁の、さらには寺院に寂居して学問修行に専念したとも思えない、僧侶の実態を垣間見たのであるが、かかる点にこそ、この時代の国家仏教の担い手としての、典型的な官僧の姿をみることができたように思われる。

註

（1）富貴原章真『日本唯識思想史』
（2）井上光貞「王仁の後裔氏族と其の仏教」（『史学雑誌』第五四編第九号）。以下、井上光貞氏の論文はすべてこれによる。
（3）関晃『帰化人』第二編第一項
（4）誕生年については、『七大寺年表』宝亀元年庚戌条に「八十」とあることより推算。没年は、『元亨釈書』『七大寺年表』等いずれも宝亀八年と記す。
（5）『大日本古文書』七ノ一六六頁
（6）尾山篤二郎『大伴家持』
（7）宇井伯寿『日本仏教概史』
（8）『大日本仏教全書』
（9）島地大等「東大寺寿霊の華厳学に就て」（『教理と史論』所収）
（10）石田茂作『写経より見たる奈良朝仏教の研究』
（11）井上光貞前掲論文。「養老三年正（閏七）月には白猪史広成が遣新羅大使となり、六年三（五）月同（津史）主沼麻呂が遣新羅大使となり、又天平八年四月には葛井連子老が遣新羅大使一行に加わり、天平十五年正（三）月に葛井連広成が新羅使を接待し、神護景雲三年十一（二）月に津連真麻呂が同じく新羅使を接待して居る」ことを指摘される。
（12）富貴原章信前掲書、第四・五章
（13）島地大等『日本仏教教学史』
（14）この表から、彼の法相教学に対する理解と関心を疑ったが、石田茂作氏の『写経より見たる奈良朝仏教の研究』によれば、唯識論関係四、唯伽論関係一の蔵書が示されている。そこで、出所を確かめようとしたが、明らかにすることはできなかった。

(15) 『大日本古文書』一三ノ一二二—一三二頁
(16) 境野黄洋『日本仏教史講話』
(17) 福山敏男氏は、「講師命終」の句は「講師講終」などの誤写であるらしく、「少くとも天平十六年までは審祥は未だ在世していたらしい」とされる(「東大寺法華堂の建立に関する問題」〈『東大寺法華堂の研究』所収〉)。さらに堀池春峰氏は、「命終は審祥の講師としての使命の終ったことを示しているのであって、死去を指しているのではない」とし、正倉院文書の考察から、その入寂を、「一応天平十七年一月より勝宝三年一月まで」とされる(「華厳経講説よりみた良弁と審祥」〈『南都仏教史の研究』上、東大寺篇所収〉)。
(18) この記事は正確なものと考えられる。
(19) 『大日本古文書』一二ノ二六二頁
(20) 『大日本古文書』一三ノ一五〇頁
(21) 『大日本古文書』一三ノ一九六頁
(22) 拙稿「傍系写経所の一考察——中島院・嶋院・外島院について——」(『続日本紀研究』第五巻第四号)、岸俊男「嶋雑考」(『橿原考古学研究所論集』第五所収)
(23) 『大日本古文書』三ノ六四二頁
(24) 『七大寺年表』天平十七年条には、律師任命とあるが、これを積極的に論証する史料は何もない。
(25) 中井真孝「奈良時代の僧綱」(井上薫教授退官記念会編『日本古代の国家と宗教』上巻所収)
(26) 野村忠夫「行基」(『日本歴史』第五六号)
(27) 川崎庸之「奈良仏教の成立と崩壊」(『古代社会』所収)
(28) 北山茂夫・川崎庸之氏等によって、登用者が仲麻呂か諸兄かについて論ぜられているが、いずれも決定的なものではない。しかし、いずれにしても彼の登用が、僧界の推挙によったものとは考えられない。
(29) 良弁と仲麻呂との結びつきについては、すでに早く西岡虎之助氏(『綜合日本史大系』奈良朝)や赤松俊秀氏(京大日本史『古代国家の展開』)によって指摘されている。さらに、岸俊男氏(「東大寺をめぐる政治的情勢」〈『日本古代政治史研究』

所収〉）によれば、「続紀によれば、仲麻呂は天平勝宝八歳十月東大寺に米千斛と雑菜千缶を献じているが、かかる東大寺に対する仲麻呂の積極的援助にはまた良弁との提携が存したと考えられ、このころの造東大寺司牒に良弁の署名の見られるもののあるのも注意をひく」とされる。

(30)(31) 横田健一「藤原鎌足伝研究序説」（『白鳳天平の世界』第二部所収）

(32) 『興福寺別当次第』『僧綱補任』等には、ただ天平宝字元年とのみ記すが、恐らくは奈良麻呂の変以後、維摩会復興の前後に任命されたのであろう。なお、もし奈良麻呂の変以前であったとしても、仲麻呂との結びつきによって任命されたとする推論にかわりはない。

(33) 『東大寺要録』巻第五、別当章第七

(34) 金堂は和銅三年不比等、講堂は天平十七年仲麻呂等、五重塔一基は天平二年藤原皇后発願、東金堂は神亀三年元正天皇、西金堂は天平六年藤原皇后、北円堂は養老五年に不比等のため、食堂は不比等により建立されている。

(35) 野村忠夫「藤原仲麻呂政権の成立」（『古代学』第六巻第一号）

(36) 『続日本紀』天平宝字三年六月丙辰条

(37) 同じく天平宝字三年六月二十二日のものとして、「修㆓治諸寺破壊㆒事」「禁㆓断私度僧㆒事」の二つが記載されている。なお、『扶桑略記』によれば、東大寺の普照の意見として、城外道路の両辺に菓子樹木を栽種せんとするものがあるが、これをも仏教政策とすれば三つとなる。

(38) 本書「官僧について」参照

(39) 薗田香融「末法灯明記の一考察」（『日本仏教史』創刊号）

(40) 『大日本仏教全書』寺誌叢書第三

(41) 法進の『沙弥十戒威儀経疏』（『日本大蔵経』所収）の跋語によると、「天平宝字五年十月十五日、随㆑駕往㆓保良宮㆒、住㆓国昌寺㆒」とある。

(42) 『七大寺年表』宝亀八年丁巳条

(43) 岸俊男「東大寺をめぐる政治的情勢」（『日本古代政治史研究』所収）

（44）『続日本紀』宝亀三年四月丁巳条によれば、「略渉二梵文一、以二禅行一聞、由レ是入二内道場一、列為二禅師一、宝字五年、従レ幸二保良一、時侍二看病一、稍被二寵幸一」とある。

（45）『大日本古文書』二四ノ一八一・一八九頁

（46）横田健一「道鏡伝考」（『関西大学文学論集』第一巻第二号）

（47）岸俊男氏は、「県犬養橘宿禰三千代をめぐる臆説」（『宮都と木簡』所収）のなかで、三千代の本貫が河内国古市郡であることと、古市郡一帯はとくに仏教信仰の盛んな地域であったこと、三千代の信仰が光明子に強い影響力をもっていたであろうこと、この地域からでた慈訓や慶俊が、早くから光明皇后に接近し、やがて重用されるにいたった必然性をとかれる。

五　慶　俊

(一)

慶俊の出自は、『延暦僧録』『元亨釈書』等によれば、河内国藤井氏とある。藤井は葛井と同一であり、王辰爾の後裔氏族の一つとして、六世紀の後半には船・津と分れて白猪を称し、養老四年(七二〇)五月壬戌に葛井連と改姓した名族である。その居住地は、河内国丹比郡藤井寺付近と考えられ、同族たる船・津両氏とは互いに一―一・三キロメートルほどの近距離にあって、地縁を媒介として、絶えず精神的にも生活面でも、密接な結びつきをもっていたと考えられる。(1) そしてこのなかから船史恵尺・王後、さらには白猪宝骨・葛井諸会・同広成等を輩出させている。また仏教関係でも、元興寺の道昭や、華厳教学の指導的立場に立ち政治的にも縦横の活躍をした慈訓等を出しており、この氏族には、「先進仏教界の思想的変化に対する著しく早い、且つ智的な反応がいわば伝統的に一貫」していたようである。(2) このような優れた環境のなかで、慶俊は生を享けている。しかしながら、その誕生年は明確にする何の史料もなく、没年もまた明らかではない。ただ、誕生年について宇井伯寿氏は六九〇年と推定され、(3) 没年については、『延暦僧録』

は厶年（境野黄洋氏は九年と推定）(4)、『七大寺年表』『僧綱補任』は宝亀九年（七七八）、『本朝高僧伝』は延暦某年と記している(5)。

彼の前半生について考えてみるに、その詳細については何等知る術もないが、『延暦僧録』には、「弱齢之歳、情楽ニ道門一、弁李之年預ニ参玄一、服ニ宗匠唐学生道慈律師一、入室昇堂」とあり、大安寺に入り、養老二年（七一八）新帰朝の道慈を師と仰いで、学問研鑽に励んだことはほぼ明らかである。彼の確かな史料上の初見は天平三年（七三一）、宇井伯寿氏の生誕推定年よりすれば、慶俊四一歳の時までまたねばならぬ。それは、

（大安寺カ）
大寺牒
涅槃経疏第五巻六巻
右疏、要可見、宜随了而早付使可送、以状、
天平三年九月二日仕丁鴨部麻佐
（自署）「辛国東人」
（自署）「知僧慶峻」

というのであり(6)、これによれば彼は大寺の知僧としてその名をみせている。大寺が大安寺であることは周知のところであるが、知僧とは、一応後によくみられる知事僧のことではなかろうかと思われる。唐では羯磨陀那（Karma-dāna）の訳として、維那・都維那・次第・授事・悦衆などともいわれて、上座・寺主と共に三綱を構成し、寺の一切の事務を司る役のようであるが(7)、わが国では諸寺の例で明らかなように、都維那や維那と同一のものではなく、明らかに三綱の下にある(8)。その職務内容については、実質的な事務取扱いを行っていたのではないかと思われる。なお、あるいはこの知僧の記載は職名ではなくして、ただ単に、この大寺牒に対する責任者という意味をもったものかもしれない。しかしその場合でも、かかる記載を有することは、彼の大安寺における地位が、かなり高いものであったと考えてま

ちがいないであろう。

彼の学統について考えてみると、あらゆる記録はすべて道慈の弟子とする。道慈は周知のごとく大宝二年（七〇二）入唐、養老二年（七一八）帰朝と一七年間にわたって研鑽を重ね、翌養老三年十一月乙卯には、元興寺の神叡と共に仏門の秀として表彰されている。そのもたらした教学内容は広範囲にわたり、『三国仏法伝通縁起』によれば、「総伝二六宗一、三論為レ本」という。そして、これを受けた慶俊もまた、三論はいうに及ばず、華厳・法相・密等多くの教学にも造詣の深さを示しているようである。まず、『延暦僧録』によれば、「空有窮レ微、円宗洞暁」と記す。ここにいう空とは三論を意味し、有とは法相、円宗とは天台、さらには華厳をさすと考えられ、思託も彼の学問の幅の広さと深さを指摘している。つぎに個々の教学について、まず華厳関係をみると、最も確かな史料として、

勝鬘経疏三巻白紙黄表朱軸无緒　花厳講師敬俊師書者

右、以十九年十一月廿八日奉請、以廿年二月廿四日返奉如前、使壬生君長、

他田水主

と、[9]「花厳講師敬俊」なる記載がある。[10]また、『延暦僧録』慶俊伝には、「講二華厳経一、論議去決レ疑釈レ滞」とあり、さらに戒明伝に、「弱冠出家、依二大安寺慶俊法師一為二師主一、学二華厳経一、便窮二奥旨一」とあるのも、すべて彼の華厳教学に対する理解の深さを示すものにほかならない。このような華厳教学への関心は、ただ単に道慈の教化によるものだけではなく、いつ頃から大安寺に住したかは不明であるが、東大寺華厳開講の第一人者となった新羅僧審祥や、天平八年（七三六）来朝した道璿等にも深い影響をうけたと考えるべきであろう。

つぎに密教について考えれば、道慈はまず『元亨釈書』によるに、「慈在レ唐、逢二密者一、得二虚空蔵求聞持法一」とあ

り、『三国仏法伝通縁起』には、「善無畏三蔵開元四年丙辰来レ唐、道慈在レ唐具経二三年一、其間道慈随二善無畏一習二学真言一」と、善無畏直系の密教教学をもたらしたと伝える。そしてこれが、慶俊・善議によって継承発展させられたと思われる。『三国仏法伝通縁起』にはそれについて、「大安寺有二慶俊律師、善議大徳一、随二従道慈一倶学二真言一、慶俊大徳専以二真言一為二其本宗一、乃愛宕山本願也」という。さらにこれらの記事を裏付けるものとして、弘法大師『御遺告』には、「一、以二珍皇寺一字宕当寺可レ修二治後世弟子門徒之中一縁起第四　右寺建立大師是吾祖師故慶俊僧都也」とある。(11)

最後に、彼の本宗たる三論についてみると、そこには彼のなみなみならぬ理解の深さがうかがえるようである。いま源信の『一乗要決』によると、彼の著書たる『究竟論補闕』の一節が引用してある。この書物は散佚してみることはできないが、そこには、「作二比量相違一云、定性二乗、亦応二唯一仏乗等之言之所レ遮、宗三乗所摂、非二仏乗一故、因如二不定乗一、喩又作二法差別相違一云、二乗之果、応レ無二定二乗性一、乗所被故、如二大乗者一」とある。(12)即ち、このなかで彼は、かの唯識枢要の定性二乗の立量に対して、比量相違、法差別相違の過を付してこれを論破し、法相宗の五姓各別説に異議を唱えて一乗説を主張している。かかる慶俊の五姓各別説に対する抗議に対抗するものとしては、興福寺の仁秀によって『掌珍論導』が著わされ、三論宗一乗説に対する非難が加えられるが、(13)かかる宗論がすでに、法相教学がむしろ大勢を示していたとされるこの時期に行われたことは注目すべきであり、それが最澄の前駆をなしたと考えられる。(14)

なお、さらに『東域伝灯目録』によれば、彼の著書として、『因明正理門論文軌疏記』三巻と『一乗仏性究竟論記』六巻の二つを記している。(15)前者は大荘厳寺文軌の解釈であり、仏教の論理学たる因明に関する日本最初の述作であるらしい。しかも奈良時代において因明は、唯識を学ぶものには必須の学問といわれ、かかる仕事がなされたことは、前述の五姓各別説論破と並んで彼の法相教学への深い理解から生れたものと考えられる。また、後者は、玄奘門下で涅槃宗の学者法宝の作といわれ、慶俊はそれに註解することによって、純大乗思想を闡明したものといいうると思われる。

このようにみてくると、慶俊の教学に対する理解は広くかつ深く、さらにその主張するところは、平安仏教を生みだすための先駆的役割を果したといいうるようである。

(二)

天平二十年の「経疏出納帳」によれば、先述したごとく花厳講師敬俊なる記載がある。この記載だけからは、いずれに所属した講師なのかはにわかに推断しえないが、天平勝宝三年の「経疏請返帳」には大寺敬俊師、天平勝宝五年四月七日の「大安寺三綱牒」にも大安寺講師の一員として慶俊の名を見いだすことにより、一応大安寺の花厳講師と思われる。大安寺における華厳経の考究は、すでにふれたように、東大寺の華厳開講に参加した新羅僧審祥がここに住し、天平八年（七三六）には、新たに唐より律と華厳に精通した道璿を迎えていることなどからして、諸大寺のなかにあっても、かなりすぐれたものではなかったかと考えられる。そして、この時期においても、家永三郎氏によって指摘されたごとく、この華厳教学の隆盛にはかなりみるべきものがあったと思われる。すなわち、天平感宝元年閏五月十一日の「大安寺造仏所解」においては、丹を申請して、

以前、奉レ造二盧舎那仏像一料、今応レ請レ丹、員如レ前、謹解、

とあり、さらに

牒　華厳院

一　麻紙六巻百廿帳一尺六寸麻紙　十九巻者先進已訖 在限已了

一　装潢一人秦東人　但丈部曾禰万呂者作種多紙、自余装潢者暇退、

一　仕丁二人越智馬甘　他戸乎万呂

一　鋳仏之日、鋳物師等皆云、六月上日内定可奉鋳、

以前四条事、随牒旨進送報知、

元年閏五月廿八日史生「志斐麻呂」(自署)

という文書がある。[20]これらによれば、東大寺大仏の鋳造と平行して、大安寺華厳院には盧舎那仏の建立が進捗しつつあったらしく、さらに、「東大寺装潢進送帳、大安寺華厳紙注文、大安寺華厳紙装潢充帳や経師等上日帳等によれば、この盧舎那仏造立開始と相前後して同じ場所に於いて華厳経の書写が始められ、両者は不離の関係の下に並行して進められていた」[21]と思われる。これらの事実で注目すべきは、家永氏や井上薫氏[22]によって指摘されたように、思想的に東大寺大仏造顕と相通ずるものがあると思われることであり、第二には、先述の華厳院への牒に、「一　鋳仏之日鋳仏師等皆云、六月上日内定可奉鋳」とあることから、造東大寺司よりこの盧舎那仏鋳造に参加しているらしいことである。造東大寺司が他寺の造像に協力参加するのは、この時代に興福寺の場合が考えられるが、[23]この場合、同じ盧舎那仏である点から考えて、造東大寺司の造立参加は、決して技術提供だけではなく、東大寺大仏造顕と同じ目的をもった、大きな国家事業の一環として行われたものと考えるべきであると思う。つぎに、この大仏造立の推進者の一人として、井上薫氏は、のちに東大寺大仏開眼の呪願師となり、この頃なお大安寺にいたと思われる道璿をあげてお

られるが、(24)私は彼と共に、すでに天平三年には知僧と記載されている慶俊もまた、花厳講師として、これらの動きの中心となって活躍したのであろうと推測する。

ところがこれと共に、この花厳講師が東大寺華厳講師にもなっていたのではないかと思われる。東大寺発展の過程を跡づけながら、これを考えてみよう。まず、天平十三年二月十四日には国分寺建立の詔がだされ、国ごとの僧寺には封五〇戸、水田一〇町が施入され、必ず二〇僧を定置せしめることが定められた。これによって金鐘寺は金光明寺への発展の契機を与えられ（金光明寺の史料上の初見は天平十四年十月三日）、つづいて天平十五年（七四三）正月癸丑には、聖武天皇は諸大徳四九人をこの寺に招集し、「思下欲宣二揚正法一導中御蒸民上」という目的をもって、七七日間にわたって金光明最勝王経の転読を行っている。そしてそれは、「奉レ設二殊勝之会一、欲レ為二天下之摸一」と共に、「像法中興、実在二今日一」という自覚をもって行われたのである。かようにかつての金鐘寺は、総国分寺としての金光明寺へと次第に発展してくるのである。一方これと共に、良弁を中心とした寺の運営体制も、天平十五年前後には一応整ったようである。すでに堀池春峰氏も指摘されたごとく、(25)「納櫃本経検定并出入帳」には、

(天平十五年三月)廿三日出奉仏蔵経四巻　浴像功徳経一巻 並上座大徳宣出奉 受平摂師「四月一日且納赤万呂」
又灌仏経一巻 依同宣 受同師「九月十日納赤万呂」「小野朝臣　田辺真人
辛国人成」
四月二日出虚空蔵経一巻　依良弁大徳宣、令請大宅命夫(婦カ)所、付光明寺(金脱カ)沙弥玄澄、

と上座大徳なる記載がある。(26)ここにいう上座大徳が、金光明寺上座良弁をさすことは、他の史料よりほぼまちがいないところであるから、すでに少なくとも天平十五年三月には、良弁を中核として金光明寺は運営されていたといわね

ばならぬ。管見の限りでは、天平十八年三月十六日の「皇后宮職牒」において初めて金光明寺三綱所の名はみいだされるが[27]、恐らくは、すでに十五年頃より三綱はできていたと考えていいのであろう。

つぎに、この寺における学問研究、とくに華厳教学を中心とした研究についてみるに、公には周知のごとく天平十二年に始まるとされている。「東大寺華厳別供縁起」によれば[28]、「能天平十二年庚辰十月八日、金鐘山寺奉レ為二聖朝一請二審祥師一初講二花厳経一」とその開講を記し、ついで講師審祥に配するに、慈訓・鏡忍・円証の三人を複師として、六十華厳を三年にわたって講説し、審祥滅後は三人の複師がそれぞれ講師となり、さらには厳智・智憬等をも講師に任命して、華厳経講説が続けられたことを伝えている。さらにまた、この「華厳別供縁起」には、「遂以二天平十六年歳次甲申一、帰二命三宝一、降レ勅百寮肇建二知識華厳別供一」と記す。「肇建二知識華厳別供一」とは、堀池氏によれば花厳供所の創設を意味するものと思われ、花厳供所とは、「華厳経講説に対する研究所的なものであったと想像」されるから[29]、天平十六年の金光明寺には、華厳経の研究所が設置されたといいうるのである。

このような学問研究の動向について、さらに人の動きの考察から考えてみたい。天平十年代に東大寺を舞台として活躍した僧について、「正倉院文書」『東大寺要録』『三国仏法伝通縁起』等によって知られるところでは、大体良弁を中心にして、審祥・厳智・平摂・慈訓・性泰・智憬・標瓊・教輪等がいる。審祥については前述のごとく、大安寺より参加したが、厳智もまた元興寺にあって、つとに華厳教学への造詣の深さをもって知られていたらしく、華厳開講に際しては最初に交渉をうけて辞退したが、天平十八・十九・二十年には華厳講師となって金光明寺に入っている。つぎに平摂についてみると、彼の史料上の初見は、優婆塞貢進解にある元興寺平摂という記載である[30]。それが天平十五年三月二十三日以前のいつかに金光明寺へ入ってきていると推察される[31]。そして、良弁・慈訓と共に大徳とよばれて、金光明寺学問の中心となっていたようである。また、彼の所にある厖大な数におよぶ蔵書は、教学振興のため大いに貢献したことと推測される。つぎに慈訓についてみると、(32)以前は興福寺にあってかなり重要なポストを占めていたと考えられるのに、天平十二—十四年の間は華厳複師として審祥の下にあって活躍し、天平十五年には講師となっている。性泰は、天平十八・十九・二十年と厳智の下で標瓊と共に華厳複師をつとめ、天平二十年九月九日の「花厳供所牒」にも維那僧標瓊と共に署名している。(33)さらに天平感宝元年五月二十三日の写経所への牒には、(34)平摂と署名しているのがみられる。つぎに智憬についてみるに、すでに井上光貞氏が指摘されたごとく、(35)確かな史料としては、天平十四年沙弥として良弁の下にいたらしいのを初見とする。しかし、『東域伝灯目録』等に興福寺智憬とあることは、後には興福寺に移ったことを示すようだが、少なくともこの時期には、天平十四年九月以前のある時点で良弁の下に入り、学問研究にはげみ、天平勝宝元年（七四九）には華厳講師となり、教輪と共に羂索院に住して活躍しているのである。つぎに標瓊の史料上の初見は天平十六年二月二十三日で、(36)沙弥としてみえ、平摂師所への使となっている。平摂との関係は、史料上教演等と共に、常にここに使として赴いたことが明らかであり、さらに「送平摂師所、受標瓊沙弥」と、平摂の所にいたと思われる史料もあり、(37)あるいは師弟関係があったのかもしれない。それが天平十八・十九・二十年には性泰と共に華厳複師となり、前述の天平二十年九月九日の「花厳供所牒」によれば維那僧となっている。最後に教輪についてみると、その初見は天平二十年（七四八）十月二十八日、寺使僧として良弁の下にあったごとく、(8)その後は智憬と共に羅索堂にいたこともあるようである。

このようにみてくると、まずこれらの僧がすべて華厳教学のベテランであると考えられること、さらに性泰・標瓊・教輪については明らかにしえなかったが、審祥・厳智・平摂・慈訓はいずれも他寺より、良弁の下に入ってきていることに気づく。そして彼らは、いずれも東大寺華厳教学の興隆に貢献し、それが国家的大事業たる盧舎那仏造顕と深い関係をもつと思われるのであるが、かかる天平十年代に、かくも多数の華厳の碩学が東大寺へ集まったことは、決して偶然ではないと考えられる。そこには何か一貫した、華厳教学をここで興隆せしめようとする、天皇乃至は律令政府の意図が存していたと言わねばならないように思われる。このように考えると、審祥以下の僧と共に、さらに前述の道璿もまた、華厳教学に対する造詣の深さ、天平勝宝三年（七五一）四月甲戌に律師、さらに四年三月大仏開眼呪願師任命等のことを考え合すと、天平二十年前後にはすでに東大寺において、大安寺におけると同様に、これらの動きに参加していたと推察することができる。そして、このような推測がすべて成り立つならば、道璿と同じく大安寺にあって華厳に精通していた慶俊も、招かれて東大寺華厳講師となったとしてもいいように思われる。

以上、「花厳講師敬俊」なる記載をめぐって、この花厳講師が、大安寺・東大寺のいずれに属するかを考察したが、その所属はいずれの場合も充分考えられ、一方に断定することは困難である。しかしこのことは、上述のことを考え合すと、彼は両寺にまたがって活躍した――大安寺におけるのと同様に東大寺へも道璿と共に参加し、教学振興の一翼を担って活躍したとする方が自然のように思われる。

つぎに『東大寺要録』巻第一、天平勝宝四年八月二日の記載によれば、「請二律師隆尊一令レ講三花厳経於二上宮一、三ヶ日問答析微、以二輪達、弘明、玄智、正基、永鑒、厳智、慶俊等一為二聴衆一也」とある。ここにいう上宮がどこかはにわかに推測できないが、この花厳経講説が、四月八日の東大寺大仏開眼供養と一連の関係をもつものであることはまちがいないと思われ、これに慶俊が玄智[39]・厳智らと共に加わっていることは、前述の東大寺華厳教学興隆に参加しているという推測と考え合せ、甚だ興味あることである。

(三)

天平勝宝五年八月五日の「法華寺牒」によれば、大鎮法師慶俊という記載を見出す。[40] これは天平勝宝五年四月七日の「大安寺三綱牒」にはまだ慶俊の名があるから、四月七日以後八月五日までの間に任命され、天平勝宝八歳（七五六）五月丁丑律師になるまでこの職にあったと考えられる。そもそもこの法華寺は、福山敏男氏の指摘されたごとく、[41]『続日本紀』天平十七年五月戊辰条の、「是日、行二幸平城一、以二中宮院一為二御在所一、旧皇后宮為二宮寺一也」といわれる宮寺が、大和国分尼寺となることによって名を改めたものであった。そして、その初期の運営には、皇后宮職と密接な関係をもっていたことがしられる。すなわち、天平十九年正月二十・二十七日、二月十一日・二十四日、三月十八日、四月十二日等の「法華寺政所牒」には、[42] 政所の別当として皇后宮舎人秦浄足、天平二十年十月三日の「法華寺三綱牒」によれば皇后宮舎人秦真木麻呂の名を見出すことができるのである。[43] このことは、この寺がかつて藤原不比等の邸宅であったことを考え合せ、この寺の草創及び運営には、光明皇后との深い個人的な繋がりがあったと思われる。つぎに慶俊が任ぜられた大鎮について考えてみると、それがまず、大・中・小とある鎮の最高位であることはいうまでもない。鎮が置かれた寺院は、正倉院古文書を通してみると、奈良時代においては弘福寺・下野寺・新薬師寺・殖槻寺・石山院、それに天平神護元年以後の東大寺等にみられるだけだが、『続日本紀』宝亀十一年正月丙戌条の詔には、「諸国国師、諸寺鎮三綱」とあって、かなり広く置かれていたらしい。その地位に関しては、鎮三綱といい、また、文書の署名の位置から考えて三綱の上に位するもののごとく、その意味では別当格ともいいうるようである。つぎにその任命方法についてみると、鎮は別当三綱と共に寺の支配階層を形成するものと考えられることよりして、別当三綱と同じ選出方法によったのではないかと推測される。別当三綱の任命については、時代は降るが後述の『延喜式』太政官諸寺別当年﨟条、玄蕃寮別当三綱条より推察するに、奈良時代においても各寺から能治廉節の僧を簡定して僧綱所へ報告し、玄蕃寮・治部省を経て太政官に申告し、その後官符を与えて任命したものと考えてまちがいあるまい。このように考えると、『延喜式』太政官諸寺別当年﨟条の

凡諸寺別当鎮三綱幷定額僧等、依㆓官符㆒補任之者、宜㆕先令㆔所司勘㆓申年﨟㆒、而後造㆑符、（下略）

という記載も、年代が降りすぎ鎮の置かれた範囲も奈良時代とは全く異なるが、その任命方法に関しては大体同様としてもいいのではないかと思う。かくして鎮の地位、任命方法等についてはほぼ明らかにしえたわけではあるが、慶俊の場合は、法華寺内よりの推挙によるものとは到底考えられず、前述のごとき、法華寺と光明皇后との特殊な個人的関係の存在を考え合わすと、慶俊の大鎮任命は、光明皇后との結びつきによったものといわざるをえないであろう。僧と宮廷との結びつきによる登用は、この当時においては、金光明寺に入って活躍した慈訓がその特異な才能によって宮中講師に抜擢されたことや、東大寺沙弥道鏡が、恐らく葛木山で修得したであろう呪験力によって禁中に重んぜられ、一躍内道場禅師に採用されたこと等が考えられるが、これと同じように慶俊もまた光明子によって見出され、深く信頼されることによって、総国分尼寺として重大な発展段階にある法華寺に、最高責任者たる大鎮として選ばれたのであろう。

なお、『扶桑略記』神護景雲四年八月二十六日条の慶俊に関する記載のなかで、「悲心愍㆑物、常施㆓貧病㆒、衣薬所㆑須、无㆑却㆓来賓㆒」とあることから推察される慶俊の行動も、「太后仁慈志在㆑救㆑物」「設㆓悲田施薬両院㆒、以療㆓養天下飢

病之徒一也」[44]といふ光明子とを結びつける何らかの要因となったかもしれない。

つぎに『続日本紀』天平勝宝八歳五月丁丑条によれば、聖武崩御に際して慶俊は、鑑真・良弁・慈訓・法進と共に、「或学業優富、或戒律清浄、堪二聖代之鎮護一、為二玄徒之領袖一」として称えられ、さらに律師に任ぜられている。学業が優富にして玄徒の領袖たりとして、彼が良弁・慈訓等と並んで表彰されていることは、前述のごとく、大安寺・東大寺の両方にわたっての華厳経講説に力を尽し、盧舎那仏造顕の精神的支柱を形成したことや、法華寺大鎮としての活躍等によるものと考えられ、また、彼の律師任命には、その蔭に光明皇太后や政権担当者の力があったと思われる。そもそも僧綱の任命は勅任とされるが、それは天皇個人の意向もあろうが、背後にはより強く、そのブレインの力が働く場合が多い[45]。この時の僧綱は、僧正菩提、大僧都鑑真・良弁、小僧都慈訓、律師慶俊・法進をもって構成されており、良弁・慈訓等は仲麻呂政権と強く結ばれていたと思われる。かかる僧綱に慶俊が律師として入ったことは、この当時実際上の最高権力者たる光明皇太后との結びつきによることは勿論であるが、仲麻呂政権との間も決して悪くなかったのであろう。

(四)

『続日本紀』神護景雲四年八月乙卯条によると、

以二慈訓法師、慶俊法師一、復為二少僧都一、

とある。これは道鏡追放後わずか六日目のことであり、慶俊もまた、慈訓と同じく道鏡によって追放されていたとい

わざるをえない。『続日本紀』にその記載はみえないが、『僧綱補任』によれば、天平神護二年の条に、「去レ職歟、可レ尋」と註しており、この年律師の職を去ったのであろう。

道鏡勢力の伸張はかつて推察したように、[46] 天平宝字四年（七六〇）六月乙丑の光明皇太后の死を境とし、翌五年十月の保良宮行幸を契機として、孝謙上皇と結ばれることによって本格的となっているようである。そしてすでに岸俊男氏が指摘されたごとく、天平宝字七年頃には、政界の情勢は漸く仲麻呂から道鏡へと移りつつあったのである。天平宝字七年初頭からの造東大寺司の官人交替や、同年九月癸卯に行われた仲麻呂派の少僧都慈訓追放等は、これを明瞭に示すものにほかならぬ。そして翌八年九月には、兵を挙げたライバル仲麻呂を倒して完全に政権を掌握してしまう。乱後の九月甲寅には大臣禅師に任ぜられ、さらに職分封戸は大臣に准じて施行されている。その後はますます称徳天皇と固く結ぶ事によって、絶対的な勢力をもつに至る。一方、彼を補佐した僧についてみると、円興と基真があげられる。円興の史料上の初見は、『続日本紀』天平宝字八年十一月庚子条であるが、彼はかつて葛木山で道鏡の弟子であったらしく、[47] 天平神護二年（七六六）の前半に中律師として僧綱に入ったと思われ、七月乙丑には大僧都に進んでいる。また基真は、神護景雲二年（七六八）十二月には早くも失脚したが、山階寺の僧で円興の弟子であり、天平神護二年九月壬申には僧職でありながら正五位上を授けられ、さらに同年十月壬寅には、隅寺の奇瑞を偽作して道鏡を法王に任ぜしめるきっかけをつくり、自らは法参議大律師に任ぜられると共に、正四位上になっている。この隅寺事件の結果を『続日本紀』同月乙巳の条には、

詔、法王月料准㆓供御㆒、法臣大僧都第一修行進守大禅師円興准㆓大納言㆒、法参議大律師修行進守大禅師正四位上基真准㆓参議㆒、

と記し、これによって、道鏡を中心とした僧官による僧俗両界の支配体制は一応確立するにいたる。そしてこの年に慶俊は、僧綱より追放されたと考えられるのである。

このようにみてくると、彼の僧綱よりのしめだしの原因については、いろいろに推察されるようだが、井上光貞氏はこれについて、和気氏と道鏡の問題を前提として、和気氏と慶俊、及び王仁裔氏族との関係を考えられる。その所説は、慶俊と本貫を同じくする慈訓追放事件と関連させて、「和気氏に関係の深い空海が慶俊と師承の関係にあるらしい事、及び空海が西琳寺に関係のある事等から、王仁裔氏族と和気氏の関係が推測される」(48)とし、これが追放の原因であったとされる。甚だ回りくどい推論であるが、果してかかることがいいうるであろうか。そこでまず、和気氏と道鏡との関係について、この天平神護二年にしぼって考えてみたい。この頃の和気氏の中心人物は、清麻呂と広虫の姉弟と思われ、彼らの確かな史料上の初見は、天平神護元年正月己亥の記事である。それは、恵美押勝の乱鎮圧に功のあった人々に対する、論功行賞的な意味を含めての定例叙位が行われた記載であるが、その時「従六位上藤野別真人清麻呂」は勲六等、「従七位下藤野別真人虫女」は従五位下勲六等に叙せられたことがみえている。また、『続日本紀』天平神護元年三月甲辰条によれば、「備前国藤野郡人正六位下藤野別真人広虫女、右兵衛少尉従六位上藤野別真人清麻呂等三人賜二姓吉備藤野和気真人一」とある。さらに天平神護二年十一月丁巳には、清麻呂は従五位下に叙せられている。このような史料から考えると、この時点では、決して井上光貞氏がいわれるような和気氏と道鏡との対立関係を指摘することはできない。むしろ広虫は、かつて仲麻呂政権下で活躍した葛木戸主の妻であったことは一応注意されるが、この頃はすでに横田健一氏が指摘されるように(49)、称徳天皇の信任厚く常に禁掖に侍していたと考えられ、前述の史料からも道鏡と悪かったとはいえず、清麻呂またかかる昇進を示していることは、道鏡政権下の一官僚として職務に忠実であったといわねばならない。さらに和気氏と空海との関係についても、空海の誕生が宝亀五年(七七四)で全く考えられないこと、当然、慶俊と空海との関係も成立しえないこと、弘法大師の『御遺告』に、「是吾祖師慶俊僧都也」とあることも、境野黄洋氏のごとく、「求聞持法は道慈より慶俊に伝わり、弘法はこの慶俊所伝を、その系統の人から受けたものではあるまいか。慶俊を吾が祖師と言ったのも、この意味を暗示している(50)」とすることが適切と思われることからすると、井上氏の推論が、根拠のないものになることは明らかである。

このように考えてくると、慶俊追放の原因は、恐らくは彼の存在が、道鏡を中心とした僧らの支配体制確立に大きな障害となったこと、あるいは仏教政策上の意見の対立等によるものであったのであろう。そしてさらに憶測をたくましくすれば、かつて光明子の信任をえ、仲麻呂政権下での仏教政策推進の一翼をになっていたであろうことや、井上光貞氏が指摘されたように慈訓と同一氏族の出であることも、また彼の追放に関係しているのであろうと思われる。

最後に、慶俊と愛宕山との関係についてみるに、『三国仏法伝通縁起』『僧綱補任』『七大寺年表』等には愛宕寺(山)本願、または愛宕寺根本師等と記し、『御遺告』には、愛宕山を開いて珍皇寺を建立したという。ところが、いつ頃から愛宕山との関係が生じたかの問題となると、多くの史料は全く語らず、『本朝高僧伝』のみが、天応元年(七八一)春に光仁天皇より愛宕山を賜わり、和気氏を檀越として、堂を構え院を建てたのだという。ところが、この天応元年に愛宕山が開かれたというのは、その根拠が不明であるばかりか、彼の寂去推定年から考えると成立しない。また、和気氏と愛宕山の関係についても、慶俊・清麻呂いずれの伝にも何の記事も見出せないことは、これまた境野氏のように、「高雄の本願たる清麻呂の名を愛宕まで転じて来たのではないか」とした方がいいように思われ(51)、首肯できない。かくして、最も具体的に書かれている『本朝高僧伝』の記載は全く信頼しえず、慶俊と愛宕山との関係は、多くの謎につつまれたままといってよい。しかしながら、愛宕開山説を捨てきれないのは、『御遺告』をはじめとする史料が全く根拠のないものとは考えられないこと、神叡・道璿らと比蘇山寺、賢璟と室生寺との関係等からこの当時の山林修行の問題を考えると、慶俊の場合も、山林修行の場所があったとしても当然と思われるからである。まして慶俊は、道慈より求聞持法をうけたという。薗田香融氏は、古代仏教における求聞持法の重要性を考察され、そのための山林修行の必要性を明らかにし、「如法修業」には必然的に山林修行が付随していたという。このように眺めてくると、平城京とは距離的に遠く隔たっていることもあり、いささかの疑点はぬぐいきれないが、一応、愛宕開山説は認めざるをえないようである。

以上、慶俊についてその教学内容をうかがうと共に、彼の奈良仏教史上に印した足跡をたどってみた。そして彼が、教理に対して広くかつ深い理解を示していることと、平安仏教の先駆的役割を果したことを指摘した。また、東大寺・大安寺の華厳教学発展に大きな役割を果し、大仏造顕の意味を明らかにしたこと、さらに光明皇太后に抜擢されて草創期の法華寺発展に努力し、天平勝宝八歳（七五六）五月には律師として僧綱に入ったが、道鏡により追放されるに至ったこと、さらにまた、彼の学問修行道場ともなった愛宕山との関係についても考えてみた。

註

（1）（2）　井上光貞「王仁の後裔氏族と其の仏教」（『史学雑誌』第五四編第九号）

（3）　宇井伯寿『日本仏教概説史』中期之一

（4）　境野黄洋『日本仏教史講話』十一

（5）　宝亀七年二月二十九日の「大安寺三綱可信牒」（『大日本古文書』六ノ五八七―五八九頁）によれば、大僧都法進、少僧都弘耀・永厳、律師鏡忍・賢璟・善栄とあり、少僧都慶俊の名がない。これはその名が欠落していたとするより、すでにその任になかったと考える方が自然である。『僧綱補任』や『七大寺年表』のごとく、引退と入滅を同一年とするならば、その寂去の年は、宝亀七年(七七六)二月以前にまでさかのぼる。

(6) 『大日本古文書』七ノ三二頁
(7) 道端良秀『唐代仏教史の研究』第一章第四節
(8) 日本では都維那・維那の間にも明瞭な区別があるようである。都維那は寺主・上座と共に、三綱の一員として寺の事務取扱いをするのに対し、維那は大学頭・小学頭の下にあって、宗または衆と呼ばれる学問研究グループ等の世話役と考えられる。
(9) 『大日本古文書』三ノ一六二—一六三頁
(10) 善珠を善修と記すような当時の用字法からすれば、敬俊を慶俊と考えてまちがいなかろう。
(11) 『弘法大師全集』第二輯
(12) 「一乗要決」巻中(『恵心僧都全集』第二)
(13) 富貴原章信『日本唯識思想史』第五章
(14) 宇井伯寿前掲書、中期之一
(15) 『東域伝灯目録』によれば、「大安寺聖俊僧都」とあるが、境野氏も指摘されたごとく、「諸宗章疏録」には「大安寺慶俊」とある。
(16) 『大日本古文書』一一ノ二五九頁
(17) 『大日本古文書』三ノ六二四—六二五頁
(18) 家永三郎「東大寺大仏の仏身をめぐる諸問題」(『上代仏教思想史研究』所収)
(19) 『大日本古文書』三ノ二三七—二三八頁
(20) 『大日本古文書』一〇ノ六六二頁
(21) 家永三郎前掲論文
(22) 井上薫「東大寺大仏造顕思想に関する試論」(『続日本紀研究』第二巻第一号)

(23) 福山敏男「東大寺法華堂の建立に関する問題」(『東大寺法華堂の研究』所収) この場合は、まだ金光明寺造物所である。
(24) 井上薫前掲論文
(25) 堀池春峰「金鐘寺私考」(『南都仏教』第二号)
(26) 『大日本古文書』二四ノ一七八頁
(27) 『大日本古文書』九ノ一三九頁
(28) 『東大寺要録』巻第五、諸宗章第六
(29) 堀池春峰前掲論文
(30) 『大日本古文書』二ノ三一八頁
(31) 『大日本古文書』二四ノ一九五頁
(32) 本書「慈訓」参照
(33) 『大日本古文書』一〇ノ八二頁
(34) 『大日本古文書』三ノ二二〇頁
(35) 井上光貞『日本浄土教成立史の研究』第一章第二節
(36) 『大日本古文書』九ノ三八二頁
(37) 『大日本古文書』二四ノ二五八頁
(38) 『大日本古文書』二四ノ一七六頁
(39) 大安寺僧であることが、天平勝宝五年の大安寺三綱牒などによって知られる。
(40) 『大日本古文書』四ノ九六頁
(41) 福山敏男「大和法華寺」(『日本建築史の研究』所収)
(42) 『大日本古文書』九ノ三二八・三二九・三三九・三四一・三五八・三六四頁
(43) 『大日本古文書』三ノ一一七頁
(44) 『続日本紀』天平宝字四年六月乙丑条

(45)(46)　本書「慈訓」参照

(47)『七大寺年表』には「道鏡弟子也」と記し、『続日本紀』天平宝字八年十一月庚子条の記載から、彼の出自は、葛木山に近い葛上郡の賀茂氏であったと思われることから、葛木山で修行した可能性は大きい。

(48)　井上光貞前掲論文

(49)　横田健一『道鏡』

(50)(51)　境野黄洋『日本仏教史講話』十一

六　安寛

(一)

安寛には伝記が存在せず、その出自、生年、没年等、いずれも明らかでない。ただ「東大寺別当次第」には、

師資序云、良弁資安寛律師、標瓊律師、鏡忍律師、

とあり、[1]さらに『三国仏法伝通縁起』法相宗条には、

東大寺本願良弁僧正者、雖レ建二東大寺一専弘二華厳宗一、而元随二義淵僧正一学二法相宗一、故東大寺兼弘二法相一、良弁弟子或有二華厳法相兼学一、如二安寛律師、標瓊律師、鏡忍律師等一

と、まず彼が東大寺で良弁の弟子であり、つぎには、その修めた教学内容は法相兼華厳であると記している。この両宗兼学の傾向は、富貴原章信氏の研究によれば、[2]元暁・義湘等の出現によって、当時の仏教研究の最高水準を示した新羅仏教の強い影響によるものとされる。すなわち、新羅僧智鳳等の来朝によって、法相兼華厳の学問傾向は義淵に伝えられ、それが広くその弟子達――良弁・良敏・宣教等に、さらにはその弟子達にも伝えられたと考えられる。し

かしながら彼の教学は、決して現在われわれが考えるようなものではなく、後述するように、当時の一般的傾向ではあるが、濃厚な現世的呪術的性格がその基調をなしていたように思われる。

ところで、彼の確かな史料上の初見は、天平十五年付の「律論疏集伝等本収納幷返送帳」にある

十二月

四日納六巻抄三巻第四　第五　第六　以十六年四月十五日返送使人成

右安寛師所　受人成

という記載である。(3) これには彼の所属寺名はないが、五-六年後、天平二十年（七四八）二月十九日より遅くとも天平勝宝二年（七五〇）五月九日までに、東大寺運営の中核たる上座となっていることを思えば(4)、この時にはすでに、前述の史料のごとく、良弁の配下にあって活躍していたと考えてまちがいないであろう。ではつぎに、この天平十五年頃の東大寺はいかなる状態であったかを考えると、すでに金鐘寺は金光明寺へと発展し、次第にその内容を充実しつつあった時期といいうる。すなわち、天平十三年（七四一）二月十四日に国分寺建立の詔が出されたことにより、金鐘寺は金光明寺へ発展の契機を与えられ、まず天平十四年七月には八カ寺の例にしたがって、夏安居を行うことを恒例としている。(5) このことは、一応内容的にも金光明寺が官大寺の一に入ったことを意味すると思われ、さらに十一月十五日には、大養徳国では国分寺僧尼として、「部内清信廉行、堪レ為二僧尼一之人」を簡取しようとしている。(6) つづいて天平十五年正月には、聖武天皇は諸大徳四九人をこの寺に招集し、「思下欲宣二揚正法一導中御蒸民上」という目的をもって、七々日間にわたって金光明最勝王経の転読を行っている。しかもそれは、「奉レ設二殊勝之会一、欲レ為二天下之摸一」という自覚をもって行われていた点を注目せねばならない。かようにかつての金鐘寺は、総国分寺としての金光明寺へと

次第に発展していくのであるが、一方これと共に、その運営体制も、この天平十五年頃には一応整ったようである。すなわち、天平十五年三月二十三日付の「納櫃本経検定幷出入帳」によれば、[7]上座大徳なる記載がみられ、これが良弁であることはまちがいないから、少なくとも天平十五年三月には、上座良弁を中心として金光明寺は運営され、三綱も形成されていたといってさしつかえなかろう。さらに、学問研究の面においても、審祥・厳智・平摂・慈訓・智憬等の優れた学僧が諸寺から集められ、華厳経を中心とした学問研究が盛んに進められていたと考えられる。[8]

かように天平十五年頃の金光明寺は、新興の意気にもえていたのであるが、かかる間にあって安寛は、前述の良弁・慈訓・平摂や、すでにこの頃、ここにいたことの確かな平栄・鏡忍等と共に、いまだその数も少ない金光明寺（東大寺）師僧の一人として、しかも前にもふれたごとく、五-六年後には上座になっているという事実から推測して、すでにこの時には、かなり重要な地位にあって活躍していたと考えてまちがいあるまい。

ところで、安寛の任命された三綱上座とは、周知のごとく、上座・寺主・都維那の最高位であるが、金光明寺より東大寺へと飛躍的な発展をとげた時期に、さらにはまた、大仏造顕事業が着々と進捗しつつあったこの期に、安寛が、東大寺の事実上の指導者であった良弁の下で、三綱上座の地位をえたことは注目してよい。この安寛と共に、この時の三綱に任ぜられた人物は、寺主は不明だが、都維那には遅くとも天平十九年（七四七）四月一日以来——金光明寺時代よりこの任にあたる法正、[9]三綱を補佐し、具体的な事務を担当したと思われる知事には、これまた、少なくとも天平十九年十二月以来この任にあった平栄がいた。[10]平栄はこの後、天平勝宝三年（七五一）八月十四日の倶舎衆牒によれば寺主となっており、[11]つぎに遅くとも天平勝宝七歳（七五五）二月十日には僧綱佐官となっている。[12]さらに天平勝宝八歳八月二十二日の「東大寺三綱牒」によれば、佐官兼上座の要職についていることがみえ、[13]少なくとも天平宝字四年

（七六〇）十一月十八日までは、この職にあったことが明らかである。(14)そしてさらに、天平宝字五年十一月二十七日の「十市郡司解」によれば、佐官兼寺主にもなっており、(15)彼が常に東大寺の運営に重要な役割を果した僧であることは推察にかたくない。同じく東大寺にありながら、平摂や智憬が純粋に学問研究にのみ精進したのとは対照的に、政僧とよばるべき人物であった。また法正は、確かめうる限りでは、天平十九年（七四七）四月一日より天平勝宝四年（七五二）八月二十四日までの間は都維那の要職にあり、(16)天平勝宝三年以後六年にかけては、律宗小学頭と大修多羅宗大学頭にもなっている。(17)さらに天平宝字四年（七六〇）から五年にかけては、寺主や可信の要職にあり、(18)東大寺には欠くことのできない僧の一人であった。

かくして東大寺は、良弁の下に、その直弟子である安寛を上座とし、法正・平栄を主要ポストにすえることによって、飛躍的な規模の拡大を示しつつある寺務の運営にあたらせたのである。

(二)

東大寺に学問研究機関たる宗組織が整備されたのは、少なくとも文書にみる限り、大仏開眼の前年の天平勝宝三年（七五一）とされている。これは井上光貞氏の指摘されたごとく、(19)法隆寺・大安寺・元興寺等の諸寺でおいおい整ってきた宗組織に対して、東大寺においても、良弁等の尽力によって作りあげたのであろう。そしてそれは、華厳・法性・三論・律・倶舎・成実の六宗にわたっており、天平勝宝三年のものと推定される「僧智憬章疏本奉請啓」、及び同年十一月十二日の「東大寺律宗牒」によれば、安寛はそのなかで、律宗の大学頭になっているのである。(20)この律宗の問題について石田茂作氏はすでに、「律宗が鑑真和上の渡来、即ち勝宝六年以前に既に成立していた事は、仏教史上特に注意すべき事である」といわれる。[21] 鑑真の渡来以前においては戒師が整わず、正しい戒法が行われなかったことはいうまでもないが、ただ戒律関係の書籍はすでに早く、しかもかなり多く将来されていたと考えられ、さらに天平七年（七三五）の道璿来朝等を契機として、次第にその学問も整備されていったと思われる。いま、大学頭安寛個人についてみると、彼の場合、史料的にも律に対して深い関心を持っていたことが明瞭である。まず、前述した「律論疏集伝等本収納幷返送帳」によれば、天平十五年（七四三）十二月には六巻抄の借り出しを行っており、また、天平十七年三月十日の「私写雑経疏充本等帳」によれば、安寛のために四分律羯磨三巻書写の記載がみえ、[22] 天平十八年の「納櫃本経検定幷出入帳」によれば、「五分律卅廿巻在安寛師所」とある。[23] さらに同年四月三日には安寛の宣によって、興福寺僧隆尊のところへ摩訶僧祇律を、また同月二十二日には、同じく安寛の宣によって、五分律二〇巻をいずれの場所へかは不明だが借りたいと請うている。[24] これらはいずれも、安寛の律に対する関心の深さの一端を示すものにほかならないが、それと共に彼の大学頭任命を考えると、金光明寺の頃から、ここでは安寛を中心とした律研究が行われていたのであろうと思われる。

つぎに、この時の東大寺律宗の関係者をみると、安寛の下に小学頭として法正、維那として仙主の名が記載されている。法正については前にふれたごとく、金光明寺都維那としてその運営に努力し、東大寺となってからも引き続きその要職にあったと思われ、この小学頭は都維那と兼任であったらしい。また仙主は、史料上天平勝宝三年（七五一）より同四年十一月九日までは維那であったことが確かめられ、のち、少なくとも天平勝宝七歳四月三日より天平宝字三年（七五九）十一月十四日までの間は、三綱都維那となっている。[25] このことは、横超慧日氏が、「都維那は衆僧の雑事を司る指導者の役目であるから、律儀に通暁したものでなければ当る事ができない」[26]と記していられることと考え合すと、甚だ興味深い。なお、この場合、都維那と維那との間には明確な区別があったと思われる。維那は大学頭・小学頭の下にあって、宗や衆とよばれた学問研究グループの世話役であり、都維那は上座・寺主と共に三綱を構成し、寺務をおし進めていったものと考えられる。

㈢

ところで、天平勝宝四年十一月九日の「東大寺三綱牒」によると、「大学頭内参向」という記載がある。[27]小学頭法正、維那僧仙主の記載から考えて、この文書が律宗関係のものであること、及び大学頭が安寛であることはほぼまちがいない。この「内参向」の内なる記載が、一体何を指すものか決定的な断定は下しえないが、恐らくは、内裏または内道場を示すものと思われる。『続日本紀』天平勝宝八歳五月乙丑条によれば、安寛は一二六人の看病禅師達と共に聖武不予の際に活躍し、とくに良弁・慈訓・安寛の三名は特別の功績をあげたらしく、課役免除も当戸のみならず、「並及父母両戸」という状態であった。この場合、彼と同じく特別表彰をうけた慈訓が、恐らくは天平勝宝三―四年(七五一―二)頃より、遅くとも天平勝宝七歳五月には宮中講師として禁中に入り、看病禅師ともなって禁掖に侍したことを考え合すと[28](宮中講師・看病禅師と内道場禅師との関係は、明確にする何らの史料も存在しないが、内道場禅師は宮中講師・看病禅師等をも含めた呼称と考えていいのであろう)、安寛もまた、少なくとも天平勝宝四年十一月九日には内道場に入って活躍していたとしても、決して無理な推測とはいえないように思われる。

それでは、安寛が入ったころの内道場はいかなる状態であったのだろうか。まず史料的に確かめうる限り、ここで活躍した人々について考えると、最初に法栄があげられる。『続日本紀』天平勝宝八歳五月丙子条によれば、

禅師法栄、立性清潔、持戒第一、甚能看病、由レ此、請二於辺地一、令レ侍二医薬一、太上天皇得レ験多レ数、信重過レ人、不レ用二他医一、(下略)

とある。この場合、内道場なる記載は全くみえないが、内道場にいたと考えて差支えなかろう。また、天平勝宝四年十一月十七日付の筑前国宗像郡荒城郷宗形部岡足の「優婆塞貢進解」によれば[29]、貢進人として法栄という記載があり、同一人物と思われるから、遅くとも天平勝宝四年十一月には、辺地筑前国より招請されて内道場に入っていたと考えられる。つぎに慈訓については、前に一言したごとく、天平勝宝三―四年頃、遅くとも天平勝宝七歳五月にはここに入ったと推測される[30]。さらに道鏡について考えてみると、『続日本紀』卒伝では、天平宝字五年(七六一)以前に入ったこと以外は明らかでないが、『七大寺年表』の天平勝宝五年条には、

沙門道鏡、俗姓弓削氏、略渉二梵文一有レ聞、入二内道場一烈二禅師一。

とある。この『七大寺年表』の説は、この史料の性質からすると余り信用するにたらないものだが、道鏡が葛木山でえた優れた呪験力をもって認められ、如法修行者として度科の対象となり、すでに天平十九年(七四七)六月には東大寺で、良弁の下に入っていることを考えると、この天平勝宝五年説は、かなりの可能性をもつものとして、簡単には捨て去りえないように思われる。以上、確かめうる三人について考察したが、この場合、安寛をも含めたこれらの人人が、いずれも相前後して内道場入りしていると思われるのは甚だ興味深い。

つぎに、『続日本紀』によって、安寛が入ったころの宮廷内の状態を考察すると、天平十六年以来一進一退を続け

る聖武の病気や、天平勝宝五年（七五三）四月には光明子の不調、六年の太皇太后宮子の病気とその死等と、つぎつぎに不幸が重なっている。これらに対しては、読経・大量得度・放生・大赦等と、種々の手段がとられてその本復を祈っているが、聖武をはじめ、光明子・孝謙は、かなり不安な精神状態にあったと推察される。

　このようにみてくると、さきに考察した一連の内道場入りも決して偶然のものではなく、聖武の病気回復を祈願し、光明子・孝謙の精神的支柱となるために、内道場拡大強化策がとられた結果ではなかろうかと思われる。かくして、拡充策にしたがって法栄が辺地より招かれ、慈訓が入り、道鏡も禅師として名を連ね、遅くとも天平勝宝四年（七五二）十一月には安寛もここに入ったと考えられる。そして、聖武崩御のころには、その数はなんと一二六名にも達したのである。

　天平勝宝五年九月二十三日の「東大寺安寛請経文」によれば、

奉請
　如意陀羅尼経小巻
右、為大御多末尓将誦、所請如前、
又釈摩界陀羅尼
又花厳経寿命品
　　　天平勝宝五年九月廿三日付沙弥定矜
　　　　　僧　安　寛

とみえ[31]、大御魂のために誦せんとして、如意陀羅尼経・釈摩界陀羅尼・花厳経寿命品を請うている。ここにいう「大御魂のために」が何を指すかは断定できないが、堀池春峰氏の指摘されるごとく、[32]太上天皇聖武の快癒を祈っていたと考えるならば、この史料は、彼が内道場にいて活躍していたことを示すものといいうる。

㈣

天平宝字三年十二月二十六日の「献物出用帳」によると、

大僧都良　弁　　　僧安　寛
小僧都慈　訓　　　可信
坤宮大忠葛木宿禰戸　主
少疏池原公禾　守
内史助日置造　蓑万呂
造寺司長官坂上忌寸犬　養
次官高麗朝臣大　山
主典阿刀連酒　主

という記載がある。[33]しかし、これだけでは、安寛が重要な指導的立場にいたことはわかるが、いかなるポストを与えられていたのかは明らかでない。それが遅くとも、天平宝字五年（七六一）三月二十九日までに再び上座の地位に返り咲き、[34]少なくとも六年十二月十四日、最大限八年九月以前までは、この任にあったと思われる。[35]彼の上座在任中の東大寺三綱の構成員は、寺主にはほぼ平栄が、都維那はずっと承天がなっていたようである。

ところで、この安寛の上座時代には、大きな政治情勢の変化がおこりつつあった。すなわち、天平宝字五年十月には、仲麻呂の専制強化の一方策として保良宮行幸が強行され、翌六年六月には、淳仁・仲麻呂派と孝謙・道鏡派はするどく対立のまま平城京に帰ったといわれ、その後、抗争は日一日とはげしさを加えていったようである。このような政治情勢は、直接東大寺へ影響しない筈はなく、道鏡派勢力の擡頭にともなって、次第に反仲麻呂的空気が醸成されていったと考えられる。岸俊男氏が指摘されたような、(36)天平宝字七年初頭以後の造東大寺司内部における反仲麻呂勢力伸張のことは、ひとり造東大寺司のみに限られたことではなかったと思われる。かくして彼の上座時代は、きわめて多難な時代であったと推測される。

かかる安寛に関して注目すべきは、天平勝宝八歳付の「双倉北雑物出用帳」及び延暦六年六月の「正倉院御物目録」にある、天平宝字八年九月十一日に関する記載である。(37)九月十一日とは周知のごとく、仲麻呂が乱をおこした日である。この記載によれば安寛は、この日の宣により、乱に対応して直ちに正倉院に蔵されていた武器を内裏へ、自ら使となって運んでいるのである。この時の彼の地位は史料上明確になし難いが、さきにふれたごとく、あるいは上座であったとも思える。

つぎに興味のある記事は、この乱直後、遅くとも十月十三日までには、すでに大律師大禅師になっていることである。律師に大・中律師が設けられたのは道鏡政権下であるが、これに彼が任命され僧綱に入ったことは注目される。何故なら、天平宝字八年の僧綱は、七年九月に慈訓が、仲麻呂派たるの理由をもって少僧都の地位を追われてすでになく、律師慶俊また、天平神護二年（七六六）道鏡政権の確立期に追放されたことによって明らかなごとく、道鏡の仏教政策に対して決して協力的であったとは思えない。[38] とすると、天平宝字八年の僧綱は、道鏡と律師法進のみといっても過言ではない。しかも法進の場合、政権の如何にかかわらず常に僧綱内の地位を保っていることは、彼の態度が終始政治的には局外者たる立場をでなかったことを示すものであろう。されば安寛の僧綱入りは、道鏡の対仏教政策にとって大きな力となったにちがいないと思われる。

また、大禅師になったということは、より一層安寛と道鏡との深い関係を示しているようである。禅師については堀池春峰氏が、「呪術医術を専一とする僧で平安時代の験者的性格を持ち、正統派の奈良仏教の聖教読誦、研鑽を主体とする官僧との間に一線を劃する特色を持っていた」とされるが、[39] 良弁・慈訓等も禅師とよばれていたことを考えると、官僧との間に一線を画しうるかどうかは疑問である。ただ、この時点で史料にみられる限りでは、禅師とよばれるものが、宮中内道場を中心に活躍していたことを指摘できそうである。『続日本紀』天平勝宝八歳五月丁丑条の看病禅師一二六人の記事、宝亀三年三月丁亥条の十禅師任命のこと、また、同年四月丁巳条の道鏡卒伝にある「由レ是入二内道場一、列為二禅師一」の記載や、さらには法栄・円興・基真等が禅師になっていることは、上述の推測を裏付けるようである。とすれば、安寛が大禅師とよばれたことは、彼が再度内道場にその名を連ねたといわねばならない。『続日本紀』の記載によれば、道鏡政権下で禅師とよばれた人々は、太政大禅師たる道鏡をはじめ、道鏡に抜擢されて天平神護二年（七六六）以後僧綱に入り、中律師・大僧都となった円興、さらに山階寺の奇瑞を作りあげ大律師に任命された基真があるが、円興・基真は共に道鏡の腹心であり、道鏡を中心とした諸政策の推進に大きな役割を演じたと思われる。このことから考えると、円興・基真の出現前ではあるが、同じく道鏡政権下で安寛が内道場におり、禅師となっていたことはやはり注目すべきである。

ところで、安寛が大律師大禅師の職にあった期間は、史料上確かめうる限りでは、天平宝字八年(七六四)十月十三日より天平神護元年(七六五)四月五日までの極めて短期間にすぎず、[40]この後の動静は全く明らかでない。そこで『僧綱補任』によると、宝亀元年条になって初めて大律師としてその名をみせ、翌二年にはもう「去レ職歟。可レ尋」とある。また『七大寺年表』には、神護景雲元年(七六七)以後宝亀二年(七七一)まで大律師として記載されており、一応安寛の動きを伝えているかのごとくである。しかしながらこれらの史料は、安寛の確かな在職中の記事がないことや、天平神護二年十二月に失脚した基真が、宝亀二年まで在職したかのごとく記載されていること、さらには『七大寺年表』に「或本無レ之」の註があること等から考えて、到底確かなものとすることはできない。かくして、天平神護元年四月以後の安寛については全く確認しえない。ただ、彼の在任期間の最大限は、基真が大律師となった天平神護二年十月までであろうと思われる。

最後に、職を去った理由については、一応死去による退職と、道鏡一派との対立によるものの二つの場合が考えられるが、前者によるとした方が自然のようである。勿論、道鏡の下での、円興・基真等によるむしろ特殊な体制からすれば、安寛の存在が障害となり、慶俊のごとく除かれたとも思われるが、前述のごとき道鏡との深い関係からすれば、やはりこの頃死亡したとする方が自然なように思われる。

以上、安寛について考察し、彼が良弁の弟子として東大寺の要職を歴任してその発展に寄与したこと、戒律に造詣深く鑑真渡来前の東大寺律宗大学頭となったこと、さらには内道場に入って看病禅師となり、押勝の乱に活躍以後は、大律師大禅師となって、道鏡政権の一翼をになったことなどを明らかにした。

註

(1) 『大日本仏教全書』東大寺叢書第一
(2) 富貴原章信『日本唯識思想史』第四章
(3) 『大日本古文書』八ノ一八七―一八八頁
(4) 天平勝宝二年五月九日の「奴婢買進印書送文」(『大日本古文書』三ノ三九一―三九二頁)によれば、上座安寛の記載がある。
(5) 『東大寺要録』巻第七
(6) 『大日本古文書』二ノ三一八頁
(7) 『大日本古文書』二四ノ一七八頁
(8) 本書「慶俊」参照
(9) 『大日本古文書』九ノ三六三頁
(10) 『大日本古文書』九ノ六四三頁
(11) 『大日本古文書』三ノ五二三頁
(12) 『大日本古文書』一三ノ一五頁
(13) 『大日本古文書』四ノ一八一―一八二頁
(14) 『大日本古文書』四ノ四五一頁
(15) 『大日本古文書』四ノ五二一頁
(16) 『大日本古文書』九ノ三六三頁、一二ノ三五二―三五三頁
(17) 『大日本古文書』一三ノ三六頁、二五ノ五三頁、三ノ六四六頁
(18) 『大日本古文書』四ノ四四九頁、四ノ四五一頁、四ノ五二一頁
(19) 井上光貞「南都六宗の成立」(『日本歴史』第一五六号)、同『日本浄土教成立史の研究』六七頁
(20) 『大日本古文書』一三ノ三六頁、一二ノ一七八頁
(21) 石田茂作『奈良時代文化雑攷』一四〇頁

(22)『大日本古文書』二四ノ二七五頁
(23)『大日本古文書』二四ノ一九七頁
(24)『大日本古文書』二四ノ一九六頁
(25)『大日本古文書』一三ノ三六頁、一二ノ一七八頁、一三ノ一三五頁、四ノ三九二頁
(26) 横超慧日『中国仏教の研究』
(27)『大日本古文書』二五ノ五三頁
(28)(30) 本書「慈訓」参照
(29)『大日本古文書』三ノ五九〇頁
(31)『大日本古文書』一三ノ四〇頁
(32) 堀池春峰「道鏡私考」(『芸林』第八巻第五号)
(33)『大日本古文書』四ノ三九四—三九五頁
(34)『大日本古文書』四ノ一九一—一九二頁。なお、この時安寛は猬皮一両を与えられている。猬皮とは、服部敏良『奈良時代医学史の研究』によれば、「ハリネズミの皮の事である。気味苦平無毒、腸風、瀉血、痔痛、下血、衂血等に効あり、五痔下血、腸風下血、痢疾、大腸脱肛等に用ひられる」とあり、なんとなく、生身の安寛が感じられて興味深い記載である。
(35)『大日本古文書』四ノ一九三頁、一九六頁
(36) 岸俊男「東大寺をめぐる政治的情勢」(『日本古代政治史研究』所収)
(37)『大日本古文書』四ノ一九四—一九五頁、『平安遺文』第四二八五号。この時、運び出された兵器は、御大刀四拾八口 黒作大刀四拾口 御弓一百三枝 甲一百領 靫三具納矢二百冊隻 背琴七靫一具納矢五十隻 胡禄九拾六具各納矢 納槓二拾二合弓槓五合韓槓十六合矢槓一合並着鏁子布網二条とある。
(38) 本書「慶俊」参照
(39) 堀池春峰前掲論文
(40)『大日本古文書』四ノ一九六頁、五ノ五一九頁

七　実　忠

㈠

良弁の高弟として、奈良末―平安初期に活躍した僧に実忠がいる。興味ある人物として注目されてはいるが、その関心の多くは、彼の土木・建築・美術等、おのおののすぐれた業績に集中し、彼の全体像、果した役割等については、必ずしも明確にされていない。いまここに実忠をとりあげたのは、まずかかる点の究明にあるが、さらにいえば、彼が奈良仏教の中心東大寺にいたこと、しかも良弁に抜擢されて少鎮となり、寺主・上座等の要職を歴任して、むしろ実務派の僧として縦横の活躍をしており、実忠像の把握は、奈良仏教の実態究明の一助として有効な手段となると考えたこと、さらに桓武朝以後も東大寺にあって上座・修理別当等の任にあったことから、遷都後の南都仏教の考察にも、ある意味をもつのではないかと推考したからである。

実忠に関する史料は、最も信憑性の高い正倉院文書から、『元亨釈書』『本朝高僧伝』その他東大寺関係史料等にみられる断片的なものまで含めると、当時の僧としては比較的豊富だが、なかでも注目されるのは、『東大寺要録』所収の「東大寺権別当実忠二十九ヶ条」である。実忠研究にはかかせない最も大切な史料であるが、これにはいくつかの問題点がある。その第一は、年数計算に多く合わないものがあることである。「二十九ヶ条」の成立が弘仁六年（八一五）とされるにもかかわらず、第四条には宝亀二年（七七一）より今までを三〇年と記し、第二六条では宝亀五年（七七四）よりを三五年とする。第二三条「奉二仕涅槃会一事」、第二四条「奉二仕半月読経一事」では、同じく天平宝字五年（七六一）より当年にいたるまでとしながら、前者が「合六十二年」、後者は「合五十三年」と記す。併記されているのに、このような大きな差のあることは、単なる書写の段階での誤りではすまされない。しかもこれらが、当年に至るといいながら、当年を弘仁六年とできない点は何としても気にかかる。また、第二二条の「奉二仕十一面悔過一事」では、天平勝宝四年（七五二）より大同四年（八〇九）までを「合七十年」とする。つぎの問題は、冒頭には、

　一、東大寺権別当実忠二十九个条事

　　東大寺伝燈大法師実忠年八十五

とあるが、結文の部分では、

　然則法師実忠、生年既入二九十員一矣。待レ死猶如二秋葉待一レ風。（下略）

　　弘仁六年四月廿五日　修理別当伝燈大法師　実　忠

と首尾一貫しないことである。この場合、九十員を単なる文飾としてしまうのは困難なように思われることからすると、「年八十五」の記載が気になる。また権別当の記載は、管見の限りでは、『東大寺要録』巻第七雑事章第一〇所収の「東大寺権別当官符事」に、「聖武天皇草二創寺家一、以二実忠一被レ置二権官一」とあるのみで漠としているのに対し、修理別当は、「東大寺地相換記」に大同四年六月六日付でその記載がみえる。(1) さらに「東大寺別当章」にも「已上弘

仁之比、修理別当実忠和尚」とあり、弘仁六年四月の時点でも、実忠がその任にあったことは十分推察される。このように両者を併せ考えると、冒頭の記載には疑問が多い。

ところが、これらの問題点があるにもかかわらず、「二十九ヶ条」の史料的価値は非常に高いといわねばならぬ。個々の事象については後述するが、その具体的内容の豊富さにおいては全く他の追随を許さず、その信憑性についても、すでに福山敏男氏や山田英雄氏によって、かなりの部分まで確認されている。

では、どうしてこのように高い史料価値をもつものが、明らかな年数の不統一や、前後の矛盾という問題をふくんでいるのであろうか。決定的なことはいえないが、それが書写の段階での間違いでないことを考えると、その成立事情に疑問がもたれる。そしてまず推考されることは、この「二十九ヶ条」は、弘仁六年(八一五)に実忠によって完成されたものではないのではないかということである。さきに記した年数の不整合も、実忠自身の手になるより、例えば後継者達によって、未整理・不統一のまま記録されたとする方が、また前後首尾一貫しないことも、冒頭部分が後に付加されたとする方が、可能性としては大きいように思われる。さらにいえば、「二十九ヶ条」は、弘仁六年実忠によって書かれた部分を中心にして、実忠顕彰のため関係史料が収録整備され、「二十九ヶ条」として成立したものと考えられないであろうか。(2)

(二)

実忠の出自については、全く不明である。『東大寺縁起』によれば、当寺碩徳事条には「天竺人」とある。森蘊氏

は、このことを実証しようとされる。(3) しかし、果してそういいうるであろうか。それには、

菩提僧正号婆羅門僧正天竺人也

実忠和尚天竺人也花厳宗

とある。ところで、この条の他の記載をみると宗名が先行しており、実忠の場合のみ逆になっている。このことは、恐らく書写の間に菩提と混同したものと思われる。誕生年については、「二十九ケ条」の「生年即入ニ九十員一矣」を弘仁六年の時点において考えると、神亀三年(七二六)ということになる。聖武天皇即位三年目にあたるが、その後、実忠の少年期から青年期にかけては、次々と新しい仏教政策がうちだされていった。天平三年(七三一)には、行基に対する政策転換が行われたが、この頃から国家の対仏教政策は大きく変化し、仏教興隆は、国家の総力を結集して行われるようになった。凶作・疾病が相次ぎ、さらに政局も不安定な状態のなかで、天平十二年には藤原広嗣の乱が勃発する。翌十三年には、仏法による鎮護国家を祈念して国分寺建立の詔が発せられ、十五年には、総国分寺本尊としての大仏造顕の詔がだされるにいたる。行基の徒等、多くの民衆もこの大仏鋳造事業に参加し、大量得度もこれ以後盛んに行われるようになる。実忠が活躍しはじめたのも、このような異様とも思える仏教興隆政策が推進されていく時代であったと推察される。良弁との出会いがいつであったかは全くわからない。ただ良弁は、金鐘寺—金光明寺を舞台に、すでに花々しい活躍をしていたことは明らかである。天平十二年(七四〇)には審祥を招いて初めて華厳経を講じ、四年後には華厳別供会を設けて、(4) さらに南都の高僧達を自分の傘下に続々集めていった。そして、遅くとも天平十五年三月には、金光明寺上座として大きな役割を果し、(5) 金光明寺—東大寺発展の原動力となっていった。良弁は天平十五年で五五歳、最も油ののり切った時代である。その輩下には、平栄・平摂・智憬・法正等の俊秀がいて懸命の活躍

をしていたが、実忠も恐らくこれらの僧のもとに加えられ、研鑽を積んでいたものと思われる。

さて、「二十九ヶ条」によれば、実忠の業績は四つに分類して考えられているようである。第一は、第一条の良弁の目代として造寺司の政に奉仕したこと、第二は、第二―一五条までの土木・造営面での活躍、第三には、第一六―二四条の東大寺の行政面・宗教面での働き、最後は、第二五条以下にみられる東大寺関係以外への奉仕の四つである。

そのうち、実忠の最初の仕事としては、第二二条「奉㆓仕十一面悔過㆒事」があげられる。それによれば、

合七十年自㆓去天平勝宝四年㆒至㆓大同四年㆒毎年二月一日二七ヶ日間奉仕如㆑件

という。合七十年が誤りであることは先述したごとくであるが、十一面悔過が天平勝宝四年（七五二）から東大寺で開始されたということにも疑問が提示されている。福山敏男氏は、当初の十一面悔過所は東大寺内ではなく、紫微中台にあったと推察される。それが天平宝字六―七年（七六二―三）頃、現在の位置に二月堂が建立されるにいたって移されたとする(6)。宝亀四年正月の「倉代西端雑物下用帳」によれば(7)、この時点では、東大寺内で実忠によって十一面悔過が行われていたことを知るのであるが、天平勝宝四年に始まったとも思える十一面悔過に、最初から実忠が主導的役割を果したとは考えられない。実忠の地位や、二七歳という年齢からみて、そのことの可能性は少なく、むしろいつの間にか、当初より実忠によって行われたとされるにいたったと考えるべきであろう(8)。

つぎに問題になるのは、第一条の「為㆓故僧正良弁賢大法師目代㆒、奉㆓仕造寺司政㆒事」とあることである。良弁の奏請により、天平宝字四年（七六〇）正月の勅によって目代に任ぜられ、天平神護二年までその任にあって造寺司の財政を担当し、立派な成果をあげたというのである。「二十九ヶ条」の分類からすれば、当然、前述の第三の分類のなかに入れるべきものが、第一条として別に記されていることは、実忠あるいは弟子達が、実忠の生涯の歴史のなかで、

とくに大きな意味を認めたことによるのであろう。では目代とは何かというと、正倉院文書中に散見する多くの例が示すように、おのおの補佐役・実務執行人と思われる。時に良弁は、東大寺にあって別当という地位にある。別当は普通諸寺の長官とされ、その任命方法は、時代は降るが、『延喜式』玄蕃寮別当三綱条によれば、五師大衆が能治廉節の僧を簡定して僧綱に申し送り、それが玄蕃寮・治部省を経て太政官にいたり、補任されることになっていたと思われる。ところが、例外として特別勅任や、僧綱等が提唱の人を任意に別当に任ずる例もかなりあったと推測され、良弁の場合も、あるいはかかる例の一つではないかと考えられる。しかも良弁は、大僧都の任にもあった。小僧都から大僧都への昇進は、天平勝宝八歳（七五六）五月の僧綱人事によるが、この時僧綱には、鑑真・法進・慈訓、それに慶俊が新たに加わってきた。[9] しかし、鑑真・法進・慶俊に大きな政治的発言力があったとは思えず、結局僧綱の実権は、藤原仲麻呂と親しい興福寺別当慈訓と良弁によって完全に掌握され、多くの重要な仏教政策の提言も、彼らを中心に行われていた。そのうえ良弁は、造東大寺司の仕事にも関与していたのである。管見の限りでは、天平勝宝八歳八月の「造東大寺司牒」が初見であるが、[10] それ以後は、造東大寺司関係文書に署名したものが散見される。これは良弁の参与を示すものといってよく、この運営に実忠は、良弁の目代として参加したというのである。

上院務所牒　石山院務所
　租布弐拾段木工浄衣料者　本古弐束
　　右件物、附舎人秦足人送如前、以牒、
一可速造物事菩薩堂僧房等
　右、被大僧都（良弁）宣称、不入座前、火急可造作畢者、依宣旨牒、

という史料がある。(11)ここにいう上院とは上寺ともよばれ、その名はすでに天平勝宝二年三月の「納櫃本経検定并出入帳」にみえるが、(12)福山敏男氏によれば、「天平勝宝八歳の図に二月堂を描いていないのをみると、当時の上寺とは羂索堂などの、大仏殿あたりよりも一段高い場所にあった一郭の堂舎を指したものらしく、後に二月堂が建てられるに及んで、何時しか上院なる称呼が専らこの堂に固定するに至ったのではあるまいか」とされる。(13)また、石山寺は造東大寺司の指揮下に、天平宝字五年（七六一）十二月から六年八月にかけて造営が行われたのだが、(14)その石山寺へ実忠は、租布二〇段を秦足人に付して送り、菩薩堂・僧房等を、良弁が石山寺に「入り座さざる前に火急に造作し畢る可き」旨の良弁の命を伝えているのである。また、同日付の「造東大寺司充文」によれば、造東大寺司からも、「堂並びに僧房を葺く」ため黒葛五〇了を同じく秦足人に付けて送り、堂を塗る等のため土工私部在人らを派遣している。(15)これからすると、実忠が「上院務所牒」を出していることは、彼が上院にいたことを示すと共に、良弁の指導の下に、造東大寺司の一連の事業に参加していたことを示すものであろう。良弁の目代として、造寺司の政に参加していたことの一例と考えてよいのではないか。

さて、この天平宝字六年は、藤原仲麻呂政権をめぐって、政界はようやく風雲急を告げつつある年であった。保良宮行幸以後、擡頭し始めた反仲麻呂勢力が次第に勢いを増し、藤原良継等による仲麻呂暗殺計画などもささやかれた。東大寺をめぐる状勢も緊迫化の一途をたどり、天平宝字七年以後には、造東大寺司官人にも大異動がおこるにいたる。具体的な動きについてはすでに岸俊男氏によって明示されたごとくであるが、(16)天平宝字八年（七六四）正月に吉備真備が長官に任命されたことは、造東大寺司の反仲麻呂的立場が明確化したものといってよい。東大寺三綱の構成員については、天平宝字五年以降に変化なく、天平宝字八年九月にも寺主—平栄、上座—安寛、都維那—承天であったと思われる。彼らの立場は一応反仲麻呂派と考えられるが、なかでも安寛の活躍はめざましい。即ち、「双倉北雑物出用帳」の天平宝字八年九月十一日に関する記載によれば、安寛は乱に対応して直ちに宣を出し、正倉院に蔵されている兵器を内裏に進めるため、自ら使となって運んでいるほどである。[17] しかも、かつて仲麻呂と親しかったと思われる良弁が、その文書に署名していることをあわせ考えると、東大寺はあげて反仲麻呂派になっていたといってよいであろう。「二十九ヶ条」の第二七条によれば、

一、献㆓上　平城朝廷御馬蒭二千囲㆒事

右天平宝字八年乱時、御軍馬蒭私献如㆑件、

とあり、実忠個人の名で軍馬の蒭を献上したという。これも東大寺のこの時の雰囲気からすれば、当然の措置であったのであろう。

ところで、この恵美押勝の乱は、意外に早く、かつ一方的に孝謙上皇—道鏡側の勝利に帰した。その間、九月十一日の勃発より仲麻呂斬殺にいたるわずか一週間である。しかし、孝謙上皇のうけた精神的打撃はきわめて大きかったらしく、叛乱に端を発した種々の仏事興隆事業が、つぎつぎと計画され実施されていく。西大寺や西隆寺の建立、百万塔や小塔院の造顕等のことがそれである。実忠は、これらの事業に対して、そのいずれにも関与しているようである。

西大寺については、宝亀十一年十二月になる『西大寺資財流記帳』には、

夫西大寺者、平城宮御宇、宝字称徳孝謙皇帝、去天平宝字八年九月十一日誓願、将敬造七尺金銅四王像、兼建彼寺矣、乃以天平神護元年、創鋳件像、以開伽藍也、(下略)

と記し、西大寺が押勝の乱勃発の日の発願になること、金銅製像高七尺の四天王像は、翌年の天平神護元年（七六五）に完成したことを伝えている。また、伽藍については、『続日本紀』天平神護二年十二月癸巳条に称徳天皇の西大寺行幸を伝えていることからすると、あるいは一部ができていたのかもしれない。それが天平神護三年二月戊申には、「従四位下佐伯宿禰今毛人為二造西大寺長官一、右少弁正五位上大伴宿禰伯麻呂為兼次官」とあり、神護景雲二年四月辛酉には、西大寺に行幸の称徳天皇が、佐伯宿禰今毛人・大伴宿禰伯麻呂以下造寺関係者に一階を進めているのである。このことからすると、主要堂舎の本格的工事は、少なくとも天平神護三年（七六七）二月頃より始まり、神護景雲三年四月にいたってほぼ完成をみたと思われる。

「二十九ヶ条」によれば、この年の記事として第二五条には、

一、奉レ立二西大寺御斎会廻幢一事

合廿基二各長八丈　六各長七丈　十二各長五丈

右件幡、奉二勅旨一、率二東大寺工等一、七箇日間削造、即一日内起立已畢、（下略）

とある。勅旨によって実忠が、その支配下にある東大寺の工を引率して奉仕したというのであるが、その時期は、恐らく西大寺完成直後の御斎会にあたってのことであろう。また、「二十九ヶ条」の第二八条によれば、同じく御斎会に際して、実忠個人として煎炭二〇〇斛を献上したともある。

西隆寺の建立は、西大寺同様恵美押勝の乱に起因することはすでに指摘されているところだが、その史料上の初見は、『続日本紀』神護景雲元年八月丙午条に、「従四位上伊勢朝臣老人為二造西隆寺長官一」とあるものであり、ついで同年九月辛亥条には、従五位下池原公禾守を同次官としたとみえる。また、翌二年五月辛未条には、「恵美仲麻呂越

前国地二百町、故近江按察使従三位藤原朝臣御楯地一百町、捨二入西隆寺一」とある。さらに宝亀二年八月己卯条には、僧綱及び大安寺等一二寺の印を鋳て各寺に頒ったとあるが、そのなかに西隆寺の名もあげられ、官寺の一つとして立派に完成していることがしられる。『東大寺要録』巻第一本願章第一には、「実忠和尚立西隆寺別院」とあるが、「二十九ヶ条」には実忠との関係について何の指摘もない。その理由については明確にできないが、あるいは「二十九ヶ条」の成立時に脱漏があったのかもしれない。なお、「西隆寺別院」の記載について堀池春峰氏は、「脱字があるか、または西隆寺別院と書記するのも『西隆寺ト云フ別院』の意味で、西大寺の別院としての西隆寺を意味するものと思われる」とされる。(18)

つぎに百万塔と小塔院の造顕については、『続日本紀』宝亀元年四月戊午条に、

初天皇、八年乱平、乃発二弘願一、令レ造二三重小塔一百万基一、高各四寸五分、基径三寸五分、露盤之下、各置二根本、慈心、相輪、六度等陀羅尼一、至レ是功畢、分二置諸寺一、賜二供レ事官人已下、仕丁已上、一百五十七人爵一各有レ差、

とあり、押勝の乱勃発より六年目にやっと百万塔は完成し、諸寺に分置されたという。『東大寺要録』巻第四諸院章東西小塔院条によれば、東大寺ではこの三重小塔を収むべき東西小塔院が、すでに早く神護景雲元年（七六七）実忠によって建てられたとする。「二十九ヶ条」の第八条によれば、さらに詳しく、

一、奉レ造二東西少塔殿一事

右以二去神護景雲年中一、為レ安二置御願少塔一、勅令レ進二殿様一、而大工等造様甚醜、依レ此法師実忠、改二大工等作様一、更様造出五尺余上、奉レ造如レ前、依二此様一諸寺皆営造也、

とあり、実忠は大工等が作った雛形が醜いとして改作し、諸寺の小塔院もこれに基づいて造作されたとする。

このほか、この時期における実忠の業績は、「二十九ヶ条」によれば、良弁の命による三つの仕事があげられる。その一つは、第七条にある、天平宝字八年（七六四）に行われた東大寺東塔露盤の搆きあげ作業であり、つぎのは、第一一条にみえる天平神護元年（七六五）に東大寺南春日谷に堤を築いて池を作ることであった。さらに第一二条には、

一、奉造立塔一基、在二新薬師寺西野一、以二去景雲元年一所二造進一也、

と記している。筒井英俊氏は、これを「塔一基を造立し奉る」と読まれるが、堀池春峰氏は、「立塔一基を造り奉るのは立塔の如き、その表現方法よりみて明かに立は土の誤写」とされる。[19]いずれにしても、これが現存の頭塔にあたることはほぼまちがいなく、造立の目的については、百万塔と同じく、恵美押勝の乱を契機として、鎮護国家のためであったと考えられている。

(三)

以上、恵美押勝の乱後の仏教政策のなかで、実忠の果した役割について述べてきたが、この間に実忠の身分は、造東大寺司の良弁の目代から、東大寺の少鎮へと変っている。「二十九ヶ条」の第一六条によれば、

一、奉二仕少鎮政幷撿挍造寺一事

合七箇年自二景雲元年一至二于宝亀四年一也、

とある。造東大寺司との関係をもちながら、新たに少鎮のポストについたというのである。その任にあることは、神護景雲元年（七六七）より宝亀四年（七七三）までの七年間とするが、正倉院文書によれば、あるいは目代に引続き天平神

護二年からだったのかもしれない。[20]

では鎮とは何かといえば、正倉院文書等によって、法華寺・弘福寺・下野寺・殖槻寺・香山薬師寺・石山院等に置かれたことがみえ、『続日本紀』宝亀十一年正月丙戌条の詔には、「諸国国師、諸寺鎮三綱」とあって、かなり多くの寺に置かれたらしく、その地位に関しては、鎮三綱といい、また文書の署名の位置から考えると、三綱の上に位するもののようである。仕事の内容については、三綱上座や寺主と兼任のものもあり、三綱と特別異なったものとは思えない。その任命方法については、時代は降るが、『延喜式』太政官諸寺別当年臈条・玄蕃寮別当三綱条等から推測すると、奈良時代にあっても、各寺から能治廉節の僧を簡定して僧綱所へ報告し、玄蕃寮・治部省をへて太政官に申告し、その後任命されたものとしてまちがいあるまい。

では、東大寺においては、いつ頃からこの鎮がおかれたのか、明確に指摘することは困難だが、管見の限りでは、一応確実なところ、天平神護元年(七六五)に中鎮とあるのが最初のようである。[21] ここにわれわれは、従来の三綱に加うるに鎮の設置をみるのであるが、中鎮・少鎮の記載はあるが、大鎮はいずれにも見当らない。これは史料の欠落ではなく、恐らくは設けられなかった、しいていえば、最高の責任者である良弁がその任にあったと考えられる。この時、実忠の上司としての中鎮には平栄がいた。では何故、東大寺ではこの時点で鎮がおかれ、しかもその果した役割は何であったのだろうか。煩瑣にわたるが、鎮・三綱の僧の活躍のあとをたどりながら考えてみたい。

中鎮平栄の史料上の初見は、天平十五年(七四三)まで遡る。その出自等については何もわからないが、恐らくは、すでに金光明寺上座として、大徳の尊称をもって呼ばれていた良弁の輩下としてここに入ってきたのであろう。平摂・審祥等のような客員的存在の僧侶に対して、良弁の直参として活躍し始めたと思われる。遅くとも天平十九年

（七四七）十二月になると、平栄は知事に抜擢される。[22] 知事とは、三綱の下での具体的な実務の推進役であったと考えられるが、金光明寺→東大寺への発展の過程にあって、平栄の役割は次第に大きくなっていった。『万葉集』巻一八によれば、

天平感宝元年五月五日、饗二東大寺之占墾地使僧平栄等一、于レ時守大伴宿禰家持送二酒僧一歌一首

焼き大刀の　礪波の関に　明日よりは　守部遣り添へ　君を留めむ

とあり、墾田地占定のため越中国まで赴いている。さらに、越前国での活躍もめざましいものがあった。そして遅くとも、天平勝宝三年（七五一）八月には寺主となっている。[23] また、律宗や倶舎宗の知事ともなり、宗の運営の円滑化を図っている。さらに天平勝宝七歳二月には、すでに佐官として僧綱入りしていることを知る。[24] 佐官とは「僧綱の録事」といわれるように、僧綱内の補佐役として実務面を担当し、これには、各寺から事務能力にすぐれたものが選ばれたものと思われる。史料上確かめられるものには、興福寺主永俊・薬師寺主勝福・大安寺僧永仙、東大寺では、平栄の前に承教が入っていたと考えられる。[25] そこへ恐らく、良弁によって平栄が抜擢されたことはまちがいない。しかも、天平勝宝八歳八月以後の記載によれば、東大寺の上座をも兼ねていたことが、明らかである。[26] この時の東大寺三綱には、寺主に法正、小寺主に聞崇、都維那には等貴がいて、良弁大徳を頂点とした体制が整えられていたといってよい。その後、少なくとも天平宝字五年（七六一）十一月には、平栄は上座から寺主へ変り、[27] 上座には安寛が入った。政界は仲麻呂専制体制が次第に崩れ、孝謙—道鏡を中心とした反仲麻呂勢力が伸張していくが、東大寺の動きもまたそれに伴って変化していった。安寛の動向が顕著であるが、良弁もまた、反仲麻呂派へとふみ切っていることは前述のごとくである。

ところで、この新しい政治体制下に東大寺では、新しい鎮三綱体制が発足したと推測される。平栄は中鎮となり、その下の三綱には寺主や上座は不明だが、小寺主に承天、小都維那には聞崇・慚教・恵瑤等がいる。承天の史料上の初見は、天平宝字三年十一月の「知開田地道僧」である。[28] その後は、遅くとも天平宝字五年(七六一)十一月には都維那となり、天平宝字八年十月から天平神護二年(七六六)十月までの間には小寺主となる。また天平神護二年十月より翌年二月までには、小寺主のままで田使(校田使)に任ぜられている。[29] 聞崇は、[30] すでに早く天平勝宝二年九月の「大宅朝臣賀是万呂奴婢見来帳」に少目代としてみえ、天平勝宝四年(七五二)七月の史料には少都維那とある。天平勝宝八歳十月の記載によると少寺主となり、天平宝字四年十一月の「東大寺三綱帳」によれば、新薬師寺の上座となっている。それが再び東大寺へかえったようで、天平宝字八年(七六四)七月には少都維那とあり、少なくとも天平神護三年(七六七)四月まではこの任にあった。その間、伊賀国田使僧として派遣されて荘園の管理を担当し、天平神護三年七月までには少寺主となっている。慚教は、[31] 天平宝字八年四月香山薬師寺都維那とあることが初見であるが、天平神護二年六月までには東大寺に入って少都維那となり、庄司僧・検田使・佃使僧等と呼ばれて荘園管理にあたっていた。

このようにみてくると、鎮三綱の構成員は、確かめられる限り、平栄を筆頭として、いずれも実務派の有能僧ばかりであったことが知られる。そのメンバーのなかへ実忠も少鎮として加えられ、十二分にその才能を発揮したのである。道鏡政権下になってからこのような体制が作られた原因については、岸俊男・山田英雄氏等によって明らかにされたように、天平宝字末年頃よりの造東寺司の衰退と、それに変る東大寺僧の経営面への進出の指摘が貴重である。[32]

ところが、この鎮の制は、平栄・実忠だけで終ってしまったようである。平栄は、神護景雲四年五月の「双倉北雑物出用帳」に中鎮進守大法師平栄とあるより後に記載なく、[33] 実忠については、宝亀二年(七七一)七月までは少鎮とあるが、それ以後にはその記載をみない。[34]「二十九ヶ条」には、宝亀四年までその任にあったとするが、宝亀四年一月二十八日付の史料によれば、法師実忠とあって鎮とないことが気になる。[35]このように眺めてくると、鎮・三綱の制は、道鏡政権下の東大寺経営の円滑化のため、とくに設けられた制度であるといわねばならぬ。

なお、この時点での、実忠の僧界での地位をうかがえるものとして僧位がある。実忠の僧位は「修学進守大法師」である。いま、道鏡時代の僧位についてみると、史料的に欠けた部分も多く明確でない点もあるが、大体つぎのように考えることができる。すなわち、

賢太法師	伝灯進守大法師	伝灯進守法師	伝灯満位僧	伝灯住位僧	伝灯入位僧
	修学進守大法師	修学進守法師	修学満位僧	修学住位僧	修学入位僧
	修行進守大法師	修行進守法師	修行満位僧	修行住位僧	修行入位僧

となり、僧位の順位は、賢太法師→伝灯進守大法師→修学進守大法師→修行進守大法師→伝灯進守法師→となっていたと思われる。とすると、実忠のこの時期の東大寺内における地位は、賢太法師良弁・伝灯進守大法師平栄につぎ、時の東大寺寺主性泰と同格であったことが知られる。

さて、この時期に実忠の担当した仕事については、すでに西大寺や西隆寺関係、百万塔や小塔院の造顕、土塔の築造等、恵美押勝の乱に関連した事業については先述したごとくであるが、ここでは東大寺関係の業績についてあげてみよう。まず「二十九ヶ条」によれば、第二条には「奉㆓仕造大仏御光所㆒事」とあり、良弁の命により、国中連公麻呂の辞退した光背造立の難工事を、天平宝字七年（七六三）より宝亀二年（七七一）にいたる九年の間に完成したという。[36]また、第三条によれば、この光背を大仏殿におさめるに際して、天井切上げの困難な仕事にもあたったという。さら

に第四条によれば、「奉レ造二建大仏殿副柱一事」とあり、親王禅師や良弁の要請により、宝亀二年四月には諸匠夫等を率いて自ら近江国信楽杣まで赴いて準備を整え、八カ月以内に完成したと伝える。いずれも処理の面倒な仕事をうけもったことになるが、ここにわれわれは、実忠が承天・聞崇・慚教等の荘園経営に参加して業績をあげたのとは全く異なる分野で、大きな役割を果していたことを知る。つぎに、奉写一切経所関係文書によれば、神護景雲四年（七七〇）五月より宝亀二年（七七一）八月に至るまでは、実忠の署名がみられる。これは実忠の検校の下に、東大寺のため写経が行われていることを示すもので、先述した「二十九ヶ条」の第一六条に、「右任中奏二聞内裏一、奉二請一切経一部一、安二置如宝堂一」云々とあるのに合致して興味深い。

鎮制度が廃止されて後の実忠は、「二十九ヶ条」第一七条によれば、宝亀五年（七七四）から同九年にかけて寺主に任命され、東大寺の財政危機をのり切ったという。この場合注意されるのは、寺主任命に至ったことについては、親王禅師の力によったといっていることである。この親王禅師の記載は、「二十九ヶ条」中の第四条・第一三条にもみられ、正倉院文書中にも、宝亀二年より同十年までの間にみられる。山田英雄氏は『大安寺碑文』等から、これが早良親王であることを明らかにされたが、[37] 実忠と早良親王との関係について、『東大寺要録』巻三末尾の書入れには、

崇道天皇実忠之弟子並等定大僧都資白壁天皇第二子也、

と記し、早良親王は実忠の弟子であるという。それが、東大寺の運営に関しては、全く早良親王に主導権が握られていたようである。このことは、何としても早良親王が、光仁天皇の第二子であることによるのであろう。この時点で、実忠と共に東大寺運営にあたった僧には、前述の承天や、上座であった可能性のある承教等が考えられる。また、東大寺の最高職である別当には、宝亀五年（七七四）から同八年までは律師忠恵、宝亀九年から延暦元年（七八二）までは少

僧都霊義の名があげられているが、忠恵や霊義の名は、『僧綱補任』やその他の史料にも全く見当らず、その存在さえも疑わしい。もしかりに存在したとしても、恐らくは純粋に教学面にのみ発言権をもっていたのであろう。このように別当に実権なく、しかも良弁・平栄のいない東大寺にとって、早良親王と結ぶ実忠の役割は、きわめて大きくなっていたと推定される。なお、「二十九ヶ条」第二六条によれば、実忠は寺主になった宝亀五年より、近江国志賀山寺に「奉行功徳事」とある。しかもその目的が、「奉㆓為近江国大津宮御宇天皇㆒」とある。恵美押勝の乱後の一連の事業に積極的に参加したり、第二九条にあるように、神護景雲四年（七七〇）の弓削宮行幸の時には薪三〇〇荷を私に献上した実忠が、新しく天智系天皇の時代を迎えると、志賀山寺に私物を奉納しているのである。ここにわれわれは、早良親王との密接な関係もあるが、実忠の柔軟な政治感覚をもみることができる。

宝亀十一年（七八〇）になると、実忠は再び早良親王の要請によって、東大寺の造瓦別当に任ぜられる。その期間は延暦元年（七八二）までであるが、「二十九ヶ条」の第一三条によれば、従来の瓦は粗悪で破損が多いので、実忠は、山城国相楽郡福宏村に吉士を求めて瓦一九万枚を焼き、寺に運上して僧房の用に宛てたという。福山敏男氏によれば、「この頃（延暦元年）漸く功を終ったのであろう」とされる。(38) 僧房については、『東大寺要録』に引く延暦元年の「新検記帳」によれば、

僧房四宇

一宇長廿七丈七尺　広四丈六尺　一宇長廿七丈六尺　広同㆑前

二宇各長十二丈七尺　広四丈六尺

とある。井上薫氏は、実忠のこのような関与について、「堂舎の造営を継続し、寺を維持していくのに寺家がわから

実忠のような活動家が出なければならなかったのは、造東大寺司の活動の後退のためで、東大寺の造営や維持は造寺司から三綱や寺僧に移行していった」とされるが、(39)造寺司の弱体化については、岸俊男・山田英雄両氏の指摘のごとく、すでに天平宝字末年頃より始まっていたといわねばならぬ。その際、鎮・三綱がそれを補い、東大寺運営の主導権を掌握していったことは既述したところだが、その後は、早良親王―実忠がそれを継承したと思われる。なお、この時代の上座には善季、寺主に善報、都維那には恵瑤があげられるが、彼らの具体的な動きは全く不明である。

ところで、宝亀三年頃以後の東大寺の主導権は、早良親王―実忠によって握られていたとしたが、造東大寺司も早良親王の影響下にあったと考えられる。早良親王が皇太子に任ぜられたのは天応元年(七八一)四月壬辰、桓武天皇即位の翌日であるが、東宮関係の官人のなかに造東大寺司との関係をもつものがいたのである。例えば、宝亀十年(七七九)十一月甲午に造東大寺次官に任命された紀朝臣白麻呂は、翌十一年三月壬午因幡介に任ぜられて東大寺を離れているが、天応元年四月壬寅には春宮亮に抜擢され、延暦四年(七八五)正月辛亥には春宮亮と伯耆守を兼任している。また、林忌寸稲麻呂は、少なくとも天応元年八月十二日には造寺司少判官となり、延暦元年二月庚申には吉備朝臣泉の下で造東大寺次官、一週間後には東宮学士をかねる。延暦二年二月壬申には美作介を兼任し、延暦四年正月辛亥に備前介にかわり、造東大寺長官は佐伯宿禰真守となるが、相変らず造東大寺次官・東宮学士の任にあったという。しかも、『日本後紀』大同元年三月辛巳条によると、「勅、縁二延暦四年事一、配流之輩、先已放還、今有レ所レ思、不レ論二存亡一、宜レ叙二本位一」として、大伴家持・藤原小依・大伴真麻呂・大伴継人等と共に、紀朝臣白麻呂・林宿禰稲麻呂の名があげられ、罪が許されている。延暦四年の事とは、いうまでもなく藤原種継暗殺事件であり、この事件の原因が長岡京遷都にあることは周知の事実である。早良親王失脚の原因もこの事件にあることを考えると、「或いは遷都を

阻止しようとする東大寺方面の動きを看取することもできる」のである。(40)

(四)

桓武天皇や側近の間で遷都の問題が討議されはじめたのは、すでに延暦元年（七八二）頃からではないかと思われる。『続日本紀』天応二年四月癸亥条によれば、諸事節約の勅が出され、「宜下且罷二造宮勅旨二省、法花鋳銭両司一、以充二府庫之宝一、以崇中簡易之化上」といっているのも、近い将来の遷都をふくみとしていると考えてよかろう。こういう雰囲気は直ちに平城京全体に広がったと思われ、東大寺にあっても、反対のための方途が考えられたであろう。その際、早良親王への期待は大きく、実忠等の働きかけもかなり積極的であったと考えられる。(41)このような空気のみなぎる東大寺へ、延暦二年に桓武天皇は等定を送りこみ、別当に任命して反対派の懐柔にあたらせたのである。しかし、僧界全体の反対の動きは容易にしずまらず、僧綱人事の更迭も行われた。また、遷都反対派官人の動向も活発で、結果として藤原種継暗殺事件にまで発展する。東大寺の関係者でこれに連座したものは、史料上では、先述の早良親王に連なる林忌寸稲麻呂・紀朝臣白麻呂のみであるが、実際に影響をうけた人の数はかなり多かったと思われる。実忠が延暦二年以後しばらくの間、東大寺内の一切の要職についていないことは、等定との関係、東大寺内の状勢からしてむしろ当然であろう。

等定の別当時代は、一応延暦六年（七八七）までとされるのであるが、この間に、延暦四年九月には前述の藤原種継暗殺事件がおき、翌五年六月には藤原継縄が造東大寺長官として赴任してくる。暗殺事件につづいて、藤原継縄という異例の高官派遣も、東大寺僧には不安な気持をもって迎えられたと思われる。延暦八年になると不安は適中し、三月には造東大寺司が廃止されるにいたる。廃止の理由について浅香年木氏は、「単なる造寺事業の一応の完了や国家財政の窮迫という理由以外の別の事情が想定される」とし、この措置は、「東大寺における官営工房機構の全面的廃止を目的とするものではなく、その主要部分を長岡京造都事業の促進に転用しようとする意図に基づくもの」とされる。[42] しかし、いずれにせよ、一省の廃止にもあたるこのことは、明らかに律令政府の東大寺に対する政策の後退といってよく、南都仏教界に対する影響も大きかったと推定される。

実忠が、その後東大寺で仕事を担当するにいたるのは、延暦九年(七九〇)であったという。ただ、これ以後の「二十九ヶ条」の記載は、きわめて簡略化されてくることが気になる。さて、「二十九ヶ条」第二一条によれば、「奉仕華厳供大学頭政事」とあり、延暦九年より同十七年までと、大同元年(八〇六)より当年に至るまでとの二回にわたってつとめたという。ここにいう華厳供とは、華厳経の研究所たる華厳供所であると思われ、「東大寺華厳別供縁起」によれば、すでに天平十六年(七四四)良弁によって創始されたという。華厳供大学頭とは、華厳宗の最高責任者を指すものと考えられるが、東大寺にとって最も肝要な華厳教学の振興に、従来教学面では全くその名をみない実忠が参与していることは興味深い。

つぎの仕事としては、「二十九ヶ条」第一八条によれば、

一、奉仕上座任事

合三度 寺主法師修哲時 寺主法師伍隆時 寺主法師円徳時

とあるが、具体的に年は示されていない。このうち円徳の名は他の記録にも全く見当らず、伍隆は伍浄の誤りではな

いかと思われる。まず修哲は、平安遷都後の東大寺にあって、最も中心的役割を果した僧と考えられる。その経歴は、遅くとも延暦十五年（七九六）八月二日には寺主となっており、少なくとも延暦二十一年十一月二十一日まではこの任にあったことが確実である。さらに、延暦二十三年六月二十日の「東大寺地相換記」によれば、[43]すでに東大寺の長官たる別当に就任しており、「双倉北雑物出入継文」延暦二十四年十一年十五日条によると、律師をも兼任している。[44]その後、この律師の地位には、大同二年（八〇七）九月戊子まで留まって活躍するが、「綱政不レ修」と「対ニ詔使一無礼」の理由でこの日に罷免される。[45]薬子の乱直後の弘仁元年（八一〇）九月己未に再任されていることからすると、平城朝の仏教政策をめぐっての確執があったのであろう。別当の地位については、大同四年六月六日の「東大寺地相換記」に別当修哲とあり、弘仁二年九月二十五日の「東大寺使解」[46]にも僧綱律師兼別当修行大法師位修哲とあることからすると、少なくとも延暦二十三年以後連続してこの地位にあったのかもしれない。このように重要な役割を果していた修哲の寺主時代に実忠は、遅くとも延暦十五年（七九六）八月二日から、延暦二十年十二月十六日の「東大寺三綱牒」に、上座守堅（寿堅）の記載がみえるまでの間上座の地位にあった。[47]なお、この時点で注目されることは、延暦十五年八月二日の三綱牒に「造寺務所」と記されていることである。[48]これについて浅香氏は、「疑いなく旧造東大寺司の後身であり、その本質は、あくまで官営工房に準ずべきものであって、寺有工房とは考え難い」とされる。[49]とすれば、この「造寺務所」は、造東大寺司の事務を継承するものとして、延暦八年（七八九）より同十五年までの間に設置され、当然実忠は大きな影響力をもつにいたったと推定される。この期間の実忠の業績としては、「二十九ヶ条」第五条によれば、「奉レ固ニ大仏御背所々破損幷左方御手絶去一事」とあり、実忠自ら工匠等を率いて伊賀杣に出かけて手筈を整え、延暦二十年（八〇一）中に完成したという。また、同第一〇条によれば、延暦二十年中に寺内に散乱していた材木を取り集めて、寺の北の大門を建立したと記す。つぎに、延暦二十三年六月二十日の「東大寺地相換記」によれば、知事大法師位実忠の記載がある。知事の任務が具体的な実務担当であることを考えると、実忠と造寺務所との関係は、ますます強められていったと推察される。この時の上座は寿堅、都維那は伍浄、別当は前述の修哲であるが、僧位の面からすると実忠は、上座・寺主・都維那や四名の知事のいずれにもまさり、修哲と同格である。このことは、知事というポストをも考え合すと、この時点における実忠の東大寺における地位を――主導的役割を果すべき地位は譲ったが、相変らず造営面では他の追随を許さない――象徴的に示しているように思える。「二十九ヶ条」第九条には延暦二十三年（八〇四）の仕事として、寺の西の大垣、ならびに中大門の南の大垣を固め造るのを撿挍したと記し、延暦年中のこととしては、第六条に、大仏殿歩廊ならびに前後の中門、左右の挟門等の懸幡の木を造り渡したとしている。ところで実忠は、寺主伍浄時代に再び上座の任にあったという。伍浄は、少なくとも延暦十八年（七九九）十一月十一日以後、大同元年（八〇六）九月七日までは都維那として活躍し、その後、大同二年八月一日までに寺主となっている。その後は、弘仁四年（八一三）頃の一時期、寺主は伍福に変っているようだが、弘仁五年七月までの間には再任し、翌年十月三十日まではその任にあったことが明らかである。大同二年八月二十一日付の「西行南第二倉公文下帳」によると、この寺主伍浄の時に実忠は、上座兼知事の地位にある。[50] 具体的な実務を担当する知事の職に実忠は引き続き留まり、伍浄が寺主となった大同元年九月以降、大同二年八月までの間に上座を兼ねることになったのである。この間の仕事としては、「二十九ヶ条」第一四条の「塡㆓固寺食堂前庭被㆑崩損㆒事」、第一五条の「同食堂前谷水防、便㆓宜其川所㆒、塡埋平固事」という土木工事があげられている。

大同四年六月六日付の「東大寺地相換記」によれば、修理別当実忠とある。時の東大寺別当は前述の修哲であるが、齢すでに八〇歳をこえた実忠にこのような役職を与えることは、長い実忠の東大寺での歴史を物語っているのであろう。しかもこのポストは、管見の限りでは前になく、実忠は、寂去にいたるまでこの任にあったと考えられる。このことはさらにいえば、東大寺運営の第一線から引退したとはいえ、相変らず造寺務所に関係し、修理や造営面ではその殆どに関与していたことを考え合すと、実忠にとってはきわめて適した役職であったといえる。かくして晩年の実忠は、修理別当として東大寺伽藍の管理・運営にあたると共に、華厳供大学頭として教学面でもその中心的役割を果していたものと考えられる。『東大寺要録』巻第五別当章第七には、

第十四

大僧都空海弘仁元年任

寺務四年同元、二、三、四

已上弘仁之比、修理別当実忠和尚

と記す。修理別当実忠和尚の記載は問題ないが、空海が弘仁元年(八一〇)に別当に任命されたことについては、前述の修哲が別当職にあることと、どのように考え合せたらいいのであろうか。東大寺教学部編になる『東大寺』には、「良弁なきあとの華厳宗の教学的衰退は目に見えてあきらかとなった。そのため、この教学をより盛んにするために実忠和尚は、もと東大寺で学んだ空海が、新しく真言宗を打ちたて、その学問体系が華厳にも近かったことから、彼を東大寺別当に迎えることを計画したのであった」として、空海の別当就任を承認する。辻善之助氏は、「恐らく拠のあることであろう」とされるが、[51] 勝野隆信氏の指摘のごとく、そのままにうけとり難いとするのが妥当と思われる。[52]空海と東大寺との関係は、確実な史料によれば弘仁十三年(八二二)以後と考えられ、[53] 弘仁初頭の時点では、別当修哲

を中心とする体制がとられていたとすべきである。

なお、「二十九ヶ条」第一九条に、

一、奉㆓仕造寺司知事政㆒事

合十箇年

とあることは、前述造寺務所との関係を示すものであろうが、第二〇条に、

一、奉㆓仕朝廷㆒事

合十九年自㆓天平勝宝五年㆒至㆓神護景雲四年㆒

右平城宮御宇天皇、朝廷宮禅師例奉仕如ㇾ件、

とあるものは、具体的に明確になしえない。第二三条の「奉㆓仕涅槃会㆒事」、第二四条の「奉㆓仕半月読経㆒事」の記載については、前述のごとく年数に問題があり、実態も明らかでないが、実忠の盛んな宗教活動の一端を想定することはできる。

以上、「二十九ヶ条」を中心に、実忠九〇年の生涯をたどってきたが、その活躍のあとは四つの時期に分けられそうである。第一は良弁支配の時代――良弁の目代から始まり、道鏡政権下では中鎮平栄と共に少鎮として東大寺運営の主力となった――、第二は良弁なきあとの宝亀年間より延暦初年までの間で、早良親王の命をうけつつ寺主や造瓦別当となって活躍した時代、第三は等定の別当就任後、早良親王や遷都問題との関係から一切の実務面より離れていた時代、第四は延暦九年以後の時代である。

彼の業績は、十一面悔過のごとき実忠の名をいまに喧伝する宗教行事との関係や、「二十九ヶ条」第二三条の涅槃

会奉仕、さらには東大寺教学面での最高職である華厳供大学頭在任等のこともあるが、何としても彼の本領を示したのは、実務派僧としての活躍であったと思われる。とくに造東大寺司の機能低下以後は、鎮・三綱が東大寺の造営・運営の主導権を握り、実忠はその中心人物として重責を負わされた。造東大寺司廃止後は造寺務所が設けられるが、この設置や運営にも実忠の力に期待するところきわめて大であったと思われる。修理別当は、実忠の能力を最も発揮させ、表現できる役職であったと考えられる。(54)

天平期以後の律令国家による仏教興隆政策推進の最大の拠点が、東大寺であることは論をまたないところだが、桓武天皇による遷都は、この東大寺の地位を、さらにいえば、奈良仏教そのものの歴史的役割をも、次第に微妙に変化させていった。この奈良朝より平安朝にかけて、東大寺を舞台として活躍した実忠の業績は一応上述のごとくであるが、その考察は、より大きな視点よりの照射を試みなければならないことを、あらためて痛感する。

註

(1)『大日本古文書』東大寺文書之二ノ三八二頁
(2)松原弘宣氏は「実忠和尚小論」(『続日本紀研究』第一七七号)でこの問題にふれ、「実忠二十九ケ条は実忠の手によって、数度にわたって書き加えられていったものと考えられ、弘仁六年の時点に作文的に記されたものではないことは明らかになったと思う」とされる。しかし、すべて実忠の手によったとするならば、もう少しは整ったものになったのではなかろうか。
(3)森蘊「実忠和尚の業績」(『奈良を測る』所収)
(4)『東大寺要録』巻第五、諸宗章
(5)『大日本古文書』二四ノ一七八頁
(6)福山敏男『奈良朝の東大寺』羂索院項。これに対し、山岸常人氏は、「東大寺二月堂の創建と紫微中台十一面悔過所」(『南都仏教』第四五号)で、「二月堂の創建は天平勝宝四年を下らない」とされる。
(7)『大日本古文書』六ノ四六五頁

(8) 堀池春峰氏は「二月堂修二会と観音信仰」(『東大寺二月堂修二会の研究』所収)のなかで、「天平勝宝四年といえば、まさに聖武天皇悲願の盧舎那大仏の開眼供養の歳にあたる。時に二十二歳の実忠が二月堂を創建し得たことはとても考えられないが、十一面悔過会に奉仕した年齢としては、相応しい歳であったことは一応考慮してよい」「実忠が十一面悔過に仕へ奉るとした天平勝宝四年は蓋しこの紫微中台の悔過所に勤仕した歳を指すものではなかろうか」とされ、さらに、「福山博士が天平宝字六、七年に東大寺へ移されたとする論拠は、明らかにされていないが、私は紫微中台十一面悔過所の東大寺上院への移建は、皇太后崩御を機縁として行われたものと推定している」という。山岸常人氏は、前述の結論から、「天平勝宝四年に実忠が、十一面悔過を始めたことを、東大寺に於ける二月堂の創建として何ら矛盾は生じない」とされるが、果してこういい切れるかどうか。なお、天平勝宝四年(七五二)実忠の年齢は、二七歳とした方が適切のように思われる。十一面悔過の問題については、速水侑『観音信仰』にくわしい。

(9) 本書「慈訓」参照

(10) 『大日本古文書』四ノ一八〇頁

(11) 『大日本古文書』五ノ一三二―一三三頁

(12) 『大日本古文書』二四ノ一八四頁

(13) 福山敏男『奈良朝の東大寺』

(14) 福山敏男「奈良時代に於ける法華寺の造営」(『日本建築史の研究』所収)

(15) 『大日本古文書』五ノ一三三頁

(16) 岸俊男「東大寺をめぐる政治的情勢」(『日本古代政治史研究』所収)

(17) 本書「安寛」参照

(18) 堀池春峰「恵美押勝の乱と西大寺・小塔院の造営」(日本歴史考古学会編『日本歴史考古学論叢』所収)

(19) 筒井英俊氏校訂の『東大寺要録』によれば、「奉レ造二立塔一基一」とある。堀池春峰「奈良頭塔について」(『大和文化研究』第九巻第五号)

(20) 『大日本古文書』一六ノ五六六―五九二頁に収める「北倉代中間下帳」の天平神護二年条と推定される場所に、少鎮実忠師の記載がある。東大寺教学部編の『東大寺』には、史料は明示されていないが、天平神護二年（七六六）から宝亀四年（七七三）まで少鎮と記す。

(21) 山田英雄氏の御教示によれば、東大寺少鎮の初見は、天平宝字六年（七六二）ではないかとされる。天平宝字六年の「経所食物下帳」によれば、いずれも上寺用として米をうけているのであるが、十一月十六日条に少鎮、十一月三十日と思われる条に少鎮神勇の記載があるからである（『大日本古文書』一五ノ四九五・四九七頁）。ところが、同じ十一月三十日の「石山院牒」によれば寺主僧神勇（同五ノ二八七頁）、同年閏十二月二日の「石山院牒」によれば、少鎮兼寺主僧神勇とある（同五ノ三二八頁）。これらの点から、神勇が東大寺少鎮であったとは考え難いように思われる。なお、註(20)の史料は、「コノ文書、原本ヲ検スルニ、蚕蝕甚シク、本文モマタ整理ノ際前後シタルトコロアルニ似タリト雖モ」とある程で、不明な点も多いが、一応確言できるのは天平神護元年（七六五）である。

(22) 『大日本古文書』九ノ六四三頁

(23) 『大日本古文書』三ノ五二三頁

(24) 『大日本古文書』一三ノ一五頁

(25) 『大日本古文書』一二ノ四一九頁

(26) 『大日本古文書』四ノ一八二頁

(27) 『大日本古文書』四ノ五二一頁。なお、この間にあって、天平神護二年九月十九日の「足羽郡司解」によれば、天平宝字二年（七五八）二月二十日には寺田勘使、天平神護三年二月十一日の「民部省符」によれば、天平宝字三年に検田使として活躍したことがしられる。

(28) 『大日本古文書』四ノ三九二頁

(29) 『大日本古文書』五ノ六一六・六三六・六四五頁

(30) 聞崇に関する史料としては、一応ここに利用したものとして、『大日本古文書』三ノ四五九・四六一頁、一二ノ三三二頁、四ノ一八六・四四九・一九二頁、五ノ六五九・六四一・六七〇頁等があげられる。

(31) 『大日本古文書』一七ノ一九頁、五ノ四八二・五四七・五四八・六一六・六三六頁

(32) 岸俊男前掲論文、山田英雄「早良親王と東大寺」(『南都仏教』第一二号)
(33) 『大日本古文書』四ノ一九六頁
(34) 『大日本古文書』六ノ四八頁
(35) 『大日本古文書』六ノ四六五頁
(36) 「造大仏光所」は、すでに天平勝宝四年三月の東大寺写経所関係文書(『大日本古文書』一一ノ八頁)にみられるが、この頃のものとしては、福山敏男氏が、「造東大寺司の天平宝字六年四月の事業を示す告朔解(同五ノ一九五—二〇一頁)の造仏所の条に『雕㆓穿大仏光㆒、功一百卌七人』とあり、同年及び七年・八年の文書に『光所』の名が散見」していることを指摘されている。
(37) 山田英雄前掲論文
(38) 福山敏男『奈良朝の東大寺』、堀池春峰「造東大寺瓦屋と興福寺窯址」(『日本歴史』第一九七号)
(39) 井上薫『奈良朝仏教史の研究』
(40) 山田英雄前掲論文
(41) 本書「等定」参照
(42) 浅香年木『日本古代手工業史の研究』
(43) 『大日本古文書』東大寺文書之二ノ三七九頁
(44) 『大日本古文書』二五附録正倉院御物出納文書四頁
(45) 『類聚国史』巻八七刑法一断罪
(46) 『大日本古文書』二五附録正倉院御物出納文書八五頁
(47) 『大日本古文書』東大寺文書之二ノ四二九頁
(48) 『平安遺文』第一四号
(49) 浅香年木前掲書
(50) 『大日本古文書』二五附録正倉院御物出納文書五六頁

(51) 辻善之助『日本仏教史』上世編

(52) 勝野隆信『比叡山と高野山』、堀池春峰「弘法大師空海と東大寺」(『仏教芸術』第九二号)も否定的である。

(53) 『類聚三代格』巻二に収める承和三年五月九日の太政官符によれば、弘仁十三年二月十一日の太政官符として、「去年冬雷、恐有二疫水一、宜レ令下二空海法師一於二東大寺一、為二国家一建三立灌頂道場一、夏中及三長斎月修二息災増益之法一、以鎮中国家上者」とある。

(54) 森蘊氏は、実忠の弟子にあたる等定や禅雲の別当職時代に、それより下と思われる役職についていたことは、「常識的には考えられないことで、実忠の出身に普通でないものがあったのではないかという疑念が持たれて来る」とされ、奈良末に実忠が大活躍したことについては、「表向き東大寺に所属してはいても、単なる東大寺の平僧侶としてではなく、朝廷から直接お声がかりのある特殊技能者として特別の扱いを受けていたのではないか」とされる。さらに、「平安時代初期まで生き延び、弘仁六年四月二十五日に至って修理別当伝灯大法師の肩書を確保し得たのは、はたしてその誠実さが酬いられたとはなし得ないところが、はなはだ不審に思われる理由である。このように他人の数倍もの業績をあげたにもかかわらず、ついに権別当どまりで終ったこと」等をあげ、「そこにこの人の出身に何かがあるのだ」といわれる。

伊藤義教氏も、実忠を「イラン系の人物とみるものであるが、果してどうであろうか」とし、実忠の名は中世ペルシャ語で、「異種のもの、異邦人」となるのではないかとされる。さらに、「東大寺の教学に大功があったばかりでなく、二月堂もその創建になっている。それなのに、彼は大学頭としてのみ終始したらしい。少くとも弘仁六年まではこの職にとどまっている」「この経歴から見ても東大寺別当職に補せられてもよかったのに、そのこともなかったばかりでなく、没年さえ不明であり、出身氏族もわかっていない。いわば出身不明で、不遇のうちに世を終えたらしい」とされる(『ペルシャ文化渡来考』)。いずれも興味深い見解だが、上述のごとく考察してくると、明らかな事実誤認もあり、両氏が実忠を異邦人として特殊視されるのは、いささか無理な点があるように思える。

清水善三氏は、「平安時代初期における工人組織についての一考察」(『南都仏教』第一九号)で、「実忠の作業内容のほとんどが木工関係の作事」であり、「実忠に率いられて造営に参加した木工たちは、すべて狭義の造東大寺司所属の工人であった」とされる。

筒井寛秀・杉山二郎「実忠和尚覚書」(『美術史』第四九号)、杉山二郎「東大寺実忠の造立した仏像」(『大和文化研究』第八巻第九号)等では、実忠と普賢寺・海住山寺・観菩提寺等との関係がいわれているが、残念ながらこれらを積極的に裏付ける史料に乏しい。

八　賢　璟

最澄によって尾張大僧都とよばれた賢璟は、和銅七年（七一四）尾張国に生れ、延暦十二年（七九三）に没したと考えられる。(1)多くの例のように、一五歳前後で得度したとすると、神亀四―天平元年（七二七―七二九）頃の出家ということになる。天平三年には行基集団に対する緩和策が出され、天平六年には得度の最低条件として、法華経一部あるいは最勝王経一部を闇誦し、礼仏を解し、浄行三年以上の条件が示され、この条件にかなえば、誰にでも得度が許されることになった。これらのことは、小僧行基が行基大徳と呼ばれ始めたことと共に、行基の集団や行基的行動が是認されつつあったことを示すものと考えられる。そしてこれは、明らかに僧尼の寺院寂居を原則とする僧尼令では律し切れない状態が生れたことになる。田令と僧尼令の崩壊が、時を同じくして天平年間（七二九―七四九）に端を発するとされるゆえんである。(2)このような大きな仏教政策の転換期以後に、賢璟は成長し活躍し始めるのである。官僧として、官大寺に籍をもち、しかも僧綱の中枢にありながら、彼の行動が、養老年間（七一七―七二四）に律令政府より表彰された神叡・道慈等にみられない幅の広さをもっているのは当然といえる。

ところで、この賢璟の思想――決して特殊なものではなく一般官僧と大差なかったと思われる――の一端にふれることが本稿の目的であるが、直接その内容を語ってくれる史料は、殆ど皆無にひとしい。そこで、彼の八〇年の生涯をたどりながら、具体的に行動の歴史を通して、考察を深めていきたいと思う。

㈠

賢璟の出自は、尾張国愛智郡成海郷の荒田井氏と考えられる。この荒田井氏は、『日本書紀』大化元年七月条、大化三年是歳条や白雉元年十月条によれば、倭漢直比羅夫とも荒田井直比羅夫とも記されており、倭漢直氏の一族と推定されている。漢氏より分裂の実際の状況はよくわからないが、関晃氏によると、(3)六世紀に入る頃から分裂は始まったと考えられている。しかし、尾張国への分裂については、いつ、いかなる形で行われたか全く不明である。ただ、畿内の倭漢氏一族にみられる文化技術面での活躍、とくに蘇我氏との私的なつながりによる仏教関係の仕事での名残りが、この荒田井氏にも多少は存続していたといえるかも知れない。賢璟の史料上の初見は、天平十五年正月九日の日付をもつ荒田井直族子麻呂の「優婆塞貢進解」(4)で、彼の同郷一門の者と思われ、それには「師主元興寺僧賢璟」とある。翌十六年には、『東大寺要録』によれば、金光明寺で良弁の要請に応じ、道融禅師の下で永教と共に複師をつとめ、『六巻抄』を講じたとある。道融に関しては『懐風藻』に、「遂に俗累を脱れ、落飾出家、精進苦行、心に戒律を留む。時に宣律師が六帖鈔有り、辞義隠密にして、当時の徒絶えて披き覧ることなし、(中略)世に此の書を読むこと、融より始まる」とあり、また官大寺における律の研究も、すでに鑑真渡来以前から、少なくとも天平十九年(七四七)にはその研究グループである律宗が成立しており、例えば東大寺では安寛を大学頭として、かなり研究が進められていた。(5)このことから考えると、『東大寺要録』の記載は十分信用しうる。この戒律に対する造詣の深さが、鑑真渡来の際には、興福寺維摩堂において、思託等と激しい論争を交えることになったのだと思う。その結果は、占察経を引いて、従来まで日本で行ってきた自誓授戒の正当性を主張したが、『瑜伽論』決択分第五三巻を引用され、「若し自を容れば、是の如きの律儀凡て無軌範」と論破されてしまう。この敗北は、賢璟等を頂点とする律宗の学問の弱点が暴露されたとみてよく、かなりの動揺はまぬがれなかったであろう。一部には、『延暦僧録』普照伝や『東大寺要録』に伝えるごとく、新来の戒律に敵意を感じていた人々もいたようであるが、(6)志忠・忍基・善謝・行忍、それに賢璟等をふくめた大僧八十余名が、旧戒を捨てて受戒してしまう。なかでも、忍基や賢璟は鑑真に深く帰依したらしく、忍基はその弟子となり、賢璟は唐招提寺へ一切経四二〇八巻を納めている。

ところで賢璟は、律の学問もさることながら、主たる研究対象としては、法相教学を修めたと思われる。そして、いつの頃からか興福寺僧となっている。かかる僧尼の移動については、とくに金光明寺の建立、充実の行われた天平十年代に、多くの史料を見出しうる。例えば審祥は大安寺より、厳智は元興寺、さらに大徳と尊称された平摂も元興寺より、いずれも金光明寺(東大寺)へ移ったと思われる。天平十五年(七四三)には元興寺にいた賢璟も、あるいは東大寺へ移り、鑑真渡来頃には興福寺に入っていたと考えられる。師宣教との出会いが、どの時点から始まるかは不明であるが、常識的には元興寺時代からであろう。この宣教は、『三国仏法伝通縁起』によれば、義淵の七上足(玄昉・行基・良敏・行達・隆尊・良弁・宣教)の一人とされている。伝記を欠くので、出自その他不明な点が多いが、天平十五年正月の、河内国高安郡八戸史族大国の貢進解に師主としてみえるのが、史料上の初見である。(7)その後の宣教については、最も確かなものとしては、正倉院古文書にその名を散見する。それによると、『日本古代人名辞典』にあるように、東大寺僧であるかのようにもとれる。また、天平勝宝三年六月十四日の「造東寺司牒」によれば、宣教大徳とみえる。(8)大徳の尊称をもってよばれるものは、良弁・慈訓・平摂・行基等、ごく一部の僧に限られ、その地位の高さが推測される。また、多くの書物の所蔵から、その学殖の一端がうかがえる。(9)さらに『興福寺官務牒疏』によれば、宣教開基と伝える多くの寺が存在する。とくに、河内国交野郡に集中する点が注目される。尊勝寺・百済寺・開元寺・徳泉寺・津田寺等がそれである。このことは、宣教が河内国と何らかの関係があった、更にいえば、交野郡あたりに本貫があったのではないかとも推測される。

ところで、賢璟はこの宣教から法相教学を中心とした学問を学んだと思われるが、その具体的内容については、全く不明といわざるをえない。強いていえば、彼の法相教学に対する造詣の一端は、最澄の『守護国界章』に、大安寺の戒明法師が、去る天応年中唐より将来した『釈摩訶衍論』を偽論とした、と伝える程度に止まる。凡そ『釈摩訶衍論』の真偽については、古来議論のあるところで、法相宗においてこれを偽論となすことは、貞慶の『唯識同学抄』――法相教学の集大成と称される――にも論ぜられているが、その源は賢璟に始まるのである。(10)

(二)

賢璟の名が正史の上に登場してくるのは、僧綱の一員として、宝亀五年（七七四）二月、鏡忍と共に律師に任命されて以後である。僧綱の役割が中央僧官として、京内においては僧尼の管理を直接的に指導し、地方においては国師を派遣してこれを監督する役割を有し、さらに仏教政策に関しては、直接具申を行っており、当然の結果とはいえ、僧綱人事は、多くの事例が如実に物語るように、時の政権の影響下におかれざるをえない。

そこでまず、宝亀元年以後、賢璟が僧綱入りした宝亀五年までの政界の動きと、僧綱を中心とした仏教界の動きを注目してみよう。宝亀元年（七七〇）八月、称徳天皇の崩後は、直ちに道鏡の追放と、皇位継承をめぐる争いをひきおこした。天武系天皇擁立の夢をうち破って、光仁朝成立に最も功労のあったものは、藤原永手・良継であり、さらには百川であったと思われる。(11)ところが、宝亀二年二月に永手が死亡し、三月に吉備真備が右大臣をやめると政局は大きく変動する。大中臣清麻呂が右大臣に、良継は内臣となり、永手の弟である魚名は大納言に任命された。この場合、良継が内臣になったことは、藤原氏の惣領権の象徴としての任についたことになり、内臣の官制化を行って魚名にまさる地位を確立した。(12)十一月になると、弟の百川も参議の職を与えられる。こういう式家勢力擡頭のなかで、宝亀三年二月には光仁天皇の対抗馬と目された文室大市が骸骨を乞うている。三月癸未に井上皇后は巫蠱に坐したとして廃絶される。これが天武系の暗躍をおさえるための、良継・百川等の陰謀であることは、まずまちがいないところと思われる。(13)ところで、四日後の三月丁亥には、「持戒称するに足り、看病声をなす人物」を選んで、十禅師の任命が行われている。廃絶事件と日付の近いこと、事件が巫蠱という呪術的色彩の濃厚な内容であることを考えてみると、一応井上皇后と道鏡時代以来の内道場禅師等との間には何らかの関係が生じ、それが内道場の総入替人事になったと推測される。ついで五月には、他戸親王も皇太子の地位を奪われてしまう。十一月には僧綱に、永厳・善栄が大律師・中律師として加えられる。翌四年一月には山部親王が皇太子におされ、十月には井上皇后・他戸親王は宇智郡の没官宅に幽閉される。かかる策謀の背後には、廃絶事件同様に、式家の二人が大きな役割を演じていたと思われる。このような政局下の宝亀五年（七七四）二月に、賢璟は初めて律師として登場してくるのである。しかも、この時の僧綱のメンバーには大きな変動がみられたようである。直接の契機は、二十数年にわたって奈良仏教界に君臨した良弁の死（宝亀四年十一月）によるものと思われるが、さらに道鏡時代の所産である大律師・中律師が廃止されたと推定され、大僧都に法進、少僧都に弘耀が昇格し、律師には前述の永厳・善栄に加うるに、鏡忍・賢璟が任命されたのである。『僧綱補任』や『七大寺年表』によれば、大律師・中律師の記載はその後も続き、道鏡時代に活躍した円興の名も大僧都として継続在任とあるが、宝亀七年二月二十九日付の「大安寺三綱可信牒」にある僧綱の記載をみると、[14]大律師・中律師の名が消え、かつての中律師善栄も律師善栄となっている。さらには円興の名もみえない。[15]奈良時代で大僧都に二人在任することは、他には特例があるのみで、[16]この時引退と考えるのが自然のようである。かくして、内道場からも、僧綱からも、道鏡時代の色彩は一掃されたことになる。

ところで、宝亀六年（七七五）四月には、井上皇后・他戸親王が同じ日に死去したという。これが謀殺であることは疑いのない事実であり、今後の山部親王の行動に決定的な意味をもつようになる。宝亀八年三月には宮中頻りに妖恠ありとし、十二月壬寅には、皇太子不悆のため使を遣わして五畿内諸社に奉幣、乙巳には井上内親王を改葬、宝亀九年正月戊申朔には皇太子枕席不安のため廃朝、丁卯には再び井上内親王改葬、三月丙寅には相変らず寝膳和に乖るため、東大・西大・西隆三寺において誦経、同月己巳淡路親王（淳仁）の墓を山陵と称すべきこと、翌日には同じ理由で、救病のためには徳政によるがよいとし、天下に大赦し、皇太子のため三〇人を出家させている。また、癸酉には伊勢神宮と天下諸神に奉幣し、畿内の諸界に疫神を祭っている。さらに十月になると、自ら伊勢神宮に御礼まいりにまででかけている。そして、宝亀十年六月になると、周防国周防郡で他戸皇子と自称し、百姓を誑惑したものがあらわれ、七月丙子には百川が死亡するが、これも怨霊にたたられたとする。周防国の記事からは、反山部親王派の抵抗を感ずるが、他の記載からは、井上内親王・他戸皇子の怨霊が、山部親王とその側近にとっては、恐怖の的であったことを知らされる。ところでこの時期に、「室生山年分度者奏状」によれば、室生山中において、浄行僧五人を請い、皇太子の延寿法が修せられたという。これは、前述の病気平癒祈願の行事日程の一環として行われて功を奏し、玉体安預をえたのであるが、この五人の浄行僧のなかに賢璟が入っていたと思われる。[17]怨霊と病気になやむ山部親王に対しての延寿法が、いかなる教義にもとづくかは全く不明だが、このことが縁となって、山部親王と賢璟との間には、密接な関係が生れたと考えられる。そして、宝亀十年（七七九）十月には少僧都に抜擢され、[18]「その後」「殊に仰旨を蒙って国家のため」祈雨の霊験あらたかな竜穴神鎮座の地に、室生寺を創建するにいたったのである。ここにわれわれは、怨霊の打破と病気平復の呪験力をもち、漸次盛んになりつつあった神仏習合思想の担い手賢璟の姿をみると共に、同一人が薗田香融氏の指摘のごとく、興福寺法相宗の中心人物として、この室生寺を、元興寺法相宗の比蘇寺に対応する山林道場としようとしていたことに注目したい。[19]なお、「その後」の室生寺創建については、福山敏男氏は宝亀九年（七七八）より延暦十二年（七九三）までの一六カ年のうちにおき、[20]猪熊兼繁氏は、桓武即位後種継の斡旋によったとされる。[21]

一方、「多度神宮寺伽藍縁起幷資財帳」[22]によれば、宝亀十一年十月、朝廷はこの宮のために四人の得度を許し、さらに賢璟は、すでに起工されていた三重塔を完成させている。本来多度神は、高取正男氏も指摘のごとく、[23]室生と同様に祈雨の神として、この地域の人々の信仰を集めてきた神であったが、資財帳の示すところによれば、この神社の東の道場に満願禅師が居住し、阿弥陀丈六像を敬造したところ、天平宝字七年多度神の託宣があり、禅師は小堂を建て、神像を安置し、多度大菩薩と称したという。ついで、多度郡の主帳外従七位下水取月足が銅鐘と銅台を奉施し、美濃の近士県主新麿が三重塔を起工しはじめた。この時点で先述のごとく、賢璟や朝廷が造営を助けたが、さらに天応元年十二月には、私度沙弥法教が伊勢・美濃・尾張・志摩の道俗知識を引導して、法堂・僧房・大衆湯屋を造立したという。ここにいう満願禅師は、天平勝宝年中鹿島神のために発願し、神宮寺をたて、大般若経六〇〇巻を書写し、仏像を図画し、さらに「箱根山縁起」にある箱根神宮寺の万巻と同一人物と考えられているが、(24)ここで興味のあることは、満願のような諸国遍歴の遊行僧が、各地の神々と仏教とを習合させる新しい信仰を生みだし、伝播させていたことがうかがえることである。(25)また、満願による仏像図画や、神像製作の記事は、官の施設をはなれて、全く新しい場所での製作が開始されたことを意味し、資財帳からうかがわれるように、木彫の仏像が製作安置されていることは、久野健氏のいわれるごとく、優婆塞・私度の仏教が主流となり始める新しい時代のさきがけとなるべきものであろう。(26)さらに神像の登場は、高取氏の注目されるように、偶像をもたなかった神祇信仰にとって、まさに革命的な変革だったのである。(27)また、多度神宮寺の形成過程が、上述のごとく、官大寺等とは全く性格を異にする知識寺的性格をもっていること、しかも、僧綱印のある公の資財帳に私度僧法教とある点も注意すべきである。

かかる神宮寺建設に少僧都賢璟は参加したのであるが、薗田氏はこれについて、「賢璟の在地性——郷里への関心——の深さを物語る」とされる。(28)さらに高取氏は、「官寺の大僧としての教学もさることながら、より多くは尾張国に生れ育ったものとして、さらにはしばしばこの神のもとを通るものとしての信仰に発していたろう。より深く常民としての在地土着の信仰にもとづいていたと考えられる」という。(29)これらの意見に特別の異論はないが、ただ室生寺建立問題をあわせ考えると、賢璟の多度神宮寺建立への参加は、郷里への関心と共に、宝亀七-八年頃の山部親王の病気回復祈願との関連が思われ、恐らくは在地土着の信仰と共通の根をもつ、あるいは矛盾しない神仏習合という時代思潮にもとづいての行動というべきであろう。なお、延暦元年（七八二）十月庚戌朔には、多度神に従五位下が授けられている。[30]

ところで、延暦三年六月戊申には、僧綱人事に大きな変化がみられる。すなわち、賢璟は四月に致仕した薬師寺光耀のあとをおそって大僧都となり、少僧都には宝亀十年（七七九）十月より律師であった行賀が、律師には宝亀三年中律師に任命されて以来の善栄に加うるに、玄憐・善上、さらに『僧綱補任』によれば永忠[31]も新しく参加したとする。これらの僧については、不明な点が多すぎるが、行賀は二五歳で入唐、在唐三一年で帰国したと伝えられ、永厳の弟子としてすぐれた業績を残したばかりでなく、延暦元年（七八二）には別当に就任したと考えられる興福寺の中心人物であり[32]、また、玄憐は延暦八年一月に少僧都に昇進、教（宣教か）大徳弟子と伝え、善上については、延暦十五年まで律師の任にあったことがしられる。以上が変動による新メンバーであるが、『七大寺年表』によれば、僧正に善珠の名が延暦元年以来記されている。登用の理由として、「皇太子不予。井上の霊による。〔善珠〕般若経を講ずるに、御悩忽ち愈ゆ。仍ち僧正に直任す」とあることが注意される。

一方、この時の政局は、藤原継縄・種継・小黒麻呂等を中心に動いていたと思われる。なかでも種継は、桓武天皇のおぼえめでたく、延暦元年以後についてみても、三月には参議に、六月には従四位上より正四位下に、翌二年四月には従三位となっている。二年七月には左衛士督・式部卿・近江按察使をかね、三年一月には、藤原小黒麻呂と共に中納言に任ぜられている。さらに十二月には正三位を与えられており、この異様な昇進は、桓武天皇との特別の関係を思わせる。[33]まさに北山茂夫氏のいわれるごとく、宝亀末年より延暦初年の政局は、「良継・百川の政治的ラインは、ごく短い期間の魚名の介在の後に、この種継につらなったといっていい[34]」。延暦初年最大の課題となった遷都問題についても、この種継を中心にして提案されたと思われる。(35)そして、遷都のための第一手段として、延暦三年五月には藤原小黒麻呂・種継・佐伯今毛人・紀船守・陰陽助船田口等が派遣されて、長岡の地をみている。さらに六月十日には、種継・佐伯今毛人・紀船守等が造長岡宮使に任命されている。九日に行われた僧綱人事が、これと全く無関係だとは思えない。僧綱のメンバーについては、前述のごとく史料不足で実態をつかみえない点もあるが、桓武天皇と深い関係をもつ賢璟を中心として、遷都賛成の僧等によって構成されたと考えてまちがいなさそうである。

ところで、この遷都の理由については、従来いろいろな意見が述べられてきた。とくに交通の至便さ、新政のための寺院勢力や旧勢力との断絶、山背派貴族グループの新しい動き等があげられるが、さらに北山茂夫氏の指摘のごとく、井上皇后・他戸皇太子の横死にまつわる怨霊の祟りから脱出したいとの切望が、遷都の原因の一つであったとも思われる。とすれば、より一層僧綱への期待は大きかったと考えられ、とくに呪験力をもつ賢璟が、しかも室生寺建立にあたっては種継と関係をもったと思われる賢璟が、計画推進にあたって、ある役割を果したにちがいない。

(三)

その後の賢璟については、大僧都の地位にはいるが、その活躍を物語る具体的な史料に乏しい。ただ、延暦四年(七八五)以来の相次ぐ不幸のなかで、怨霊におびえる桓武天皇の精神的支柱になっていたことは、十分推察されるところである。すなわち、種継暗殺、皇太子早良親王の廃立死亡事件以後、桓武夫人藤原旅子、皇太后高野新笠、皇后乙牟漏の相次ぐ死、皇太子安殿親王の重病等が続発し、しかも早良親王の祟りによるものと卜されて、天皇の動揺はますます大きくなったと思われる。そのあげくこの怨霊恐怖が直接の原因となって、平安遷都は行われたらしい。この遷都の建議者には、和気清麻呂や藤原小黒麻呂が、さらには藤原継縄が考えられている。(36) ところで、『日本逸史』によると、『日本紀略』をひいて延暦十二年一月甲午条に、「大納言藤原小黒麻呂、左大弁紀古佐美等を遣し、山背国葛野郡宇太村之地を相せしむ。遷都のため也」と記すが、頭註には、「一本この下に、沙門賢璟亦奉勅相之の九字あり。濫觴抄及び拾芥抄所引の古記に見ゆ」とあり、賢璟も平安京造営に尽力したものと思われる。この記載では、地相、すなわち土地の吉凶善悪等の事相考察のことしかみえないが、恐らく建議者の一人に、少なくとも顧問役に加えられていたのであろう。そしてこの場合、桓武天皇との結びつきはいうまでもないが、小黒麻呂との関係、要請によるところもあったと思われる。(37)

なお、『叡岳要記』や『九院仏閣抄』によると、延暦十二年（七九三）正月一日の文珠堂供養に参加した僧のなかに、行賀・善珠・勝虞等とならんで賢璟の名がみえる。この記事は、翌十三年九月に行われたという一乗止観院の初度供養会の記載と共に、宗門以外では殆ど承認されていないが、平安京造営に参加した賢璟の名を伝えているのは興味あることである。延暦十三年の時点で、一乗止観院の初度供養会が、記載のごとき盛儀であり、まして桓武天皇の行幸があったとは到底考え難いが、これによって凡ての史料を否定し去るのではなく、平安京の鬼門において除災のため、遷都を前にして比叡山に登ったとはいえないであろうか。

以上、八〇年にわたる賢璟の生涯をたどったのであるが、それは宝亀五年（七七四）を境に、二つの時期にわけられる。前半は興福寺を中心に、むしろ学問僧として、また、道鏡政権下では活躍の場を与えられず、静かな日々をおくったと考えられるのに対し、宝亀五年以後は、道鏡的色彩一掃後の僧綱の一員として、活発な動きを示し始める。そして、桓武天皇をはじめ、種継・小黒麻呂等との交わりを深め、とくに病気や怨霊に悩む彼らにとって大きな力となった。室生寺創建、多度神宮寺造営への参加、遷都問題等に果した賢璟の役割の一端には、常にこれが感じられる。では、賢璟を動かしていたもの――これを思想とよびうるならば、どんなものといったらいいのか。恐らくそれは、怨霊思想に対応しうるような呪術的な考え方や、仏教の日本的受容の一形態である神仏習合思想であったと思われ、唯識や律の学問研究から導きだされたものとは到底考えられない。しかし、これがこの時代の多くの人達が賢璟に期待し、求めたものであったのである。

註

(1) 賢璟の璟について、『元亨釈書』や『本朝高僧伝』等は憬とするが、『続日本紀』や『唐大和上東征伝』、最も確実な史料である「優婆塞貢進解」や『多度神宮寺縁起』には璟とある。賢璟と尾張国との関係については、称徳天皇に恥をかかせたため尾張国に流罪になったという珍説をなすものもある。この問題については、境野黄洋『日本仏教史講話』に詳しい。死亡年齢については八〇歳、八九歳の二説あるが、八〇歳説をとる。
(2) 『日本歴史講座』第一巻(関晃・青木和夫「平城京」)
(3) 関晃『帰化人』
(4) 『大日本古文書』八ノ一六二頁
(5) 本書「安寛」参照
(6) 本書「渡来後の鑑真」参照
(7) 『大日本古文書』八ノ一六四頁
(8) 『大日本古文書』三ノ五一〇頁
(9) 石田茂作『写経より見たる奈良朝仏教の研究』によると、彼の蔵書は、殆ど法相関係のものである。
(10) 富貴原章信『日本唯識思想史』

（11）『日本紀略』百川伝や『水鏡』は百川の策略を強調し、北山茂夫氏は、「百川は永手・良継と協議して云々」とされる（「藤原種継事件の前後」〈『日本古代政治史の研究』所収〉）。ただ、官職、年齢の上からみて、永手―左大臣・五七歳、良継―中納言・五五歳と、百川―右大弁・三七歳との間には、発言力にへだたりがあるように思われ、二宮正彦氏は、「称徳崩後に立太子を策定した六人の中で、永手と良継のみが、光仁天皇即位の日に、位階を進められていることに注意せねばならない」とされる（「内臣・内大臣考」〈『続日本紀研究』第九巻第一号〉）。

（12）二宮正彦前掲論文

（13）北山茂夫氏は、「かなり早い時期に百川と山部との結合が生じた」「皇后自身はおそらく皇太子の将来について、勁敵山部親王の存在、あるいは山部と藤原氏との親密な関係に、不安をおさえることができなかったであろう」とされる。角田文衛氏は、「宝亀三年の廃后廃太子事件」（『律令国家の展開』所収）の中で、百川と良継との提携を考え、さらには、後宮勢力の利用を想定されている。

（14）『大日本古文書』六ノ五八七―五八九頁

（15）『続日本紀』宝亀九年一月甲子条に、「以₂大法師円興₁為₂少僧都₁」とあるが、前後の関係は不明である。

（16）鑑真が来朝後、天平勝宝八歳に良弁と共に任命されたのと、道鏡政権下で、あるいは二人任ぜられていたかもしれない。

（17）猪熊兼繁氏は「室生の竜穴」（『室生寺』所収）の中で、「賢璟、修円などが浄行僧に加わり、賢璟が恐らく首座として奉仕したに違いない」とされる。さらに西田長男氏は、「室生山中に延寿法を修せられたというのは、漫然と山の中というのでは意味がなく」「竜穴神の神前においてそれを行わしめられたということになろう」とされる（「室生竜穴神社および室生寺の草創」〈『日本神道史研究』第四巻所収〉）。堀池春峰氏も「室生寺の歴史」（『室生寺籾塔の研究』所収）で、室生寺の創建についてふれる。

（18）『続日本紀』宝亀五年二月癸巳条には、「以₂大法師鏡忍、法師賢璟₁、並為₂律師₁」とあるものが、鏡忍をおさえて少僧都に任命されている。『続日本紀』に補任記事はないが、『七大寺年表』『僧綱補任』にみるごとく考えてよかろう。

（19）薗田香融「草創期室生寺をめぐる僧侶の動向」（読史会創立五十年記念『国史論集』所収）

（20）福山敏男「室生寺の建立年代」（『日本建築史の研究』所収）

(21) 猪熊兼繁「佐世撰『見在書目録』と室生の問題」(『史迹と美術』第三三五号)。逵日出典氏は『室生寺史の研究』で、「恐らく天応元年から延暦二年までの三年間のある時期に、仰旨を出して、賢璟に、国家のために室生寺を創建」させたとする。
(22) 延暦二十年十一月三日の日付をもつこの資財帳には、多くの疑問点が存在する。「延暦廿年」の記載について、水谷悌二郎氏は、「多度神宮寺伽藍縁起考」(『画説』第三号)で、廿の字は七か十であったとされるが、名古屋古代史学会で拝見の機をえた結果、当初は七年であったと確信するにいたった。七年とすると時代のあわない「大納言正三位藤原雄黒施入」の割註、「已上延暦十七年人々所進」の記載について水谷氏は、別筆補入の記事と考えられ、補入の理由について詳しく述べられる。少僧都玄憐の署名についても疑問視されるが、延暦七年十一月作成の資財帳に、翌年一月少僧都になった玄憐が署名していることは、時間的に矛盾を感じない。なお、この資財帳の史料的価値については、磯田信義「多度神宮寺伽藍縁起幷資財帳の史料的価値をめぐって」(『文化史学』第三二号)、矢野建一「多度神宮寺伽藍縁起幷資財帳の史料的特質」(『地方史研究』第二七巻第三号)等がある。
(23) 高取正男「奈良・平安初期における官寺の教団と民間仏教」(『日本宗教史研究』I所収)
(24) 西田長男「僧満願の神宮寺創立」(『神社の歴史的研究』所収)
(25) 高取正男「奈良仏教」(『日本仏教史』I所収)
(26) 久野健「大仏以後」(『美術史』第二六号)
(27) 高取正男註(25)論文
(28) 薗田香融前掲論文
(29) 高取正男註(23)論文
(30) このような例は、宝亀八年(七七七)にはじまると思われる。宝亀八-九年以来の病気平癒に対する方策の一環と考えられる。
(31) 『僧綱補任』によれば、延暦十六年(七九七)正月に少僧都に任命されるまで律師として、大同元年(八〇六)には大僧都になったとある。ところが、『類聚国史』巻一九三によれば、延暦十五年には在唐中であることが知られ、延暦二十五年一月の僧綱等上表文には大唐留学伝灯大法師位と署名し、さらに『日本後紀』によれば、大同元年四月に律師になったとある。

（32）富貴原章信『日本唯識思想史』

（33）村尾次郎氏は、『桓武天皇』の中で、山背派貴族グループというものを考え、そのなかに、種継や小黒麻呂等がいたとする。

（34）北山茂夫「藤原種継事件の前後」（『日本古代政治史の研究』所収）

（35）佐伯有清氏は、「長岡・平安遷都とその建議者達」（『日本古代の政治と社会』所収）のなかで、摂津大夫和気清麻呂の役割を重視される。

（36）佐伯氏は、喜田貞吉氏以来の研究を回顧し、更めて怨霊説を支持し、遷都の建議者として藤原継縄を主張される。

（37）前述の「多度神宮寺伽藍縁起幷資財帳」にある小黒麻呂関係の部分は後の補入とされるが、墾田幷田代八〇町四段三四〇歩を施入している。賢璟の関係したこの神宮寺への土地寄進は、天平宝字八年十月に、伊勢守として小黒麻呂が任命されていたことと共に、親しい賢璟の要請によるものであったと思われる。

九　等定

(一)

等定の出自を明確に記したものは、何もないといってよい。ただ、『七大寺年表』のみが、延暦三年条に「河内人」と記す。誕生年については、一応養老五年（七二一）とするのが妥当なように思われる。『七大寺年表』や『三国仏法伝通縁起』には、延暦十九年（八〇〇）八十余歳で入滅とあり明確にしえないが、『日本後紀』延暦十八年十二月庚寅条にある等定の言には、僧綱に任命されたのが「懸車之歳」（延暦九年九月に律師）で、「当今年垂八十」とあるからである。

若い時代の等定についても、史料は何も語ってくれないが、多くの例が示すように、一応一五歳得度、二〇歳受戒と考えるならば、一五歳は天平七年（七三五）、二〇歳は天平十二年（七四〇）ということになる。

この時期は、政治史の上では、相次ぐ凶作疫病の流行、藤原四氏の死亡、橘諸兄政権の成立、藤原広嗣の乱、さらには遷都等と、重大な事件が続発したことは周知のところであるが、仏教史の上でも大きな変化がみられはじめるのである。その第一は、小僧行基を行基大徳と呼び改めたことに象徴的に示される律令国家の仏教政策の変化であり、第二は、さらに進んで、鎮護国家のための積極的施策として、国分寺建立詔や大仏造顕詔がだされたことである。このような歴史のなかで、最も脚光をあびて活躍した僧は、良弁であるといってよい。彼の本拠金鐘寺は金光明寺へと発展し、総国分寺としての役割を果していくのであるが、良弁は、少なくとも天平十五年（七四三）三月には上座となって運営の主導権を握り、(1)さらに教学振興の面でも大きな力を発揮したのである。「東大寺華厳別供縁起」によれば、(2)良弁はすでに天平十二年十月に金鐘寺で六十華厳の講説を開始したとあり、講師には審祥が、複師には慈訓・鏡忍・円証があたっている。やがて審祥にかわって、三人の複師が各々講師に昇格し、さらに厳智・智憬等も講師となる。そして天平十六年には勅を百寮に降して、肇めて知識華厳別供をたてるにいたる。この華厳別供とは、天平二十年九月九日付「寺華厳疏本幷筆墨紙充帳」にある花厳供所の創立を意味するものと思われ、花厳供所は華厳経の研究所と想像される。(3)

さて、この時期に金光明寺を中心に活躍した僧は、「正倉院文書」『東大寺要録』等によって知られるところでは、良弁を中心に、前記の審祥・慈訓・智憬・鏡忍・厳智等のほか、平摂・標瓊・教輪・明一等があげられる。これらの学僧の多くは良弁によって、華厳教学に対する造詣の深さの故に、他の寺より招請されたものと思われる。彼らが全面的に移籍したかどうかは不明だが、まず審祥は大安寺から、厳智は元興寺より移ってきている。また、多数の蔵書をもち、金光明寺学問の中心となった平摂も元興寺から、のちに寿霊によって正統華厳教学の継承者とされた慈訓は、興福寺から招かれているのである。さらに智憬も『東域伝灯目録』には興福寺智憬とあることが注意される。

しかもこれらの学僧は、智憬が教輪と共に羂索堂で学問修行していたように、おのおの独自の堂や僧房で、ただひたすら研鑽を重ねていたと思われる。誰がどこにいたのかを明らかにすることは困難だが、辛国堂や香山堂等は、恐らく学問修行の適所として利用されていたのであろう。

このような環境が形成されつつあった天平十年代に、等定は金光明寺（天平十九年以降は東大寺）に入ってきたと推測される。年齢からみるならば、延暦初年三綱上座になった神亀五年（七二八）生れの明一や、華厳法相兼学の学僧として成長した標瓊等のやや先輩として、活躍をはじめたものと考えられる。彼の師については、殆どすべての史料が実忠とする。ただ実忠は、『東大寺要録』所収の「東大寺権別当実忠二十九ケ条」によれば、弘仁六年に「生年既入二九十員一矣」とあり、その誕生は神亀三年（七二六）となる。このことは、実忠が五歳年少ということになり、等定の師とすることにいささかの躊躇を感ずるが、否定しさることもできない。『七大寺年表』には実恵弟子とあるが、奈良時代に実恵という人物は見当らず、恐らくは実忠の誤写であろう。

ところで等定は、いつのころからか、とくに天地院にあって学問修行したのではないかと思われる。『東大寺要録』諸院章にある「天地院師資次第」によれば、

僧正　良弁　次実忠和尚資等定大僧都

とあるからである。この記載からは、良弁より等定への継承がいつ行われたかは不明だが、等定と天地院との関係が、かなりさかのぼりうることは確かであろう。なお、天地院の創建については、前述諸院章に行基によって建立されたと伝え、さらに、「於二御笠山安部氏社之北高山半中一、始造二和銅元年二月十日戊寅、山峯一伽藍一。即天地院。名二法蓮寺一」と、東大寺の東の山中にはじめられたという。伽藍の規模についても、同章天喜元年九月の焼亡記事には、「南面有二五間檜皮葺堂等幷仏像一焼亡、幷有二北三間檜皮葺堂一同以焼亡」とあり、一応当初から、この程度のものはあったとも考えられる。このようにみてくると、天地院は、東大寺の東の山中という学問修行の適地にあり、西琳寺へ移

動前の等定にとって、恰好の道場となったと思われる。(4)

(二)

「西琳寺縁起」によると、

衆僧御供養加益事

右頃年之間、頻遭旱亢難、供養猶乏少、今商量加口

別四合、米定一升二合如前、

神護慶雲二年八月一日

大鎮僧等定

大政人蔵田長　　　少政人武生継長

とある。この記載について井上光貞氏は、西琳寺が王仁裔氏族といかなる関係にあるかを究明するため考察を加えられ、まず文書の体裁が当時のものとして矛盾ないこと、内容上「頻遭旱亢難」というのが当時の実情に合うこと、さらには等定が此所にあるのは矛盾でないこと等をあげて、この文書の信憑性を実証された。そのうえで、政所の役人に蔵田長と武生継長がいることに注目し、「蔵氏と武生氏は西文氏の血縁であり、しかも近傍に住める氏族」であること、当然、「此所には西文氏の名はでてこないが、その背後には当時も又西文氏が此の寺を相承している事を知り得る」のであり、「かつこの文書は、西琳寺が西文氏の氏寺である許りでなく、他の二氏(蔵・武生氏)の帰依する所で

あることを教えている」とされる。[5] なお、同じく「西琳寺縁起」には、

一　寺官事

大鎮　神護景雲二年記云、大鎮僧等定、

ともある。

ところで、等定と西琳寺との関係であるが、前述『七大寺年表』にある河内国人という記載が一応注意される。この点から憶測をめぐらせば、等定が華厳教学に造詣深いのは、華厳教学に早くより関心をもち、慈訓や慶俊等の優れた学僧を輩出している西文氏を含む王仁裔氏族との関係が想定されるのである。[6] 奈良時代にあっては、多くの例が示すように、傑出した文人・僧侶を生みだすためには、氏族的環境にめぐまれることが必須の条件であったことを考えると、等定の場合も、あるいは王仁裔氏族との関係があったのではないかと思われ、そのことがまた、等定を西琳寺に大鎮僧として迎える直接の契機となったのではないかとも考えられる。

では、ここにいう大鎮とは、いかなる職務で、どのように任命されたのであろうか。まず、正倉院文書等によって鎮のおかれた寺をみると、法華寺・弘福寺・下野寺・香山薬師寺・殖槻寺・石山院・東大寺等があげられ、また、『続日本紀』宝亀十一年正月丙戌条の詔には、「諸国国師、諸寺鎮三綱」とあることからすると、かなり多くの寺にも置かれていたらしい。さて鎮は、寺によって大・中・小か大・小に分れていたようで、その地位は、鎮三綱といい、また文書の署名の位置から考えて、三綱の上に位するもののごとく、その意味では別当格ともいいうるようである。仕事の内容については、三綱上座や寺主と兼任のものもあり、三綱と特別異なったものとは思えない。ただ、東大寺の鎮として、中鎮・少鎮に、最も寺務運営の練達者と思われる平栄・実忠が任命されていたことを考えると、寺の運

営面では、かなり大きな発言力をもっていたと思われる。(7) その任命方法については、『延喜式』太政官諸寺別当年臈条・玄蕃寮別当三綱条等から推測すると、奈良時代にあっても、各寺から能治廉節の僧を簡定して僧綱所へ報告し、玄蕃寮・治部省をへて太政官に申告し、その後任命されたものと考えてまちがいないであろう。

等定の場合も、このような経緯をへて任命されたものと推測されるが、推挙の理由には、能治廉節にして、前述のごとく王仁裔氏族に関係ありと思われること、さらに西琳寺本尊が盧舎那仏であることからは、等定のごとく東大寺で華厳教学についての研鑽を重ねた僧が、適任と考えられたことなどがあげられよう。なお、「西琳寺流記」のなかで、「当寺律法中興縁起事」の条によれば、「古徳相伝云、聖武天皇御宇鑑真和尚来朝、東大寺律法興行之後、当寺度々為二律院一歟、其所レ謂者、等定僧都止二住当寺一、鉄鉢幷道具等多被レ収二宝蔵一也」とあり、この記載が認められるならば、等定と西琳寺との関係は、さらにさかのぼって考えられそうである。

ところで『三国仏法伝通縁起』によると、桓武天皇と等定・西琳寺との関係について、興味深い記載がある。それによると、

実忠上足有二等定大僧都一、是桓武天皇御師範也、桓武天皇東宮已前於二亀瀬山峯一、現二師子無畏之身一、示二大聖老翁之姿一、師子復二本形一顕二童子之形一、必是五髻文殊童子、等定拝レ之奉レ進二臨幸於寺一、乃河内国西林寺也、彼寺是天智天皇之御願、等定即是彼寺住僧、東大寺為二本寺一習二学華厳一講敷不レ倦、桓武天皇践祚之後修二造西林寺一、興二隆東大寺一顕二揚華厳一紹二続円宗一、

とあり、等定が桓武天皇の師であることと両者の亀瀬山での出会い、西琳寺への臨幸、さらには桓武天皇即位後の関係について記す。これらの記載を積極的に傍証する史料は残念ながら存在せず、とくに亀瀬山伝承のごときを具体的

史実と考えることは困難だが、他の記載は一応信頼しうるようである。ただ、等定・桓武の師弟関係は、『本朝高僧伝』や「西琳寺縁起」等にも明らかにされているところではあるが、一般の師弟関係と異なることはいうまでもなく、また東宮時代からなのか、即位後なのかもはっきりしない。しかし、桓武の等定に対する信頼は、後述するように、東大寺別当や僧綱への抜擢に示され、さらに等定の僧綱引退に際しては、「歎二慕其徳一、感悽无レ已」といっていることが注意される。[8] 西琳寺への臨幸については、十分可能性はあると考えられ、「西琳寺縁起」や「西琳寺流記」には、講堂仏聖灯油料として長原郷田畠三六町池一町の寄進を伝え、「西琳寺流記」にはさらに、

一講堂　桓武天皇（光仁太子）延暦年中建立也。（但再興歟。）

とも記されており、桓武と西琳寺との関係の一端をうかがわせる。このことはまた、桓武天皇が帰化人系氏族に対して行った多くの優遇策の一環として、王仁裔氏族に示された政策の一つとも考えられる。[9]

なお、「西琳寺縁起」には、「当寺西僧坊東第一房等定行人」とあり、『三国仏法伝通縁起』には、「西林道場有二等定房一、于レ後弘法大師自レ京往二還高野一、常宿二等定遺房一、于レ今安二大師真影一」とある。空海と西琳寺、また等定との関係については明らかでないが、後まで等定の房舎が残され、空海が宿泊するほどであったことは、この当時の等定の西琳寺における重さを感じさせる。

(三)

「大安寺崇道天皇御院八嶋両処記文」によれば、

白壁天皇第二皇子早良親王、諱崇道、初以二東大寺等定大僧都一為レ師寄二住羂索院一、生年十一出家入道、廿一登壇受戒、清潔清浄、修練修学、以二神護景雲二年一移二住大安寺東院一、以二宝亀元年一奉二親王号一、以二同十一年一奉レ定二皇太子一、

とある。[10] また『東大寺要録』巻四諸院章羂索院の条には、

光仁天皇々子崇道天皇、等定僧都為レ師出家入道、廿一歳登壇受戒住二持此院一、後以二景雲二年一移二住大安寺東院一矣。

と記す。両者には景雲二年と三年の違いはあるが、恐らくは同一の史料によるものであり、しかも信憑性は高いものと思われる。[11] ここに等定と早良親王との関係を知るのであるが、等定は少なくとも神護景雲二年（七六八）八月には、西琳寺大鎮として恐らくは東大寺を離れており、両者の師弟関係は、一応この頃までに限られるといえそうである。

一方、『東大寺要録』巻三末尾の書入れには、

崇道天皇実忠之弟子並等定大僧都資白壁天皇第二子也

と記し、早良親王は等定に師事したばかりか、実忠の弟子でもあるという。さらに「東大寺華厳別供縁起」によれば、「僧正（良弁）臨終時、偏以二花厳一乗一、付二属崇道天皇一」ともいう。このように、西琳寺へ移って以後の等定と早良親王は、次第に疎遠になったと考えられるのに対し、良弁・実忠との関係は、引きつづき深められていったようである。しかし彼らの関係は、学問上の師弟というもののみとは思われない。

「東大寺権別当実忠二十九ヶ条」によると、

一、奉レ造二建大仏殿副柱一事

（上略）件副柱搆立尤難、皆辞已畢、爾時親王禅師、幷僧正和尚、相語計宣、斯事非二実忠師之謀一、余人都不レ得レ成、猶汝可レ造、即奉二命旨一、（下略）

一、奉二仕寺家造瓦別当一事

合三箇年自二宝亀十一年一迄二延暦元年一、

右被二親王禅師教一偁、頃年造レ寺固作レ瓦甚悪、当レ用破損巨多、覔二吉土一可レ造二能固一者、（下略）

一、奉二仕寺主政一事

合五箇年自二去宝亀五年歳次甲寅一至二同九年戊午一也、

（上略）是以親王禅師教垂、法師実忠委二寺主政一、（下略）

とある。ここにいう親王禅師の記載は、正倉院文書中にも、宝亀二年（七七一）より同十年までの間にみられるが、山田英雄氏は、『大安寺碑文』等によって、これが早良親王であることを明らかにされた。[12] かくして早良親王と実忠との関係は、東大寺運営に関しては、むしろ親王に主導権が握られていたといえるのである。

このような事態は、全く異常と思われるのであるが、それを可能にしたのは、なんとしても早良親王が光仁天皇第二子であるということであり、また、かつて東大寺運営に大きな力をもっていた造東大寺司の変化・弱体化にあるといってよい。井上薫氏は、前述の寺家造瓦別当に実忠が任命されたことから、「造東大寺司の活動の後退」を指摘し、「東大寺の造営や維持は造寺司から三綱や寺僧に移行していった」とされ、[13] 岸俊男氏は、天平宝字四年（七六〇）頃までの越前東大寺関係文書は殆ど造東大寺司あてであったものが、天平宝字末年を一つの画期として、経営の主体が三綱に移ったといわれる。[14] また山田英雄氏は、天平宝字八年以降の造東大寺司文書はすべて長官の位署名を欠いており、

「東大寺権別当実忠二十九ヶ条」中の「為二故僧正良弁賢大法師目代一、奉二仕造寺司政一事」条、「奉二仕少鎮政幷撿挍造寺一事」条等の記載から、東大寺僧が、造寺司の内部にまで関与するようになったことが考えられるとする。[15] かかる状勢下では、当然個人的意図が直接施策面に反映することが多くなると思われ、まして、光仁天皇第二子として実忠に近い早良親王の場合は、より一層、「東大寺及び造東大寺司に対して、大きな発言力を有したものと考えられる」[16]のである。

そのうえ、造東大寺司の官人のなかには、春宮坊の官人がいることが注目される。例えば、紀朝臣白麻呂は造東大寺司次官・春宮亮を歴任し、林忌寸稲麻呂は造東大寺司次官と東宮学士になっており、いずれも藤原種継暗殺事件に連座しているのである。このことから推察すると、藤原種継事件の背景には、「或いは遷都を阻止しようとする東大寺方面の動きをも看取する事もできる」のである。[17]

このような困難な時期、延暦二年（七八三）に等定は再び東大寺へもどり、別当に任命された。しかも、彼を抜擢したのは桓武天皇と伝える。ところで、彼の別当就任は良弁以来七代目であり、在任期間は一応延暦六年までとされる。この別当は、普通諸寺の長官とされ、その任命方法は、時代は降るが、『延喜式』玄蕃寮別当三綱条のごとくであれば、五師大衆が能治廉節の僧を簡定して僧綱に申し送り、それが玄蕃寮・治部省をへて太政官にいたり、補任されることになっていたと思われる。また、僧綱が独断で任命することは許されないが、「若不レ獲レ已者、待二別勅一任レ之」ともある。ところが、この条には註があり、「或案云、先代僧綱等以二提賞之人一任レ意任二諸寺別当一」と記す。[18] 本文とはくいちがい問題はあるが、延暦初年を考える時、無下に捨てさることもできないように思われる。とすれば、別当任命には、時に天皇の意図や僧綱の力が大きく作用したことも考えられ興味深い。等定の場合も、桓武天皇や、後述するように賢璟によって主導権を握られつつあった僧綱との関係が注目される。つぎに別当を実務の面から考えてみると、平岡定海氏は、「教学上の責任たる法務のみならず、伽藍の修理造営に必要な資財の調達」の義務を有していたとされる。(19)もっともな説ではあるが、実際には良弁はともかく、それ以後の奈良時代の東大寺別当について考察すると、寺の長官として、具体的にどんな役割を果したかは明らかでない。むしろ「東大寺権別当実忠二十九ヶ条」をみる限りでは、その権限は教学面のみに限られ、実務は殆ど実忠にまかされていたのではないかと思われる。

ところが、この実忠は、延暦二年(七八三)以後しばらくの間、東大寺の一切の実務面から姿を消しているようである。このことは、桓武天皇の意図によって、等定が入ってきたことと関連があるように思われる。さらにいえば、早良親王—実忠による東大寺の指導体制が、等定の別当就任によって崩れたのではないかと推測されるのである。では何故等定は、西琳寺大鎮から東大寺別当に抜擢されたのであろうか。憶測の域を脱しえないが、遷都のための布石の一つと考えられそうである。桓武天皇や側近の間で、遷都の問題が論議されはじめたのは、すでに延暦元年頃からではないかと思われ、(20)『続日本紀』天応元年四月癸亥条によれば、諸事節約の勅を出し、「宜下且罷二造宮勅旨二省、法花鋳銭両司一、以充二府庫之宝一、以崇中僴易之化上」といっているのも、近い将来の遷都をふくみとしていると考えてよさそうである。とすれば、遷都反対の中心勢力となる可能性をもつ東大寺に、桓武天皇と親しい等定を送りこむことは、きわめて有効な手段と思われたのであろう。

しかしながら、等定の在任中の業績については何一つわかっていない。ただ別当在任中、東大寺に大きな衝撃を与えたのは、まず早良親王をまきこんだ藤原種継暗殺事件であり、つぎには延暦五年(七八六)六月に藤原継縄が造東大寺司長官となり、活躍をはじめたことであろうと思われる。種継暗殺事件は、とくに早良親王と親交をもち、遷都反対を唱えていたであろう多くの僧を震駭させたが、藤原継縄赴任も、種継事件の後だけに、しかも遷都推進者の一人として、従来にない異例の高官の派遣ということでもあり、[21]政府の対東大寺政策の変更は十分推測しえたと思われるからである。この間にあって、等定の努力は続けられたと考えられるが、彼を助けた三綱は、上座に明一、寺主に勝位、都維那には満影がいる。[22]明一は東大寺生えぬきの法相宗の僧で、等定より七歳年少、史料の上では天平十七年（七四五）より沙弥として現われ、[23]慈訓に師事し、爾来学問僧としての道を歩んだと思われる。これに対して勝位は、越前国東大寺領の田使僧・知田事として活躍した実務派の僧であった。[24]

等定の別当職は、前述のごとく延暦六年（七八七）までであるが、延暦八年三月には造東大寺司が廃止されるにいたる。このことは、すでに藤原継縄就任当初より目論まれていたのであろうが、遷都問題に対するほとぼりが少しさめたこの時点で、実行に移されたとも考えられる。廃止の目的は、すでに歴史的役割を果して権能を失いつつあることであり、財政上の負担軽減のためといえる面も強いが、[25]一省の廃止にもあたるこのことは、明らかに政府の東大寺に対する政策の後退といってよく、南都仏教界に対する影響も大きかったと推測される。

(四)

『続日本紀』延暦九年九月辛未条によれば、

詔以二善謝法師、等定法師一、並為二律師一、

とある。ところが、『僧綱補任』や『七大寺年表』によれば、等定はすでに延暦三年九月九日に、永忠とともに律師に

任ぜられたとする。いささか当惑するが、延暦初年の『僧綱補任』等の記載には誤りが多く、永忠についてもこの当時は在唐中で、誤記であることは明らかである。だが、等定の場合は残存する史料からは断言できず、一応『続日本紀』の記事に従う(26)。いま、一応確かめうる僧綱補任表を、等定の別当就任の延暦二年（七八三）から、律師となった延暦九年までにわたって示すと、つぎのごとくなる。

〔年次〕	〔僧正〕	〔大僧都〕	〔少僧都〕	〔律師〕
延暦二	なし	弘耀	賢璟	善栄　行賀　鏡忍辞カ卒カ
〃三	〃	〃 四月十一日上表辞任	〃 六月九日大僧都任	善栄　行賀六月九日少僧都任　善上・玄憐同日任
〃四	〃	賢璟	行賀	善栄　善上　玄憐　善藻十月十八日任
〃五	〃	〃	〃	善栄　善上　玄憐　善藻
〃六	〃	〃	〃	〃
〃七	〃	〃	〃	〃
〃八	〃	〃	〃	善栄　善上　善藻　玄憐一月十四日少僧都任
〃九	〃	〃	行賀　玄憐	善栄　善上　善藻　善謝・等定九月八日任

（なお、善謝は『日本後紀』延暦二十三年五月の卒伝によれば、延暦五年に律師任命とあるが、『続日本紀』の記載にしたがった。）

このうち、僧綱の主導権を掌握していたのは、桓武天皇の精神的支柱となっていた賢璟であったと思われる。とくに延暦二年、かつて賢璟とともに律師に任ぜられた東大寺僧鏡忍が姿を消し、翌三年四月に薬師寺の弘耀が引退すると、六月九日には僧綱の大幅な人事移動が行われている。この人事は、翌十日に行われた造長岡宮使の任命と無関係とは思われず、ここに賢璟を中心とした僧綱が成立するとともに、桓武新政への協力体制が整ったと考えられる。(27)この場合、賢璟についで大きな役割を果したのは、同じ興福寺僧の行賀であったと推定される。長い唐での研鑽に大方の期待がよせられたのであろう。

このような体制下の僧綱に等定は、律師として入ってくる。東大寺僧としては鏡忍以来である。そして、平安遷都がようやく具体化しはじめた延暦十二年二月二十日には、少僧都に昇格している。同日律師には、行基の孫弟子にあたる施暁が補されている。桓武天皇のおぼえめでたく、恐らくは延暦五年以来、梵釈寺住持として活躍してきたと思われる僧である。ますます桓武政権への同調的色彩が濃厚となったが、この年十月賢璟は入滅する。当然、僧綱の指導権は、行賀と等定に移ったと思われる。延暦十三年（七九四）以後の行賀・等定体制下の僧綱は次のごとくである。

〔年次〕	〔僧正〕	〔大僧都〕	〔少僧都〕	〔律師〕
延暦一三	なし	なし	行賀 等定	善栄辞カ入滅カ　善上 善藻　善謝　施暁
〃一四	〃	〃	〃	善上　善藻　善謝　施暁
〃一五	〃	〃	行賀十二月二十四日大僧都任 等定	善上辞退　善藻 善謝　施暁 勝虞・如宝三月十一日任
〃一六	善珠一月十六日任四月二十一日入滅	行賀	等定一月十六日大僧都任	善藻辞カ入滅カ　善謝　施暁一月十六日少僧都任
〃一七	なし	行賀　等定	施暁	善謝　勝虞　如宝　恵雲一月十四日任

延暦一八	なし	行賀 等定十二月辞	施暁	善謝　勝虞　如宝　恵雲

ところが、このうち善謝は、いつの頃からか、「栄華非レ好、辞レ職閑居」といわれるように、実質的には僧綱を離れて梵福山中にこもり[28]、さらにこの頃、つぎつぎと僧綱から姿を消していった善栄・善上・善藻も、実際に僧綱の政に参画し活躍したとは思えない。とくに彼らが、すべて所属寺院不明ということは、本来山林修行者であったものが抜擢されてきたのであろうか。また善珠は、『僧綱補任』等には延暦元年（七八二）以来僧正の任にあったとするが、実際には延暦十六年（七九七）内の短期間のみであり、しかも終始護持僧としての役割を果したにすぎないと考えられる。このようにみてくると、僧綱の運営は行賀と等定、さらに延暦十六年三月以後は、勝虞・如宝を加えた僧等によって行われていったと思われる。勝虞（勝悟と同一人物）は元興寺僧で、律師に任ぜられた時、「時議称三任得二其人一」といわれ[29]、如宝は鑑真の弟子で薬師寺におり、「能堪二一代之壇師一者也」と評価された人物である[30]。

さて、このようなメンバーの僧綱が一応関与したと思われる桓武朝延暦十年代の仏教政策であるが、この時代ほど僧に対する規定が厳しく多いことは他に例をみない。このことは、奈良仏教に対する反省から、すでに光仁朝に始まり延暦初年にも多くみられるが、行賀・等定が主導権を握ったこの時期にはとくに多くなる。ようやく平安遷都後、本格的な政策をうちだすことができるようになったせいなのであろう。そのなかで、まず目につくことは、僧に対する取締りが、かなり徹底して行われたと思われることである。例えば、延暦十四年（七九五）七月に、使を南都七大寺に派遣して、現住の僧尼を検校せしめたのにつづいて、十七年七月には、延暦より弘仁にかけて活躍した代表的能吏右京大夫兼大和守藤原園人を遣して、僧尼の猥多濫行に検察を加え、しかも、破戒僧や修学にたえざる僧が還俗するにいたっているのである。このことは、彼の検察ぶりが、かなりきびしいものであったと知らされる。当然このような処置が、南都の僧界に与えた影響は、かなり大きかったにちがいない。

また、僧尼の質の向上のための政策もつぎつぎに実施された。その第一は、得度制度の改革である。延暦十七年四月乙丑の勅によると、年三五以上の、「操履已定、智行可レ崇、兼習ニ正音一、堪レ為レ僧者」を選んで年分度者とすべきこと、僧綱は「大義十条」を試問し、通五以上のものを取って度すべきこと、受戒は通八以上のものに限るなどを定めている。薗田香融氏が、天平の国家仏教が僧尼に期待したものは、経典の暗誦と礼仏作法の熟練であったが、延暦政府の要求したものは、「論を中心とした解義の能力であった」(31)とされる所以である。また同月同日、「沙門之行、護持戒律」にありとして、「応レ教ニ正僧徒一事」という太政官符をだしている点も注意される。つぎには、学問奨励が盛んに行われている。『元亨釈書』には、「嗚呼延弘之間者、夫二諦之全盛乎」という。そして、活躍した善謝・勝悟・善議等一一名の名をあげるが、実際には、もっと多くの学殖豊かな人達を列挙することができる。さらに延暦十四年には、地方仏教の推進者である国師が、講師に改称されている。改称の目的は、「専ニ任講説一不レ預ニ他事一」というが、さらに延暦十六年八月甲子の勅によると、「諸国講師、所ニ以教ニ導緇徒一也、宜下除ニ造寺事一之外、寺内庶務、及糺ニ正僧尼一、皆委中講師上、若有レ不レ遵者、准レ法科断」(32)という。

ところで、このような仏教政策は、政策としてだされる場合には詔勅や太政官符の形をとるが、実際には、個人の意図が直接反映する場合や、政権担当者の計画に僧綱も参画する、あるいは、僧綱の提案を律令政府がとりあげるといった形で、決定推進されるのが普通だったと考えられる。しかし、この時期には桓武政権の力が強く、とくに『日本後紀』延暦二十三年十一月戊戌条には、皇太子学士但馬守菅野真道等に「監二僧綱政一」とあること等からすると、僧綱がどの程度積極的に仏教政策に関与でき、僧綱独自の判断が許されたかは疑問である。しかし、政策決定への発言力は弱くとも、「若乖二此制一、法師者送二名綱所一」[33]とか、「僧綱率而正レ之、誰敢不レ従」[34]といっていること、さらには三論教学の不振に対しても、「良為二僧綱無レ誨、所三以後進如レ此、宜下慇懃誘導、両宗並習、俾中夫空有之論経二馳驟一而不レ朽、（中略）而靡中絶」といっていることからもわかるように[35]、僧界内部に対する指導権は相変らずあったと考えられ、政策実行面での僧綱の役割は、決して少なくなかったと推測される。しかも、桓武体制に協調的な僧綱なので、その実施も、より円滑に行われていったと思われる。

なお、等定個人の名のあげられる行動としては、『類聚国史』巻五と巻一八七に、延暦十三年三月の記事として、「遣下二少僧都伝灯大法師位等定等於豊前八幡、筑前国宗形、肥後国阿蘇三神社一読経上、為三三神一度二七人一」とあることが注目される。恐らくは、桓武天皇の要請により、蝦夷遠征の戦勝祈願のため、派遣されたものであったのであろう。

(五)

『日本後紀』延暦十八年十二月庚寅条には、等定の大僧都辞退に対して、桓武天皇は一応辞職を認めながら、「其梵釈寺事者、休息之閑、時加二撿挍一」という。そもそも梵釈寺は、延暦五年（七八六）桓武天皇によって建立され、延暦七年六月には下総・越前二国の封戸各々五〇戸が、延暦十年には近江国の水田一〇〇町が施入され、延暦十四年九月の勅では、「是以披二山水之名区一草二創禅院一、尽二土木之妙製一荘二餝伽藍一、名曰二梵釈寺一、仍置二清行禅師十人一、三綱在二其中二」云々といっているように、次第にその内容が整えられていった寺である。この寺の建立されるにいたった理由については、例えば、『寺門高僧記』巻第十の桓武天皇条によれば、「依宿願建立梵釈寺、王子之昔、参議百川同心相議、造立王（梵脱カ）帝釈二天像、其長五尺、等二王子之身一、祈レ登二天位一、践祚之初、延暦二年癸亥、建二立梵釈寺一、安二置二天像二」と、宿願成就を感謝しての二天像安置のためとあり、『十訓抄』にもほぼ同様の記載がある。ところが『元亨釈書』によれば、梵天、帝釈天像製作の目的については大体同一の記事をもち、「初金吾将軍百川私語二等定法師一曰」と、等定の計画参加を伝えて興味深いが、(36)梵釈寺建立との関係についてはふれない。その点、『寺門高僧記』の記事は明解であるが、村尾次郎氏は、創建年も誤っているし、天皇の仏教観とはそぐわないとしてこれを否定し、福山敏男氏は、梵釈寺という寺名から後世になって考えだされた説明説話であるとする。(37)さらに村尾氏は、梵釈の寺号は梵天と帝釈天を意味するものであり、「純然たる天上常住の護法神」であることから、「寺は護法の寺であり、法の究明を目的とする純粋な学院である」とし、一方福山氏は、『延暦僧録』長岡天皇菩薩伝の「近江建二四天王寺一永加二請益一」とある記載に注意し、さらに『日本紀略』弘仁十一年閏正月条、『三代実録』貞観八年閏三月条等の記事より、「梵釈寺は四天王の霊験あらたかな寺」で、「長岡京のための東方鎮護の寺としての意味が強かった」とされて、説が分れる。(38)いずれの見解が妥当なのかについては即断を許さないが、ただ村尾説については、天皇の仏教観にそぐわないという説明ではきわめて不明確であり、梵天・帝釈天の安置と四天王を安置する場合とでは、寺の性格をかくも截然と区別することになるのかどうか、また福山説については、梵釈寺の名の由来と梵天・帝釈天との関係を、説明説話として無視してよいのか等の疑問がわく。ただ『延暦僧録』によって、創建当初には四天王寺ともいわれたらしいこと、等定が少僧都であった延暦十四年（七九五）九月には、明確に梵釈寺の名をもち、その規模もほぼ完成していたことだけは確認できそうである。

さて、等定と梵釈寺との関係であるが、村尾氏は初代の住持であったろうとされる。しかしその確証はなく、『本朝高僧伝』の記載からすると、その初代には施暁が任命されたように思われる。また、第二代、第三代について村尾氏は、常騰、善謝の名をあげられるが、常騰と梵釈寺との関係は、管見の限り、延暦二十二年十月丙午条の梵釈寺別当の記載のみで、その在任期間は明らかでない。善謝の場合は、『日本後紀』延暦二十三年五月辛卯条の卒伝に、「終二於梵福山中一」とあることから、梵福を梵釈寺と崇福寺と解釈して梵釈寺との関係を指摘されるが、梵福寺は別にあり、福山氏も指摘のごとく、(39)『大和志』添上郡の条に、「在二鹿野園村一伝云二岩淵寺子院一」とあることから考えると、果して常騰のあとを受けついだかどうか疑問である。これらに対し、等定の関与の状態は、老齢の故に僧綱を辞退したにもかかわらず、さらに「休息之間、時加二撿挍一」といっていることから考えると、その関係は、長く並々ならぬものがあったと推測される。それとともに、桓武天皇の梵釈寺に対する強い関心と、等定への深い信頼感をもうかがえるように思える。梵釈寺内での等定の地位については、全く知ることはできぬが、等定が梵釈寺の充実発展に大きく寄与したことは明らかで、前述の延暦十四年九月の勅に示されるように、伽藍の荘厳を整え、すぐれた清行禅師達を集めるにいたるまでには、等定の力に負うところ大であったと思われる。

さらに、最澄が弘仁九年に撰した『守護国界章』巻上之下には、

又案二招提真大和上、並東大寺法進僧都及普照法師等将来、第二本十巻円頓止観、江州梵釈寺一切経内所レ写正本一云、（下略）

という記載がある。(40)西口順子氏はこれに着目し、「延暦十四年勅の時点では、清行禅師十人・三綱等が定められてお

り、官大寺の一として活動を開始したのであるから、その頃までに経蔵の整備も終了し、一切経を蔵していたことと思われる」とし、鑑真・法進・普照将来の典籍を書写し、梵釈寺一切経の内に収めたのは、等定の可能性が大きいとする。そのうえ、「梵釈寺と老僧等定は、一切経内に円頓止観を所蔵していた事実によって、天台宗の成立に一役買ったのであり、奈良仏教と平安仏教を結ぶ役割の一端をになうこととなった(41)」ともいう。かくして梵釈寺は、伽藍・僧・一切経と、名実ともに寺院としての内容を充実させていったのであるが、その間にあって等定は、きわめて貴重な存在であったと思われるのである。

以上、奈良から平安初期にかけて、東大寺僧―西琳寺大鎮―東大寺別当―律師―少僧都―大僧都へと、大きく変動していく歴史のなかで活躍した等定の姿を、できる限り明らかにしようとした。ただ、明瞭に浮びあがらせることはできなかったが、遷都という大事業を柱に、大きな政治的転換をもくろんだ桓武天皇にとって、最大の政治課題であった東大寺を中心とする南都仏教対策の、主要人物の一人として起用され、その重任を果していったことは注目しなければならぬ。

註

(1) 『大日本古文書』二四ノ一七八頁

(2) 『東大寺要録』巻第五、諸宗章第六

(3) 堀池春峰「金鐘寺私考」(『南都仏教』第二号)

(4) 森蘊氏は『奈良を測る』のなかで、天地院について考察し、「ここに残る難問題は、和銅元年に行基によって山峰の一伽藍として造られたことをいちおう信用するとしても、山界四至図に堂形や井泉を含む春日山峰中の香山堂や、羂索堂に近い千手堂の明記あるにもかかわらず、それを天地院と関係づける文字を見出し得ないこと、今日われわれが検出した天地院関

伽井遺跡に相当する地点にも、建物はおろか井泉の符号を描いていないのも不審である」とされる。さらに天地院においては、羂索堂・香山堂と同様、「その閼伽井を中心に独特の修法が行われ、薬師または十一面観音悔過など密教修法が修せられたことは特筆されるところである」とする。

（5） 井上光貞「王仁の後裔氏族と其の仏教」（『史学雑誌』第五四編第九号）

（6） 本書「慈訓」「慶俊」参照

（7） 本書「実忠」参照

（8） 『日本後紀』延暦十八年十二月庚寅条

（9） 和氏・坂上氏・百済王氏、さらには西文氏等に対する授爵・改姓等の特別待遇、姻戚関係や抜擢による側近勢力としての登用等に顕著である。平野邦雄『和気清麻呂』

（10） 『大日本仏教全書』寺誌叢書二

（11）（12）（15）（16）（17） 山田英雄「早良親王と東大寺」（『南都仏教』第一二号）

（13） 井上薫『奈良朝仏教史の研究』第七章

（14） 岸俊男「東大寺をめぐる政治的情勢」（『日本古代政治史研究』所収）

（18） 国史大系本頭注には、「或案云々分注、九本貞本及要略五六无、後人傍注攙入者宜削」とあるが、無視できないように思われる。

（19） 平岡定海『東大寺の歴史』

（20） 村尾次郎『桓武天皇』。以下村尾氏の引用はすべてこれによる。

（21） 佐伯有清「長岡・平安遷都とその建議者達」（『日本古代の政治と社会』所収）

（22） 『大日本古文書』二五ノ附録三二一―三三頁

（23） 『大日本古文書』八ノ一九二頁

（24） 『大日本古文書』五ノ六一五・六一六・六二六・六四一頁

（25） 山田英雄「桓武天皇の行政改革について」（『古代学』第一〇巻第二・三・四号）

（26）延暦六年六月二十六日の「東大寺使解」（『大日本古文書』二五ノ附録三二頁）によれば、

僧綱律師兼別当律師伝燈大法師位「病」(異筆)

とある。この別当を等定とすれば、『僧綱補任』や『七大寺年表』の記載の方も無視することはできない。『東大寺要録』巻五、別当章第七には、

第七　大僧都等定実忠資　延暦二年癸巳任

寺務五年同二、三、四、五、六　補任治四年云々

第八　大僧都永覚永興資　延暦六年任、或五年丙寅任云々

とあり、『七大寺年表』延暦二年癸亥条には、「東大寺別当等定、治四年、実忠和尚弟子」とも記す。これらの史料から考えると、等定の別当時代は、延暦二年から同五年までか、同六年のある時点までとなり、延暦三年律師の可能性は残る。なお、『日本古代人名辞典』等定項に、「七大寺年表には、延暦二・六律師」とあるのは、史料の読み誤りである。

（27）本書「賢璟」参照

（28）『日本後紀』延暦二十三年五月辛卯条、善謝卒伝

（29）『日本後紀』弘仁二年六月戊辰条、勝悟卒伝

（30）『日本後紀』弘仁六年一月己卯条、如宝卒伝

（31）薗田香融「平安仏教」（岩波講座『日本歴史』4所収）

（32）『類聚国史』巻一八六

（33）『類聚国史』巻一〇、延暦十五年三月庚戌条

（34）『類聚国史』巻一八六、延暦十四年四月庚申条

（35）『類聚国史』巻一七九、延暦十七年九月壬戌条

（36）宝亀三年（七七二）のこととする。

（37）福山敏男「崇福寺と梵釈寺の位置」（『日本建築史研究』所収）

（38）福山・村尾氏のほかに、堅田修氏は、「官において山林僧の修行道場を建て、仏教革新を担うべき清行僧を積極的に養成

しようと企て」「山林修行の道場として、新しい時代を担うべき寺院として建立せしめられた」という（「桓武天皇の梵釈寺」〈『古代文化』第九巻第二号〉）。

（39）福山敏男『奈良朝寺院の研究』梵福寺項

（40）『伝教大師全集』第二巻

（41）西口順子「梵釈寺と等定」（『史窓』第三六号）

十　道慈伝の一齣

――『愚志』を中心に――

『続日本紀』天平十六年十月辛卯条の道慈卒伝や、『懐風藻』所載の僧伝によれば、道慈の俗姓は額田氏、添下郡の人とある。少くして出家し、聡敏にして学を好み、その英材明悟ぶりは誰しもが認めるところであった。卒伝には、大宝元年に随使入唐というが、実際には、翌二年粟田朝臣真人等にしたがって入唐したと考えられる。唐では、長安の西明寺に止住したといわれ、学問修行の様子については、『続日本紀』に「渉く経典を覧、尤も三論に精し」とあり、『懐風藻』には、「明哲を歴訪し、講肆に留連す。妙しく三蔵の玄宗に通じ、広く五明の微旨を談ず」と記す。さらに唐の宮中で、仁王般若経を講ずべき義学の高僧一〇〇人のなかに簡ばれたとも伝える。その帰国は養老二年(七一八)という。帰国後の道慈に対する評価は、「性甚だ骨鯁、時に容れられず」という面もあったが、その学問については、『続日本紀』卒伝に、「養老二年帰朝す。是の時釈門の秀たる者は、唯法師及び神叡法師の二人のみ」とあり、また養老三年十一月乙卯朔の詔には、「道慈法師は、遠く蒼波を渉って異聞を絶境に覈め、遐かに赤県に遊んで妙機を秘記に研く。跡を象竜に参じ、英を秦漢に振う」といい、神叡との二人を評しては、「戒珠満月を懐くがごとく、慧水滄溟に写すがごとし」として、食封おのおの五〇戸を施されたほどである。天平元年（七二九）十月になると、道慈は僧綱に入って律師に任ぜられ、仏教政策の推進に大きな役割を果すようになった。井上薫氏は、かかる道慈の帰国後の業績について検討し、『日本書紀』編纂事業への参加、経典の舶載、経疏の著述、大安寺の移建、国分寺建立の建策等について考察を加える。(1)

この道慈が、『愚志』一巻を著わして僧尼のことを論じたという。『続日本紀』卒伝にはその内容にまでふれ、その略に曰くとして、

今察日本素緇行仏法軌模、全異大唐道俗伝聖教法則、若順経典、能護国土、如違憲章、不利人民、一国仏法、万家修善、何用虚設、豈不慎乎、

と記す。簡略な文章から、『愚志』の具体的内容を明らかにすることは困難だが、唐の仏教政策に比して、虚設の多いわが国仏教界のあり方に批判を加え、僧尼のこと、僧尼のあり方等について論じたものと推察される。では、道慈のいう虚設とは何であったのだろうか。若干の考察を加えて、奈良時代仏教考究の一助としたい。

(一)

(イ)『日本霊異記』中巻の第一話には、「己が高徳を恃み、賤形の沙弥を刑ちて、現に悪死を得る縁」として、長屋王の変を、因果応報の理によって解釈した説話を載せる。それは、

諸楽の宮に宇の大八嶋国御めたまひし勝宝応真聖武太上天皇、大誓願を発し、天平元年己巳の春二月八日を以て、

左京の元興寺に大法会を備けて、三宝を供養す。太政大臣正二位長屋の親王に勅して、衆僧に供する司に任ず。時に一の沙弥有り、濫シく供養を盛ル処に就きて、鉢を捧げて飯を受く。親王見て、牙冊を以て沙弥の頭を罰つ。頭破れて血を流す。沙弥頭を摩デ血を捫ヒテ、悕シミ哭きて忽に観え不、去く所を知ら不。時に法会の衆道俗、偸に〔喭〕キテ言はく「凶し、善くあら不」といふ。逕ること二日、嫉妬む人有りて、天皇に讒ぢて奏さく「長屋、社稷を傾けむことを謀り、国位を奪は将とす」とまをす。爰に天心瞋怒り、軍兵を遣して陣ふ。親王自ら念く「罪无くして囚執ハル、此れ決定めて死なむ。他に刑殺されむよりは、如か不、自ら死なむには」とおもふ。即ち其の子孫に毒薬を服せ令めて、絞り死し畢はりて後、親王薬を服して、自害す。（中略）嗚呼惆しきかな。福貴熾なる時には、高名華裔に振ふと雖も、妖災窘ムル日には帰る所无く、唯一旦に滅びき。誠に知る、自らの高徳を恃み、彼の沙弥を刑ち、護法嚬蹙み、善神愢み嫌ふ。袈裟を著たる類は、賤形なりと雖も恐り不る応から不ることを、隠身の聖人も其の中に交ればなり。（下略）

というものである。

(ロ) 同じく『日本霊異記』中巻の第七話には、「智者、変化の聖人を誹り妒みて、現に閻羅の闕に至り、地獄の苦を受くる縁」として、智光の話を記す。そこには、

釈智光は、河内の国の人、其の安宿の郡鋤田寺の沙門なり。俗姓は鋤田連。後に姓を上村主と改む、母の氏は飛鳥部造なり。天年聡明にして、智恵第一なり。盂蘭瓫、大般若、心般若等の経の疏を製り、諸の学生の為に、仏教を読み伝ふ。時に沙弥行基有り。（中略）俗を捨て欲を離れ、法を弘め迷を化す。器宇聡敏くして、自然生知る。内に菩薩の儀を密にし、外に声聞の形を現はす。聖武天皇、威徳に感ずるが故に、重みし信く。時の人欽み貴び、

美めて菩薩と称ふ。天平十六年甲申の冬十一月を以て、大僧正に任ず。是に智光法師、嫉妬の心を発して、非りて曰はく「吾は是れ智人、行基は是れ沙弥、何の故にか天皇、吾が智を歯へ不、唯沙弥を誉めて用ゐたまふ」といふ。時を恨み、鋤田寺に罷りて住む。儵に痢病を得、（下略）

とある。

(ハ)『唐大和上東征伝』によれば、鑑真来朝後の問題として、「又旧大僧霊福・賢璟・志忠・善頂・道縁・平徳・忍基・善謝・行潜・行忍等八十余僧、捨旧戒重受和上所授之戒」とある。何の障害もなく鑑真に従ったかにみえる戒律の問題も、かなり混乱があったらしい。『延暦僧録』普照伝によれば、

自レ至二聖朝一合国僧不レ伏、無戒不レ知二伝戒来由一（中略）其中志忠、霊福、賢璟引二占察経一許二自誓受戒一、便将二瑜伽論決択分五十三巻一詰云、諸戒容二自誓受一、唯声聞律儀不レ容二自受一、若容レ自者如レ是律儀都無二軌範一、志忠、賢璟等杜レ口無レ対。（下略）

とある。さらに『東大寺要録』所収の『延暦僧録』には、「有興福寺僧法寂。起立大叫出麁言。忽倒地面殯」云々ともある。

ここに、長屋王に関する因縁話と智光伝説、鑑真によってもたらされた新しい戒律受容にまつわるエピソードを記したが、これらは、虚設の多い奈良仏教を考えるうえで、きわめて興味ある問題を提示しているように思われる。

(二)

まず(イ)は、長屋王政権下の仏教政策——その政策は藤原不比等政権下の養老元年（七一七）四月の詔に始まるといってよい——の一面を非常に象徴的に表現しているように思われると共に、長屋王自身の姿勢もうかがわれて興味深い。そこで、養老元年四月の詔の考察から開始すると、そこには三ヵ条にわけて僧尼の非行を列挙する。

その第一は、農民が法律にそむいて、髪をきり鬢をそってたやすく道服を着し、ほしいままに私度僧化することを禁じたもので、ここにいう法律とは、戸婚律私入道私度条と僧尼令私度条である。第二は、僧尼令の寂居寺院の原則（禅行条）を破って、小僧行基とその弟子等が、妄りに罪福をとき（非寺院条）、朋党を合せ構え（三宝物条）、指臂を焚き剥ぎ（焚身捨身条）、歴門仮説して（教化条）、強いて余物を乞い（非寺院条）、詐って聖道を称して（観玄象条）農民を妖惑し、仕事を捨てさせるのは、釈教に違するばかりか、上述の法令を犯すことになると指摘する。さらに第三には、僧尼が令条に聴された限界をこえて病人の家へ行き、詐って幻恠の情をいのり、戻りて巫術をとり、吉凶を占いなどして、奸乱をなすことを禁止している（卜相吉凶条）。ついで、養老二年十月の僧綱に対する太政官布告には、法師にして法をそしり、皇憲を軽んずることは、仏律や国法の禁ずる所である。精舎にあらずして居を構え、仏行にあるまじき行をおこない、意にまかせて山に入り庵を結ぶようなことがあれば、遠慮なく禁喩を加えるという。このような方針は、長屋王政権時代にも継承され、養老六年七月己卯の太政官奏には、「近ごろ在京の僧尼、浅識軽智を以って罪福の因果を巧説し、戒律を練らずして、都裏の衆庶を詐り誘むく。内は聖教をけがし、外は皇猷をかき、遂に人の妻子をして剃髪刻膚せしめ、ややもすれば仏法と称して、たやすく室家を離れしむ。綱紀に懲ることなく、親夫を顧みず、或は経を負い鉢を捧げて、街衢の間に乞食し、或は偽りて邪説を誦して村邑の中に寄落し、聚宿を常と為し、妖訛群をなす。初は脩道に似て、終には奸乱を挟む。永くその弊をおもうに、特に禁断すべし」とある。僧尼令の条文語句を連ねた養老元年の詔よりは一層具体的に、その異端的行為が明らかにされ、「在京の僧尼」とあることからは、ひろく「行基と同類型の民間伝道者」をも対象にしているといってよい。(2) さらに『類聚三代格』によれば、この禁令につづいて、京および諸国に判官一人を遣わし、きびしく違反者を取りしまるよう命じている。(3)

このように考察してくると、この時期の律令政府にとっての問題点は非常に明確になってくる。戒律をねらず、学問もない僧形のものが、群をなして民間を遊行し、罪福の因果をとき、余物を乞い、あやしげな呪術的行為によって農民を、多くの女性までをもその群のなかへ加えていく。このような姿は、律令政府にとってきわめて不気味で異様な、ある種の恐ろしささえ感ずる状態であったと思われる。(4) しかも農民達のなかには、群に加わり、課役を忌避するため得度を求めるものも出現する。(5) これらの現実を前にして、養老元年以後の積極的な諸施策は行われたにちがいない。(6) 僧尼令等の皇憲にてらしての取締り強化については前述のごとくであるが、つぎに注目されるのは、僧尼の質の向上策である。僧形はしていても、無学や戒律無視の風潮が当然視されるような雰囲気のなかでは、法令による取締りだけでは成功しない。そこでまず「釈教に違す」ことを明らかにすること、学問奨励策が必須と考えられたのではなかろうか。(7)『続日本紀』養老二年十月庚午条によると、太政官は僧綱に告げて、㈠法門の師範となるべき人はその高徳を顕表し、㈡師のあとをついで後進の領袖となりうるものの名を報告し、㈢宗義に該達し、最も宗師として推挙できる人を宗ごとに記録せよという。さらに、㈣「徳根性分あり。業も亦麁細ならば、よろしく性分に随って皆学をなさしむべし」とし、「凡そ諸の僧徒は浮遊せしむることなかれ」という。そして、「或いは衆理を講論して諸義を学習し、或いは経文を唱誦して、禅行を修道し、各々業を分って皆其の道をえ、智徳を崇表して顕らかに行能を紀さしむべし」といっている。さらに翌三年十一月乙卯朔になると、僧綱に詔して、「能を優し、智を崇ぶは、国を有つ者の先んずる所、善を勧め学を奨むるは君たるものの務むる所、俗において既にあり、道に於てもよろしく然るべし」といい、神叡・道慈を表彰している。ここにわれわれは、この期の学問奨励策が、俗人の学問奨励にならい、宗義に該通し領袖たりうる高徳を顕彰すると共に、能力あるものを抜擢表彰する形をとって行われたことを知る。前述の神叡・道慈の表彰についで、養老五年六月には法蓮が、同じ六月には、長い留学をおえ、「備さに難行をなめて三五の術を解り、方に本郷に帰る。矜賞良に深し」として行善が、また百済の沙門道蔵は、現在は八〇歳をこえて気力も衰耄しているが、かつては「寔に惟れ法門の領袖にして釈道の棟梁なり」として、共に表彰されている。さらに義淵も、神亀四年十二月丁丑の勅によって、高くその業績がたたえられている。

つぎには、僧綱の指導力に大きな期待がかけられた。養老六年七月の太政官奏によれば、「其れ僧綱は、智徳具足して真俗の棟梁なり、理義該通して戒業精勤なり。緇侶これを以って推譲し、素衆是に由って帰仰す」とし、その指導効果を向上させるために、その居所を薬師寺に定めている。時の僧綱は、僧正―義淵、大僧都―観成、小僧都―辨(弁)静、律師―神叡からなる。

義淵は、すでに早く文武天皇三年(六九九)十一月にその学行を賞せられて稲一万束を賜っているが、大宝三年(七〇三)三月以後は、その寂する神亀五年(七二八)十月に至るまで、二六年もの間、常に僧正の地位にあり、この時代の最も代表的な僧といってよい。法相教学を学び、その門には、玄昉・行基・宣教・良弁・良敏・行達・隆尊がでたと伝える。神亀四年十二月には、「禅枝早く茂り、法梁惟れ隆なり。玄風を四方に扇ぎ、恵炬を三界に照せり。しかのみならず、先帝の御世より朕が代まで、内裏に供奉して一の咎愆もなし」と勅される程に、学徳すぐれて人望あつく、政治的手腕もたしかな僧であったと推察される。観成は元興寺僧で、三論宗を学んだと伝える。観常と同一人物とすれば、天武天皇十四年五月遣新羅使高向朝臣麻呂・都努朝臣牛飼等に従って帰国した学問僧で、和銅五年（七一二）九月に大僧都に任ぜられ、義淵と同じ神亀五年（七二八）までその職にあった。辨静は辨正・辨浄とも書く。白雉四年（六五三）五月には入唐学問僧として、道光・道昭・定恵等と共に入唐した。年齢からして、同一人物かどうか疑わしいが、養老元年（七一七）七月には少僧都となり、天平元年（七二九）十月には大僧都、さらに翌二年十月には僧正となっている。神叡は、持統天皇七年（六九三）三月に学問僧として新羅に赴く。当時の新羅仏教は最高潮に達し、なかでも法相宗にすぐれた学僧が数多く輩出していることから、(8)神叡もその影響を強くうけたと思われる。養老三年十一月には、「幼にして卓絶、道性夙に成りて、翼を法林に撫し、鱗を定水に濡す。安遠の講肆を践まずして学は三空に達し、未だ澄什の言河に漱がずして智は二諦に周し。是に由て服膺して業を請う者すでに実帰を知り、函丈に教を掲む者悉く宗匠となる」とたたえられ、道慈と共に釈門の秀ともいわれた。学問修行の場所としては、芳野の現光寺に庵を結び、二〇年間三蔵を閲して奥旨に妙通し、自然智をえたという。僧綱には養老元年七月に律師として入り、天平元年十月には少僧都となっている。こうしてみると、彼らはいずれもすぐれた学識の持主で、真俗の棟梁として、僧尼の師表として帰仰されるにたる人物であることは明らかで、律令政府の期待も当然と思われる。

また、新しく公験制を採用したことも、僧尼の質の向上策の一環と考えられる。『続日本紀』養老四年一月丁巳条に、「始授二僧尼公験一」とあるのがそれであり、その具体的内容については二月四日の格によって明示され、八月癸未になると、「詔すらく、治部省奏す。公験を授くるに、僧尼多く濫吹ありと、唯学業を成せる者一十五人、宜しく公験を授くべし。自余は之を停めよ」という。ところが、『続日本紀』養老五年五月壬子条の詔によると、太上天皇の聖体不予に際して、浄行の男女一〇〇人をえらび出家させた記事のなかに、得度の条件として、「年を経て、師たるに堪らん者は、度色にあらずといえども、並びに得度を聴せ」とまでいっている点が注意される。度色にあらず云々とは、僧尼令出家条にはずれた処置ではあるが(9)、師たるにたえる程の力ある者なれば得度を許しているのであって、この時点での得度の条件を考えるうえで大変興味深い。また、養老七年七月二十日の太政官処分によれば、「僧尼死去、并犯罪還俗者、収二其公験一、進二於弁官一、随即毀レ之」と公験の扱いを指示し、さらに神亀元年十月丁亥朔の治部省奏言によれば、「勘二捡京及諸国僧尼名籍一、或入道元由、披陳不レ明、或名存二綱帳一、還落二官籍一、或形貌誌黶、既不二相当一、惣一千一百二十二人、准二量格式一、合レ給二公験一、不レ知二処分一、伏聴二天裁一、詔報曰、白鳳以来、朱雀以前、年代玄遠、尋問難レ明、亦所司記注、多有二粗略一、一定二見名一、仍給二公験一」と、養老四年以来の官僧の再確認が続けられ、無学で不気味な私度僧排除への努力が行われている。

さらに、養老四年十二月癸卯の詔によると、このごろ僧尼は、改変してはならない伝統的な恒規を無視し、みだりに別音を作り、自分勝手な新法で転経唱礼を行っている。その結果、悪習がつみ重なって奇妙なものとなり、このまま放置すれば法門をけがすことになりかねない。だから、漢の沙門道栄・学問僧勝暁等に恒規にもとづいて転経唱礼させ、余音を停止させている。この別音・余音については、一応漢音以外の音とも考えられるが(10)、田村圓澄氏は延暦二年十一月六日の太政官符にある哀音とし(11)、この詔の背景に、行基集団を構成する人々が、哀音をもって転経唱礼した実情を想定される。大変興味深い考察で、かくなればこそ、より一層神叡・道慈等の僧界指導者は、唐の軌模にちかづけ、本来のものにする必要性を感じたのではないかと思われる。このように眺めてくると、養老元年以後長屋王時代までの仏教政策は、皇憲による取締りの強化と質の向上策、さらにいえば、鎮護国家のためのすぐれた官僧の育成と、不気味で異様な遊行集団対策に重点が置かれていたといってよい。

一方、長屋王自身の仏教に対する姿勢をいえば、『日本霊異記』の話からうける印象とは全く異なり、熱心な仏教信者であった。文武天皇や父母のためには大般若経を書写し[12]、『唐大和上東征伝』によれば、鑑真をして、「日本国長屋王は仏教を崇敬し、千の袈裟を作りてこの国の大徳衆僧に来施す」といわしめるほどであった。

ところで、長屋王時代の詔勅を貫く特色に災異説がある[13]。災異説は、本来儒教的な考え方であるが、長屋王時代には、その災異をのがれるため、敬神と共に一層「尊仏」のことが行われた。『続日本紀』によれば、神亀二年（七二五）閏正月壬寅には、六〇〇人の僧に宮中で大般若経を読誦せしめ、七月戊戌になると各地の神社と共に寺院の清掃も行い、金光明経か最勝王経を読ましめて国家の平安を祈らせる。九月壬寅には、僧尼の質の向上策とは矛盾する三千人もの大量得度を行い、左右京や大倭国部内の諸寺に、一週間の転経を命じている。さらに神亀四年二月辛酉には、僧六〇〇人、尼三〇〇人を中宮に請じて金剛般若経を転読させ、翌五年十二月己丑には、国ごとに金光明経を転読し、鎮護国家を祈らせている。井上薫氏は、こうした災異説に対して、銷災致福の術として仏教の役割を強調したのは道慈であるとされるが[14]、長屋王もまた全く同感で、仏の加護に期待するところ大であったと思われる。

このように、長屋王政権下の仏教政策と、彼自身の仏教への関心、期待について考察してくると、(イ)の説話の乞食僧は排斥されても当然と思われるが、さらに文人長屋王の一面を考えると、より一層納得できるのである。いま、『万葉集』『懐風藻』をみると、そのなかには、作宝（佐保）楼の長屋王詩苑に連なった当世一流の官人・文人達の名がみえる。管見の限りでは、全部で一七名を数えることができるが、『続日本紀』養老五年正月庚午の条によれば、東宮に侍した人々のなかには、このうち山田史三(御)方・山上臣憶良・塩屋連吉(古)麻呂・刀利宣令の名がみえ、同月甲戌に、「文人武士は国家の重んずる所云々」の詔と共に賞賜を加えられた人々のなかにも、背奈公行文・調忌寸古麻呂(明経第二博士)、箭集宿禰虫万呂・塩屋連吉麻呂(明法)、山田史御方・下毛野朝臣虫麻呂(文章)、大津連首(陰陽)、吉宜(医術)等の名があげられる。これらの人々について、逐一くわしく述べる余裕はないが、彼らはいずれも、その専門とする所は異なっても、小島憲之氏のいわれるように、「文雅の道を求める者であり、主人公長屋王の地位を仰いで佐保邸に集会したのであった」。そして、『懐風藻』に「当然存在して然るべき武智麻呂の習宜詩苑の詩はなく、長屋王の作宝詩苑が中心となっていることは、やはり長屋王が文学を愛好したためでもあった」のであろう。(15)このように一流文人の中心人物でもあった長屋王の意識からすれば、神叡・道慈等の学徳すぐれた僧は尊崇の対象とはなっても、行基ごときがいかに民衆の間に力があったとしても、やはり小僧との意識はぬぐい切れなかったであろう。まして(イ)のごとき乞食僧は、問題とするにたらぬものとして一蹴されたとしても当然と思われる。ここに長屋王の僧尼観が明瞭に示されているわけだが、この認識は、ただ単に長屋王のみではなく、この当時の多くの為政者の僧尼観でもあったと考えられる。

(三)

天平元年四月癸亥の勅には、「内外文武の百官及び天下の百姓、異端を学習し、幻術を蓄積し、厭魅呪咀して百物を害い傷るものあらば、首は斬し従は流せん。もし山林に停住して詐り仏法をいうまねして、自ら教化をなして、伝習して業を授け、書符を封印し、薬を合せて毒を作りて万方恠を作し、勅禁に違犯するものあらば、罪またかくのごとくならん、その妖訛の書をば、勅出でてより以後、五十日の内に首し訖れ」という。また、天平二年九月庚辰の詔によれば、安芸・周防の国人等が、多くの人を集めて妄りに禍福をとき、死魂を妖祠し、また京に近い左側の山原に同じく多数の人を聚集し、妖言して衆を惑わすことも、深く憲法に違い、害をなすことますます甚だしいとして禁じている。前者は長屋王事件直後の異常な事態のなかで、しかも道教の呪術に関するものであり、(16)多少の差異はみられるが、後者をみると、政権が変り、僧綱の構成員に変動があっても、異端に対する取締りの基本方針は、養老元年以来全く変化していないように思われる。

ところが、天平三年八月癸未の詔によれば、「比年随二逐行基法師一優婆塞優婆夷等、如レ法修行者、男年六十一已上、女年五十五以上、咸聴二入道一、自余持レ鉢行レ路者、仰二所由司一、厳加二捉搦一、其有レ遇二父母夫喪一、期年以内、修行勿レ論」とあり、そこには大きな方針の変化をみる。弾圧の対象であった行基集団の活躍が、制限つきではあるが承認されたのである。そうせざるをえなくなった外的条件については、井上薫・井上光貞・栄原永遠男・米田雄介氏等によって種々の考察が加えられているところだが、(17)養老年間の僧尼対策の方向からすれば、大きな変化といわざるをえない。詔には、行基随逐の優婆塞、優婆夷の得度の条件として「如法修行」というが、これは誠に具体性に乏しい。(18)しかし、これは行基の徒ばかりでなく、養老以来の僧尼対策が進められるなかでも、得度規準が明確であったとは思えない以上、当然なのかも知れない。放置すれば行基に随逐するというだけで、学問もなく戒律も無視し、民間を遊行して罪福をとくのみの僧尼が続出するにちがいない。その歯止めとして、この言葉が加えられたのではなかろうか。多くの僧尼は嘱請によって出家し、学業不審者があふれ、養老以来の僧尼対策が空洞化している状況のなかへ、さらに行基の徒が加わっていくことは、道慈等の立場からすれば、まさにやり切れない状態であったにちがいない。そのため道慈・神叡等ははからって、養老年間の方向を指向しつつも、現実の仏教政策のなかでなしえたことは、行基の徒にとどまらず一般僧尼の得度規準を、さらにいえば「如法修行」の内容をいかに充実させ、明示させるかにあったと思われる。それが、戒師招請の計画と、天平六年十一月戊寅の太政官奏になったと推察する。

天平六年十一月の太政官奏は、「仏教流伝、必在二僧尼一、度二人才行一、実簡二所司一、比来出家、不レ審二学業一、多由二嘱請一、甚乖二法意一、自レ今以後、不レ論二道俗一、所レ挙度人、唯取下闇二誦法華経一部、或最勝王経一部一、兼解二礼仏一、浄行三年以上者上、令二得度一者、学問弥長、嘱請自休」云々というものである。これをみるとわれわれは、「仏教の流伝は必ず僧尼に在り」という道慈等の切実な叫びにもかかわらず、現実には、前述のごとく養老年間以来の努力が何ら功を奏せざる状態にあったこと、しかも嘱請による得度により学業不審者が、恐らくは大量得度によって増加していること、そのうえ、天平三年以後の新しい事態出現のなかで、道慈等は鎮護国家に役立つ僧尼育成の是非共守らねばならぬ最低線を、法華経か最勝王経のどちらか一部を闇誦し、礼仏を解し、さらに浄行三年以上として示したものと思われる。[19]しかもこの程度のことで、「学問弥長」といっていることは、わが国僧尼の水準の低さをあらためて知らされるものである。戒師招請についても、「仏教流伝、必在僧尼」の認識のうえに立っての立案であることはいうまでもない。唐仏教の事情にくわしく、しかも強いあこがれをもつ道慈が、神叡・辨静等とはからい、よりよき僧尼育成のための、条件づくりの一環として計画したものと思われる。[20]

ところが皮肉にも、その後の仏教興隆策、鎮護国家のための政策推進の過程のなかで、これまで道慈等によって行われてきた僧尼対策は、次第に色あせていく。民間仏教の高まりが、仏教界の流れを大きく変えていったからである。学問修行を条件としない、知識とよばれる宗教的行為によって滅罪を願う風潮が次第に高まり、(21)養老以来の仏教政策を圧倒していったのである。写経・造寺・造塔や種々の社会事業等への参加がしきりに唱導され、参加の民衆はますます多くなっていった。やがて律令政府は、これらの知識を結集しながら、鎮護国家を中心とする仏教政策を推進していく。行基に対する律令政府の対応の変化も当然といえる。道慈の動きはとみれば、能く国土を護り、人民を利するために、大般若経を流通し、国分寺建立計画をも建策したという。鎮護国家という大目標では一致しても、新得度者の学問や戒律が極端に軽視されていく状態は、僧綱の一員として政策決定に関与したとしても、「戒珠満月をいだくがごとく、慧水滄溟に写すがごとし」といわれた道慈等にとって、決して望ましいものであったとは考えられない。(22)ところで(ロ)の話は、その真偽を確認することは困難だが、十分ありえた話といえる。上述のごとき天平三年以後の仏教政策を喜ばない学問僧は数多くいたであろうし、さらに彼らにとって、「智徳具足して、真俗の棟梁」とは到底考えられぬ行基が大僧正に就任したことは、一段と不満を高まらせることになった。それを(ロ)は、象徴的に示しているように思われる。

(四)

鑑真一行来朝後の混乱は、日本仏教の虚設を最も端的に示すものといってよい。長い日本独自の仏教発展の歴史を知らない鑑真らの指摘が、むしろ異様にうけとめられたのである。仏教の修行が戒定慧の三学に帰し、持戒が定慧の根本をなすことからすると、受戒が僧尼にとって必要欠くべからざるものであることはいうまでもなく、何らかの形式は、慣習的に成立していたとみなければならぬ。道光・道融をはじめとする多くの学問僧によって、律の学問が将来されたことはまちがいない。しかし現実には、知識としては存在しても、僧尼の生きた規範として、あるいは受戒という公的な儀式として、どの程度確立されていたかは疑問である。『万葉集』所載の僧の歌をみても、そこには戒律の存在をうかがわせるようなものは何もない。また、例えば沙弥満誓についてみても、出家後に観世音寺に派遣されると、寺家の女赤須に子をうませ、僧辨正には秦朝元という子がいたり、隆観は幸甚の子、智淵は恵輪僧正在俗の子とあること等からしても、生涯かけて仏道修行にはげむという、戒律厳しい僧尼の生活が存在したとは思えない。(23)とところが、「西琳寺縁起」や養老四年二月の格には受戒の記事がみえ、『唐大和上東征伝』には旧戒、『延暦僧録』普照伝には自誓受戒とある。自誓受戒がどんな形式で行われたかは明らかでなく、唐と比較すれば、形式的にも内容的にも、殆ど体をなさない慣習法的なものであったと考えられる。この間にあって僧尼等は、自誓受戒の理論的根拠、裏付けを占察経に求めていた。しかしこの占察経は、東伏見邦英氏によれば、「遅くとも隋初恐らくは南北朝の末近い頃に南方か西方かの仏教的色彩を帯びた雑信仰を主として、支那のことも多分に加味されて二巻の経典の形にまとめられたものであって、全体を通して一貫するものを見ないのは土俗的信仰の集録である為と思われる。大乗経典としては内容も低く、文学的にも何等取るべきところがない」といわれる。(24)鑑真一行との論争においても、完膚なきまでに論破されたのは(ハ)の普照伝にあるとおりである。また、『唐大和上東征伝』によれば、旧戒を捨てた旧大僧のなかには、一人の入唐・入新羅僧もいないことが注意される。このことは、すでに道慈らにとっても受戒の問題はまた唐の様式と異なるもので、虚設と思われており、戒師招請の目的も、すぐれた僧尼育成のためには、この点の改革に一石を投ずることが是非必要と考えられていたのではなかろうか。[25]

五

最後に、『愚志』について諸先学の見解にふれ、いささか卑見を述べたい。まず田村圓澄氏は、『愚志』一巻がいつ著述されたか明らかでないとしながら、この書物で、日本の素緇と大唐の道俗とを対比しているところから察すると、行基とその弟子等の緇と、百姓の素が擾乱して釈教に違い、法令を犯す世相が意識されていたのではないかとする。[26]つぎに井上薫氏は、この書の成立については、「帰京後まもなく日本仏教界の現状をながめて論評した改革論」とし、その内容については、「彼は日本の仏教が国土を護り人民を利することから遠いもので、虚設であると批判しており、唐の仏教は国を守護し、人民に利益を与えていると述べていることになる」とする。また、文中の憲章を律令・国法と考え、「とくに仏法が国法に沿っていないとは、仏法は国家に奉仕すべきであるということを主張していると解される」とする。[27]さらに水野柳太郎氏は、『愚志』略文の読み方から検討を加え、それが対句を主とするものとして、

今察日本素緇行仏法軌模
全異大唐道俗伝聖教法則
若順経典　能護国土
如違憲章　不利人民
一国仏法

万家修善
何用虚設　豈不慎乎

とする。そして、文中の日本素緇は大唐道俗と対比されており、第三行、第四行は、同一事柄を肯定と否定の二型で表現した対句と考える。このことから憲章という言葉も、律令ではなくて、おきて(戒律)であるとする。『愚志』の著述の時期については、「入唐後ならば、彼の生涯のどの時点であっても差支えないものではなかろうか」という。[28]

このように、田村氏の論攷は、『愚志』が養老年間の世相を背景として書かれたと推定するにとどまるが、井上・水野両氏の場合は、その成立時の問題と共に、略文の語句・内容についての見解まで示されている。その第一の問題点は憲章についてである。『愚志』の成立を田村氏と同じく養老二年(七一八)帰朝直後と考える井上氏は、これを律令・国法とする。養老元年の詔などを考えあわす限りでは当然とも思われるが、略文全体からするといささか無理のようである。むしろ水野氏のように、この文章を対句を主としたものと理解し、おきて(戒律)とした方が自然のように思われる。ただ私には、もっと一般的な表現として、横田健一氏のごとく[29]、仏の教えとしてもいいように考えられる。第二は何を虚設というかの問題である。井上氏はその判断の基準を、「国土を護り、人民を利す」かどうかにおいているのだとし、だから日本仏教界の現状は虚設であると批判しているのだとする。[30]しかし、この略文の言わんとするところは、国土を護り人民を利するためには、仏の教えに忠実にしたがい、守らねばならぬ。だから一国の仏法興隆も万家の修善も、虚設を用いてはならないといっているように思える。[31]ところが実状は、道慈等の唐を模範とした懸命の努力にもかかわらず、彼らの目ざすものとは大きくくいちがう状態にあったことは、上述のごとくである。本来のものとはかけはなれ、虚設ばかりが横行している現実に対する嘆きが、この『愚志』一巻となったと思われる。

またその成立時については、以上のように『愚志』の内容について推察してくると、田村・井上両氏のごとく、道慈帰朝直後に限定するよりは、水野氏のように考えるのがより妥当のようである。さらにいえば、律師として、仏教政策推進の一翼をになうようになって以後とした方がいいように思われる。(32)

註

（1） 井上薫「道慈」（『日本古代の政治と宗教』所収）

（2） 中井真孝『日本古代の仏教と民衆』第二章

（3） 井上光貞氏は、「行基年譜、特に天平十三年記の研究」（『律令国家と貴族社会』所収）で、「この禁令をみると、行基の宗教運動が既に諸国に及んでいたことが知られるばかりでなく、在地の里長・保長はいうに及ばず、時には国司の間にも、行基とその徒衆を容隠する風潮が及んでいたことが、うかがわれるのである」とする。

（4） 井上光貞氏は、養老元年四月詔のなかで指摘された行基とその徒衆の活動内容を、⑴妄りに罪福をとく、⑵強いて余物を乞う、⑶指臂を焚き剥く、の三点とする。そして「この詔の最も重視する点は⑵の托鉢行為」とされる（「行基年譜、特に天平十三年記の研究」）。これに対し長山泰孝氏は、養老六年七月の太政官奏をも考え合せ、「罪福を説く結果ひとびとがこれに動かされて托鉢に赴くのであって、行基の布教の本質を考える場合にはやはり⑴を重視すべきである」とするが（「行基の布教と豪族」〈『律令負担体系の研究』所収〉）、私自身は長山説に賛同したい。つぎに罪福の因果を説くことの意味については、まず長山氏は、二葉憲香氏の北山茂夫説批判の上に立って、「宿業の認識という悲観的・消極的なものではなく、むしろ民衆の現世的欲求を容認し解放する積極性をもつものであった」とする。また五来重氏は、「滅罪の必要を民衆にわかりやすい因縁話として唱導説教したことを意味するもの」とされる（「庶民信仰における滅罪の論理」〈『思想』第六二二号〉）。田村圓澄氏は、現実の政治の善悪が為政者の罪福に帰せられ、政治批判・民衆運動に発展する緒になったと考える（「行基と罪福説」〈『仏教史研究』第一〇号〉）。さらに中井真孝氏は、政府が百姓を妖惑する危懼ありとしたのは、鋭利な政治批判がこめられていたからだとする（『日本古代の仏教と民衆』）。いずれも興味ある見解で、呪術的行為をともなう宗教的集団の動きは、政治批判とまでいえるかどうか疑問だが、名状しがたい異様さ、不気味さを為政者に与えたのであろう。

(5)『続日本紀』養老元年五月丙辰条

(6)大宝律令施行以後の仏教政策についてみると、僧尼令にてらしての取締りは、この養老元年四月詔が最初である。このような取締り強化について田村圓澄氏は、平城京造営工事にともなう役民の全国的徴集による私度僧増加を考える。また、石母田正氏は、「僧尼の呪術的、巫覡的行為自体が危険なのではない。それが百姓大衆の意識を把握するとき、国家または王権にとって一つの危険な事態が発生することを想定し、それについて僧尼令はあらかじめ想定しているのである」「僧尼令は、日本の経験の所産ではなく、中国の経験を基礎にして定式化された法であり、日本の国家は、この問題について中国の支配階級が長期にわたって蓄積してきた経験を、法の継受という形で、自己の支配体系のなかに組みいれたのである」と、実に的確に、僧尼令の適用について指摘する（『日本古代国家論』第三章）。

(7)本書「恵俊（吉田連宜）と弁紀（春日蔵首老）」参照。学問僧表彰をともなう学問奨励策について井上光貞氏は、「僧尼統制の副次的要請」「仮面を被った僧尼統制と考え得る」とされるが（「東域伝灯目録より見たる奈良時代僧侶の学問」〈『史学雑誌』第五七巻第三・四号〉）、必ずしもそうではなく、よりよき僧尼育成を目ざしたと考える方が自然のように思える。

(8)富貴原章信『日本唯識思想史』

(9)僧尼令出家条には、「其れ私度の人は、縦ひ経業有りとも、度の限に在らず」とあり、経業については、古記に「所知経論也」とある。

(10)『類聚国史』巻第百八十七仏道部十四にある延暦十二年四月丙子条には、「制、自レ今以後、年分度者、非レ習二漢音一、勿レ令二得度一」とある。

(11)田村圓澄「行基についての二、三の問題」（『続律令国家と貴族社会』所収）

(12)和銅五年の願文があるので「和銅経」、神亀五年の願文があるので俗に「神亀経」とよばれている。

(13)川崎庸之「長屋王時代」（『記紀万葉の時代』所収）

(14)井上薫前掲書

(15)小島憲之『上代日本文学と中国文学』下、第六篇

(16)『アジア仏教史』日本編㈠第四章、下出積與「仏教と道教」

(17) (ア)井上薫『行基』、(イ)井上光貞「行基年譜、特に天平十三年記の研究」、(ウ)栄原永遠男「行基と三世一身法」(赤松俊秀教授退官記念『国史論集』所収)、(エ)米田雄介「行基と古代仏教政策」(『歴史学研究』第三七四号)等の論文があげられる。三世一身法と行基的な池溝開発を結びつけて論じた先駆的なものは(ア)であるが、(イ)はこれを発展させ、「灌漑施設の営造を内容とする行基の宗教運動は、三世一身法の発布と共に急速に発展し、それと共に行基の声望は各地にわたって昂まっていったであろう。このとき朝廷は行基の運動に対し、僧尼令的宗教政策においては禁圧を続けながら、三世一身法で着手された墾田政策上は、むしろこれを歓迎すべき矛盾に当面し、その結果僧尼令的宗教政策がしだいに空洞化してきたのではなかろうか」と、行基集団に対する緩和策が打ち出された原因をさぐる。(ハ)もまた、行基の初期の運動は集団的托鉢行為で弾圧されたが、養老七年(七二三)以後は三世一身法の発布をうけとめ、院と結合した灌漑施設の造営という独自の運動を展開したことをあげる。そのほか(イ)は、行基の弾圧に屈しない伝道の継続、武智麻呂らのとった宥和政策とを考える。

(18) 「如法修行」について北山茂夫氏は、「法の如く修業(行)することは、文字をさえ解さぬ普通の農民にはとうていのぞめることではなかった」「元来、行基らの運動の内部に、道場でとぐろをまく上層出の僧尼と、行基のもとに慕い集って来て説法を聞き労働をやっては、農耕期に分散してしまう農民大衆との二つの要素が交りあっており、そのちがいを実は朝廷がねらって分裂をはかり、民衆の宗教運動を無力な不統一なものにしようとたくらんだのだ」といい(「行基論」〈『万葉の世紀』所収〉)、塩沢君夫氏(「八世紀における土豪と農民」〈『歴史学研究』第一七四号〉)や長山泰孝氏もこれに賛同する。さらに石母田正氏は、「法の如くとは、僧尼令とそれにもとづく従来の格に準拠することであり」「行基の集団が、巫覡とは区別される仏徒のセクトとして僧尼令の規制に従うかぎりにおいて、それを公認するというのがこの詔の趣旨である」とする。しかし、この法を石母田氏のごとく考えることは首肯できないし、北山氏の分裂を企図したとすることも、結果としてあるいはそうなったとしても、当初からそういう目的があったとは思えない。

(19) 薗田香融氏は、行基に対する対策が、宗学優先から護国経典の暗誦と礼仏作法の熟練を義務づける方向に向かわせたとする(「国家仏教と社会生活」〈岩波講座『日本歴史』4所収〉)。

(20) 本書「渡来後の鑑真」参照

(21) 五来重前掲論文

(22) 池田源太氏は、「天平九年後半頃から、道慈は恐らく『懐風藻』がいうように、『任ヲ解イテ、帰リテ山野ニ遊ビ、時ニ京師ニ出デテ、大安寺ニ造ル』という心境に到っているのであろう」とされ（「大安寺の道慈とその時代」〈『奈良・平安時代の文化と宗教』第二章〉）、中井真孝氏は、「玄昉と、かれを登用した政権の下で、綱務をとることを潔しとしなかったのではないか」として、「天平九年八月から天平十年閏七月の間に律師を辞任した」とし、「ある意味では失意の晩年であった」とする（「道慈の律師辞任について」〈『続日本紀研究』第二〇〇号〉）。

(23) 本書「恵俊（吉田連宜）と弁紀（春日蔵首老）」参照

(24) 東伏見邦英「戒律伝来臆説」（中）（『宝雲』第三四冊）

(25) 本書「渡来後の鑑真」参照

(26) 田村圓澄「末法思想と道慈」（『続日本紀研究』第一二四号）

(27) 『アジア仏教史』日本編㈠第五章「国家仏教の発展」。さらに二葉憲香氏によれば、『愚志』は帰朝して間もなく執筆したもので、『仁王般若経』の精神から、国家仏教への批判がなされていたとする（『古代仏教思想史研究』第三篇第二章）。

(28) 水野柳太郎「日本書紀仏教伝来記事と道慈」（『続日本紀研究』第一二七号）

(29) 横田健一「懐風藻所載僧伝考」（『白鳳天平の世界』所収）

(30) 虚設について池田源太氏は、前掲論文で、「人家に入り、病気を治そうとするものとか、また妄りに禍福をとき、因果を説く類のものに対して向けられた表現ではあるまいか」とする。

(31) 中井真孝氏は、「愚志は、一つには日本の僧尼の行法が大唐のそれに相違することを批判し、二つには、ありうべき行法とは、国土を護り人民を利する『一国の仏法』の確立にあること、この二点を述べた著書である」とする（「古代仏教史論」〈『日本史を学ぶ』Ⅰ所収〉）。

(32) 池田源太氏はさらに限定して、「七年から九年にかけての、世の中の不幸と、道慈自身の身辺の『時ニ容レラレズ』と評せられた可能性のある時期の前後の事ではあるまいか」とされる。

十一　恵俊（吉田連宜）と弁紀（春日蔵首老）

――還俗僧の万葉歌人――

㈠

万葉歌人のなかに二人の還俗僧の名がみえる。吉田連宜と春日倉（蔵・椋）首老である。吉田連宜の史料上の初見は、『続日本紀』文武天皇四年八月乙丑条に、「勅二僧通徳、恵俊一並還俗、代度各一人、賜二通徳姓陽侯史、名久爾曾一、授二勤広肆一、賜二恵俊姓吉、名宜一、授二務広肆一、為レ用二其芸一也」と記すものである。吉田連宜となったのは、神亀元年（七二四）五月に多くの渡来人系の人達に賜姓があり、その時、吉智首と共に吉田連を賜ったことによる。一方の春日倉首老は、『続日本紀』大宝元年三月壬辰条に、「令二僧弁紀還俗一、代度一人、賜二姓春日倉首名老一、授二追大壱一」とあるのが最初である。出家時代の業績については、両者ともにうかがうことはできないが、弁基という人物については、「南法花寺古老伝」に、「一、本願主及建立年代等事　当寺者在二大和国高市郡一、文武天皇御宇大宝三年癸卯弁基大徳之所二建立一也、大徳者本元興寺住僧、（中略）古記云、弁基大徳造二立壷坂寺一（下略）」と、一応弁基の名がみえる。[1] しかし、大徳の記載やその業績、さらに大宝三年とあることからも、同一人物とは考え難い。

ところで、吉田連宜についてみると、『懐風藻』本文には、

正五位下図書頭吉田連宜。二首。年七十。

と記されており、目録には、正五位下内薬正吉田連宜とある。それが『続日本紀』によれば内薬正の記載はなく、図書頭時代は、一応天平五年（七三三）十二月庚申より天平九年十二月壬戌、秦忌寸朝元に交代するまでと考えられる。[2]さらに、天平十年閏七月癸卯には典薬頭に任命されて、最大限天平十五年六月丁酉までこの任にあったと推測される。『懐風藻』におさめる詩人の官位・官職の記載をみると、最終のものを記した例が最も多いようであるが、管見の限りでは、例外もほぼ一〇例を数えることができ、吉田連宜もそのなかに入る。年齢の記載については、どの時点でのものか殆ど不明だが、明らかな二、三例からすると、まず死亡年齢と考えてよさそうである。吉田連宜の場合は例外の方で、その死は、彼に関する史料の消える天平十年（七三八）閏七月から、天平十五年六月までの間と推定してもよいように思われる。また、その誕生は、天智天皇三年（六六四）から七年の頃ということになる。

その出自については、『続日本後紀』承和四年六月己未条に、「始祖塩垂大倭人也、後順二国命一、往居二三己汶地一、其地遂隷二百済一、塩垂津八世孫、達率吉大尚、其弟少尚等、有二懐レ土心一、相尋来朝、世伝二医術一、兼通二文芸一、子孫家二居奈良京田村里一」とあり、『文徳実録』嘉祥三年十一月己卯条にある従四位下治部大輔興世朝臣書主の卒伝には、「本姓吉田連、其先出レ自二百済一、祖正五位上図書頭兼内薬正相摸介吉田連宜、父内薬正正五位下古麻呂、並為二侍医一、累代供奉、宜等兼長二儒道一」と記す。このことから、彼ら一門が、吉大尚兄弟の時来朝したことは明らかである。このうち、吉大尚については、まず『懐風藻』淡海朝大友皇子の項に、「年二十三、立為二皇太子一、広延二学士沙宅紹明・塔本

春初・吉太尚・許率母・木素貴子等一、以為二賓客一」ととある。また、『日本書紀』天智天皇十年正月条には、「是月、以二大錦下一授二佐平余自信・沙宅紹明一、〈法官大輔〉。（中略）以二小山上一、授二達率徳頂上〈解レ薬〉。吉大尚〈解レ薬〉。許率母〈明二五経一〉。角福牟〈閑二於陰陽一〉。」あり、彼ら兄弟の来朝は、遅くとも天智朝（六六二―六七一）と考えられよう。吉田連宜は、恐らくこの兄弟いずれかの子と推察され、わが国で誕生としていいのであろう。そして、学問的雰囲気にみちみちた家庭のなかで、家伝ともいうべき医学と、文学についての豊富な知識を、次第に身につけていったと思われる。(3) 文学についての造詣の深さについては、まず『続日本紀』和銅七年正月甲子条の叙位の記載が注意される。ここで正六位下の彼は従五位下に叙せられるのであるが、この時の叙位対象者のなかには、『懐風藻』や『万葉集』にその名のみえる、大伴王・佐為王・大神朝臣安麻呂・阿倍朝臣首名・山上臣憶良・息長真人臣足・津守連道、それに還俗者春日椋首老等もあげられ、文人・学士優遇策推進の一例と考えられる。ところでこの政策は、藤原不比等政権から長屋王時代へ移行すると、より一層強化されていった。とくに、長屋王の中国的教養偏重ともいえる姿勢は、文人等には、誠に快適な状況を与えてくれたものと思われる。その最も象徴的な存在が、奈良北郊の佐保にあった作宝楼であったといってよい。そこには長屋王をパトロンとして当代一流の文人達が集まり、しばしば詩宴がくりかえされた。この集いの模様は、『懐風藻』によって知ることができるが、さらに『万葉集』巻八に収める「右、神亀元年七月七日夜、左大臣宅」と左註のある詩宴での山上臣憶良の歌や、同じく神亀年間に、聖武天皇と元正太上天皇が作宝楼を訪れ歌をよんだという、「御二在左大臣長屋王佐保宅一肆宴御製」という記載によっても、十分推察されるところである。そこに集まった人々は、背奈王行文・調忌寸古麻呂・刀利宣令・下毛朝臣虫麻呂・田中朝臣浄足・安倍朝臣広庭・紀朝臣男人・百済公和麻呂・箭集宿禰虫麻呂・塩屋連古（吉）麻呂・山田史三方・山上臣憶良等があげられ、さらに、藤原房前や宇合のごときものまで加わっている。吉田連宜も春日倉首老と共に、このような文人グループのなかで交わりを強めていったと思われる。さらに、藤原武智麻呂の習宜の別業へも、これらの多くの人々と一緒に参集している。(4) また、『万葉集』巻五に収められた筑紫詩壇の中心大伴旅人との遣り取りには、両者の間に培われた深い信頼と、友誼を感じさせる。(5)

一方、医学の分野でも、家伝の学問を体得した吉田連宜の役割は、きわめて大きかったと思われる。『続日本紀』養老五年正月甲戌条によれば、「又詔曰、文人武士、国家所レ重、医卜方術、古今斯崇、宜丙擢下於百僚之内、優二遊学業一堪レ為二師範一者上、特加二賞賜一、勧乙励後生甲」として、明経・明法・文章・筭術・陰陽・医術・解工・和琴師・唱歌師・武芸の各分野にわたっての代表的人物をえらび、絁・糸・布・鍬の恩賞を与えている。文人官僚の主だったものが殆どあげられていると思われるが、吉田連宜も医術の分野で、従五位下呉粛胡明・従六位下秦朝元・太羊甲許母と並んでその名がみえる。さらに天平二年三月辛亥の太政官奏には、「又陰陽医術及七曜頒暦等類、国家要道、不レ得二廃闕一、但見二諸博士一、年歯衰老、若不二教授一、恐致二絶業一、望仰、吉田連宜、大津連首、御立連清道、難波連吉成、山口忌寸田主、私部首石村、志斐連三田次等七人、各取二弟子一、将令レ習レ業一」とあり、後進の指導育成に大きな期待がかけられている。彼のような医者という特殊な職能をもつものにとっては、政権の交代も影響なく、藤原四氏政権下でも尊重されたのであろう。その後は、図書頭・内薬正や典薬頭等の役職を歴任したことは前述のごとくである。なお、『家伝』下、武智麻呂伝には、方士としてその名をあげている。

春日蔵首老については、『懐風藻』に、

従五位下常陸介春日蔵老。一絶。年五十二。

とある。『続日本紀』には、前述の大宝元年(七〇一)三月還俗して追大壱を授けられた記事以外には、和銅七年(七一四)

正月甲子、吉宜・山上臣憶良等と共に、従五位下を与えられたとみえるだけである。常陸国は大国で、介が官位相当では正六位下にあたるが、彼の場合、いつ任命されたかはあきらかでない(6)。また、『万葉集』を通して、彼の活躍の年を正確にとらえられるものは、「三野連 名闕 入レ唐時、春日蔵首老作歌」とあるものだけである。この三野連は美努連岡麻呂で、大宝元年正月遣唐使の一員に加えられている。同年五月に賜節刀式が行われてはいるが、出発は翌年六月に延期されていることからすると、

　ありねよし　対馬の渡り　海中に　幣取り向けて　はや帰り来ね（巻一ノ六二）

という歌は、この頃送られたのであろう。

　ところで、春日蔵首老には、このほかつぎのような歌が残されている。

　　或本歌

　河上の　つらつら椿　つらつらに　見れども飽かず　巨勢の春野は（巻一ノ五六）

　つのさはふ　磐余も過ぎず　泊瀬山　何時かも越えむ　夜はふけにつつ（巻三ノ二八二）

　焼津辺に　我が行きしかば　駿河なる　阿倍の市道に　逢ひし児らはも（巻三ノ二八四）

　　丹比真人笠麻呂往二紀伊国一、超二勢能山一時作歌一首

　　（歌略）

　　春日蔵首老即和歌一首

　宜しなへ　我が背の君が　負ひ来にし　この背の山を　妹とは呼ばじ（巻三ノ二八六）

　春日歌(7)一首

三川の　淵瀬も落ちず　小網さすに　衣手濡れぬ　干す児はなしに（巻九ノ一七一七）

春日蔵歌一首

照る月を　雲な隠しそ　島陰に　我が舟泊てむ　泊まり知らずも（巻九ノ一七一九）

右一首、或本云、小辨作也、（下略）

これに対し、吉田連宜には、天平二年（七三〇）正月十三日、大宰帥大伴旅人邸で行われた観梅の宴で歌われた三二首と序、「遊二於松浦河一序」と一一首の詠歌を贈られたのに対し、相撲部領使によせて送った書簡と、四首の歌が残されている。

奉レ和二諸人梅花歌一一首

後れ居て　長恋せずは　み園生の　梅の花にも　ならましものを（巻五ノ八六四）

和二松浦仙媛歌一一首

君を待つ　松浦の浦の　娘子らは　常世の国の　海人娘子かも（巻五ノ八六五）

思レ君未レ尽、重題二首

はろはろに　思ほゆるかも　白雲の　千重に隔てる　筑紫の国は（巻五ノ八六六）

君が行き　日長くなりぬ　奈良路なる　山斎の木立も　神さびにけり（巻五ノ八六七）

天平二年七月十日

このように両者は文人として、とくに吉田連宜は当世一流の医師としても令名高く、その生涯は、かなり満足すべきものがあったと思われる。では、彼らにとって若い時代の出家はどんな意味をもっていたのであろうか。これらの歌には、全くその痕跡さえとどめないが、彼らは後の本格的僧尼のように、童子・優婆塞・優婆夷↓沙弥・沙弥尼↓僧尼のコースをたどりながら、一生かけて仏道修行するがごときものとは、全く異なった状況のなかにあったことだけは確かである。何となく、僧俗の関係さえ曖昧な状態であったと推測されるが、彼らの時代には、それが特別のものではなかったようにも思われてくる。その点、『万葉集』は、貴重な事実を示してくれそうである。

(二)

『万葉集』に仏教的色彩がきわめて稀薄なことは、先学のすでに明示されているところである。周知のごとく、『万葉集』二〇巻に収める全歌謡は四千五百余首、作者数は四百三十余名の多くにのぼる。ところが、僧尼の数は全体からみて、余りにも少ないように思われる。管見の限りでは、歌を載せるものが、弁紀(春日蔵首老)・恵俊(吉田連宜)・久米禅師・三方(三形)沙弥・博通法師・通観僧(釈通観)・沙弥満誓(笠沙弥)・縁達師・元仁・小辨(小弁)・恵行と、還俗僧をもふくめて一一名、理願・清見・平栄・玄勝等は、その名のみで歌がない。

では、意外に歌が採択されていないことは何を意味するのか。板橋倫行氏[8]は、「集の原撰者たちの志向を反映しているものか、あるいは、当時の一部の知識階層の反仏的傾向を露呈しているものか、各種各様の解釈が成り立つであろう」としながら、編纂者大伴家持の姿勢について、巻二〇に載せる天平勝宝八歳六月十七日の「臥レ病悲二無常一欲レ修レ道作歌二首」

うつせみは　数なき身なり　山川の　さやけき見つつ　道を尋ねな（巻二〇ノ四四六八）

渡る日の　かげに競ひて　尋ねてな　清きその道　またも会はむため（巻二〇ノ四四六九）

を引用しつつ、「山川の清けき見つつ道を尋ねなというところから見ると、出家を想ったのではあるまいか」とされる。そのうえ、大伴家には永隆寺あるいは伴寺と呼ばれた氏寺があり、彼はその大檀那であったはずと指摘され、これらの点から、家持は、「決して一途の排仏、反仏家でなかったことは明らか」とされる。「ただ彼の儒教的教養が、衆愚の狂信を冷やかな眼でながめさせる余裕を与えたまでであろう」とされ、これが仏教関係歌の選択の少ない理由とされているようである。亀井勝一郎氏は、(9)「仏教固有の生死への思索とか、来世への明確な観念とかに慣れなかった点もあろう」「経典の内容や、仏像や儀式を、やまとことば独自のしらべにまで消化して表現することは容易でなく、稀にそういうこゝろみをしたときは、唱え歌うには堪えられない拙劣なものができあがったにちがいない」と、『万葉集』に多くが収録されない理由を、思想的作品の製作の難しさによると考える。これに対して下出積與氏は、(10)「詠む僧尼が多くても拙劣だったので採り上げられなかった。これも一つの考え方だが、僧尼の歌よりまずいのがかなり集中に存在するから、適当な考えとはいえない」と、歌の巧拙論を否定する。しかし、とにかくこれ程少数しか入っていないことは、「編者たちが、その理由はともあれ、僧尼の歌を積極的にとりあげようとしなかった事実を明示している。すなわち、彼らは僧尼を特別視していなかった。たとえば、家持が防人に注目したようには僧尼に留意することはなかった」からだとする。

では、僧尼はどんな歌を詠んでいたのであろうか。下出氏は作者を、明白に僧と認められるもの（A類）、名は不詳であるが僧尼であることの明らかなもの（B類）、作者ではないが古歌の伝承者であったもの（C類）、名称からすれば僧としてよいが、異説があって積極的に断定できないもの（D類）の四つに分類し、僧尼の作と思われる最大限四四首を検討する。[11]そして、仏法についての心情が殆ど存していないと結論する。そのなかで下出氏は、一例に弁紀＝春日蔵首老の歌をあげ、「殆どが旅に関するもので、僧侶的な発想のものはない」とし、「（巻三　二八四）などにみる女を慕う心は、還俗後であるからまだよいとしても」、入唐する三野連に与えた歌は、「航海安全の祈りの効験を、仏にではなく神への期待」においている点に注意される。田村圓澄氏も、[12]同じく歌の考察を通して、戒律に対する非厳粛性を強調される。いま、三方沙弥や沙弥満誓の贈答歌、相聞歌、さらには女性を詠んだ歌、「故郷豊浦寺之尼私房宴歌三首」という記載と沙弥尼の歌、[13]越中国で、大伴家持と酒くみかわす平栄・清見、通観の歌にみられる娘との対応、さらには、「戯嗤ㇾ僧歌」とそれに対する法師の報歌等を眺めてくると、全くそこには僧俗の差はなく、田村氏の指摘のように、戒律は問題とならず、僧尼令も存在しないかのようである。これらのことは、国家仏教隆盛といわれている状況の下では、何となく考え難いような姿である。ところが、この状態は、他の史料によっても裏付けられそうである。例えば、前にあげた沙弥満誓についてみると、彼の出家は養老五年（七二一）五月で、元明太上天皇の病気平復祈念のためという。出家をすれば、形の上では鬢髪を剃除し、袈裟衣を身にまとい、家庭の生活から出離して、仏道修行に専心する筈であったが、すぐれた行政手腕をもつ彼は、出家後も観世音寺造営に動員され、『三代実録』貞観八年三月四日庚辰条によれば、寺家の女赤須と通じて子まで生ませたという。[14]また、秦朝元は僧辨正の子、[15]隆観は沙門幸甚の子、少僧都智淵は恵輪僧正在俗時子とあり、[16]楽浪河内については、其祖沙門詠とある記載も注意される。[17]このようにみてくると、辨正・恵輪僧正のごとき僧でさえ、かなり遅く結婚後に出家したのか、満誓のように沙弥時代に子をえたのかもしれず、そこには、生涯かけてひたすら、仏道修行にはげむ真摯な僧の姿を想像することは、困難のように思われる。

このように出家の実態を考察してくると、文学や医学の面で特殊な才能をもつ吉田連宜が、後には僧形時代の痕跡を、何もとどめていない状態であったとしても不思議ではない。さらにいえば、姿は出家であっても、その生活は在俗の人と大差ない状態で、むしろ、本来の専門分野の仕事に従事していたと考えた方がよさそうである。

その彼らが今度は還俗する。還俗については、僧尼令によれば、自ら還俗の場合と犯罪による処分の場合がある。とくに後者については、観玄象条・卜相吉凶条・非寺院条・飲酒条・方便条・准格律条・私度条に厳しい規定が記されている。ところが、彼らの還俗は、そのいずれでもない特例にあたる。『続日本紀』には、彼らの記事のほかに、大宝元年八月壬寅条には、「勅二僧恵耀、信成、東楼一、並令三還俗復二本姓一、代度各一人、恵耀姓録、名兄麻呂、信成姓高、名金蔵、東楼姓王、名中文」とあり、大宝三年十月甲戌条には、「僧隆観還俗、本姓金、名財、沙門幸甚子也、頗渉二芸術一、兼知二算暦一」さらに和銅七年三月丁酉条にも、「沙門義法還俗、姓大津連、名意毗登、授二従五位下一、為レ用二占術一也」と、同じ事例が記されている。また、文章博士山田史御方も同様の還俗者と考えられる。田中卓氏はこれらの例の考察から、「文武天皇の御代より和銅年間にかけて、技術活用のための僧の還俗がしきりに行われたことになり、この点より、当時、律令体制の整備と表裏をなして、文化的な向上が政府により強く意図せられていたことを知り得るであろう」とされる[18]。法制・医術・占術・陰陽・筭暦等の専門的知識を活用するための還俗ということになるのであるが、知識利用のためのみならば、医術における僧法蓮の例もあり、還俗させねばならぬ積極的理由は見出せないように思われる。しいていえば、官人機構にくり入れるためには、僧尼身分では不都合と考えられたのではなかろうか。

しかし、いずれにしても出家や還俗が、仏教本来の立場からすれば、あまりにも便宜的、御都合主義的で、安直すぎるように思われる。当然のことながら、僧尼としての自覚も十分であったとはいえず、まして彼らの間では仏教の学習も欠如し、その知的水準も一般的には決して高かったとは考えられない。その点、神叡や道慈のごとく表彰された人々は、まさに暁天の星ともいえる貴重な存在であったにちがいない。

(三)

ところが、律令政府の仏教対策は、一方では次々と平城京への寺院移建の大事業を推進し、立派な堂塔伽藍は甍をならべて仏法繁昌を思わせるが、僧尼対策には何らの努力もしていないかのようである。大宝僧尼令は制定されていても、それが厳正に適用されたとも思えない。『続日本紀』をみる限り、本格的な僧尼対策が実施され始めるのは、霊亀三年（七一七）四月以後といわねばならぬ。

まず、四月壬辰の詔から考察すると、内容は三点に分れている。その一は、このごろ農民が法律にそむいて恣に私度僧化することを厳禁し、つぎには、僧尼令の寂居寺院の原則を破る小僧行基とその弟子等が、妄りに罪福を説き農民を妖惑じて生業を捨てさせるのは、釈教に違すとする。第三には、僧尼が令条に聴された限界をこえて、輒く病家に行き、怪しげな術を用いることを指摘し、対応策を指示している。養老二年十月になると、太政官は僧綱に告げて、法門の師範となるべき人はその高徳を顕表せよといい、後進の領袖といえるもの、および宗義に該達し、最も宗師と称することのできるものを記録させている。また、「徳根性分あり、業も亦麁細ならば、よろしく性分に随って皆学をなさしむべし」とし、「凡そ諸の僧徒は浮遊せしむることなかれ」という。そして、「或いは衆理を講論して諸義を学習し、或いは経文を唱誦して、禅行を修道し、各業を分って皆その道をえ、智徳を崇表して顕らかに行能を紀さしむ」といっている。井上光貞氏はこれについて、「飛鳥時代以後、政府は偏へに仏教保護助長の政策を以って任じたにも拘らず、それが斯かる学業奨励に迄転化したのは、右をもって最初とす」とされる。(19)翌三年十一月乙卯になると、僧綱に詔して、「能を優し智を崇ぶは、国を有つ者の先んずる所、善を勧め学を奨るは、君たるものの務むる所、俗において既にあり、道においてもよろしく然るべし」として、神叡・道慈を表彰している。養老四年一月になると、新しく公験制による僧尼身分の再確認が発令され、二月には具体化されたと思われる。また、八月には学業を成せる者一五人にのみ公験を授与し、十二月には、転経唱礼の問題について恒規を教育し、我流を禁止している。養老五年六月になると、「備さに難行を嘗めて、三五の術を解り、方に本郷に帰る。矜賞良に深し」として行善が、百済沙門道蔵は、「寔に惟れ法門の領袖にして、釈道の棟梁なり」として、共に表彰されている。養老六年七月己卯の太政官奏によれば、僧綱は居処が一定せず、法務備らず、雑事が滞るので、その場所を薬師寺に定め、また浅識軽智の僧尼が罪福の因果を巧説し、戒律を練らず、種々の手段で都裏の民衆を惑わすことを禁断している。さらに、神亀元年十月丁亥の治部省奏言によれば、養老四年以来の官僧の確認が続けられているのである。

このように僧尼対策は矢つぎばやに発せられたが、それらは、僧尼令の徹底と、僧尼の学業奨励の二点に要約できそうである。井上光貞氏は、これら一連の政策について、「学業奨励の政策は一方に碩学の表彰となり、他方には又、度僧の標準に加味せられたのである」とし、さらに、「丁度学業奨励の政策が行われる一方、僧尼統制が順次に強化されつつあったのであるが、これは政府の学業奨励が、実は僧尼統制の副次的要請にあらざるやの疑いを起さしむる」「仮面を被った僧尼統制と考え得る」とされる。二つの僧尼対策のもつ意義をあざやかに結びつけた興味深い指摘ではあるが、先述の『万葉集』等を通して知られる姿が、当時の僧尼の実態ならば、この僧尼の鑑としての学僧表彰を伴う学業奨励策は、僧尼統制の副次的なものとするよりも、僧尼の質の向上のため、よりよき僧尼育成のための努力と考える方が自然ではなかろうか。少なくとも『続日本紀』をみれば、文武天皇以来、学士優遇・学問奨励策はとられているにもかかわらず、僧尼育成に関しては、逆に優秀な人材を還俗させこそすれ、その対応策は全くとられていないのである。それが霊亀三年（七一七）四月を期して、一斉に行われ始める。政権は藤原不比等から長屋王へと移行しても、基本方針はそのまま継承される。

　このような政策が実施され始めた原因については、恐らくは、藤原不比等による大宝僧尼令の徹底という政治的理由に加うるに[20]、唐の実状把握等が進んだからではなかろうか。道慈は養老二年（七一八）に帰国するが、彼の発言もまた、大きな影響を与えたにちがいない。彼の著わした『愚志』は残存しないが、『続日本紀』天平十六年十月辛卯の卒伝によれば、この著書で彼は、「僧尼の事を論ず」とあり、その略に曰くとして、「今察下日本素緇行二仏法一軌摸上、全異下大唐道俗伝二聖教一法則上、若順二経典一、能護二国土一、如違二憲章一、不レ利二人民一、一国仏法、万家修レ善、何用二虚設一、豈不レ慎乎」とある。よりよき僧尼育成の方途は、やがて天平六年十一月戊寅の太政官奏となる。それにはまず、「仏教流伝、必在二僧尼一、度二人才行一、実二簡所司一、比来出家、不レ審二学業一、多由二嘱請一、甚乖二法意一」と、従来までの実情を伝え、「自レ今以後、不レ論二道俗一、所レ挙度人、唯取下闇二誦法華経一部、或最勝王経一部一、兼解二礼仏一、浄行三年以上者上、令二得度一者、学問弥長、嘱請自休」が、一応僧尼になるための最低条件を示している。さらにその方針は、すぐれた戒師招請までへと発展していったのである。普照・栄叡の派遣は、このような状勢の下で決定されたのであろう。

ところが、大仏造顕事業が推進され始める頃から、政府による大量得度が続々行われる。出家人試所は設置されたが、天平六年十一月に定められた規準に達しないものが、数多く出家したことはまちがいない。養老年間以後の僧尼育成の方針とは矛盾するものといわねばならぬが、ここに、律令政府のもつ出家観があらわれているように思える。一方ではすぐれた僧尼の育成を問題としながら、他方では出家を、独立した個人の出家としてではなく、多くの人々を出家させるという行為に意義をもたす、もっといえば、写経や経典の転読等と同列のものと考える一面があったのではなかろうか。(21)

以上、二人の還俗僧を通して、奈良時代僧の実態をさぐろうとしたが、そこには、後世とは大きく異なる出家像をみることができた。これが下出積與氏のいわれるような、政治的には定着したが、宗教的、思想的にはいまだ定着しない仏教の実状といってよいのかもしれない。

註

（1）福山敏男『奈良朝寺院の研究』壺坂寺（南法華寺）項

（2）後述の『文徳実録』嘉祥三年十一月己卯条によれば、図書頭兼内薬正の時があったことは明らかであるが、その期間は不明である。

（3）吉田連宜の文才について吉川幸次郎氏は、『万葉集』巻五に記されている旅人への書簡から、「おなじ巻に見える憶良の漢文が、やはり相当上手でありながらも、ところどころ首をかしげさせるところがあるのにくらべて、より一層、上手であるように思われる」「よほど漢土の語彙と語法とに熟達した人の文章であり、従っていわゆる和習に乏しい文章であり、従ってまた大体、当時の漢土本国の人の文章と、おなじ標準で読んでよい文章であると、思われる」とされる（吉川幸次郎「土屋文明氏『万葉集私注巻五』」〈『雷峰塔』所収〉）。

（4）『家伝』下、武智麻呂伝

（5）前述書簡の宛名について、土屋文明氏は憶良とされるが、吉川氏は前掲文のなかで、「宜の主を恋ふ誠は、誠、犬馬に逾え、徳を仰ぐ心は、心葵藿に同じ」という表現より、旅人と断定されているが、大方の意見もほぼ旅人のようである。なお、『懐風藻』には、吉田連宜の駕に吉野宮に従う一首があるが、いつなのかは不明である。旅人が神亀元年（七二四）三月の吉野行幸に参加していることからすると、共にこの時同行し、お互いを認めあったのかもしれない。

（6）『日本古代人名辞典』によれば、「従五位下に叙せられ、ついで常陸介となったらしく」という。『続日本紀』によれば、和銅七年十月丁卯に従四位下の石川朝臣難波麻呂が常陸守に任ぜられているのは、従五位下常陸介と関係があるのであろうか。

（7）小学館日本古典文学全集本の『万葉集』頭註によれば、一七一九番の春日蔵を老とする以上、別人とみるがよいとする。

（8）板橋倫行『万葉集の詩と真実』

（9）亀井勝一郎『古代智識階級の形成』

（10）下出積與「万葉集の宗教と思想」（『歴史公論』第三巻第三号）

（11）下出氏は、A類に僧恵行・通観僧・沙弥満誓・博通法師・三方沙弥・久米禅師・弁基の計七名、B類はある法師・ある沙弥・ある沙弥尼二名・元興寺僧の計五名、C類に僧玄勝、D類には縁達師・元仁・小弁の三名をあげる。

（12）田村圓澄「万葉集と仏教」（『万葉集講座』第二巻）

（13）豊浦寺の尼が、私房で宴を開き、しかもその歌のなかに、

秋萩は　盛り過ぐるを　いたづらに　かざしに挿さず　帰りなむとや（巻八、一五五九）

とあるごときは、田村氏の指摘のごとく、「異性に対する挑発が秘められているようである」（註(12)論文）。

（14）宇佐美正利「貴族から僧侶へ」（下出積與編『日本における倫理と宗教』所収）

（15）『懐風藻』釈辨正伝

（16）『七大寺年表』大宝二年条

（17）『続日本紀』神護景雲二年六月庚子条、高丘宿禰比良麻呂卒伝

（18）田中卓「還俗」（『続日本紀研究』第一巻第一二号）

(19) 井上光貞「東域伝灯目録より見たる奈良時代僧侶の学問」(『史学雑誌』第五七編第三・四号)。以下、同氏の引用論文はすべてこれによる。

(20) 取締り強化の背景には、行基等を中心に大きくふくれあがった宗教集団に対する、不気味さ、恐ろしさがあったと思われる。

(21) 還俗者に対する代度のごときも、全く個人の出家修行とは異なり、この当時独自の出家観といわねばならぬ。

十二　渡来後の鑑真

――戒師招請をめぐる問題――

奈良時代において、正式に戒師招請の使が派遣されたのは、史料上確かめられる限りでは、天平五年（七三三）ただ一回である。しかし、これによって天平八年には道璿が渡来し、天平勝宝六年（七五四）には鑑真一行を迎えることになったのである。彼らの来朝は、わが国仏教界にかなり大きな影響を与えたものと考えられ、それらについてはすでに先学によって、色々な角度からの優れた研究がものせられている。

道璿については、華厳教学と梵網戒への造詣の深さによって、大仏造顕時代の僧界に大きな貢献をしたことが(1)、また鑑真来朝の影響については、新戒伝授とその受容に関する諸問題、唐招提寺建立をめぐる問題等が、種々の面から究明されている。これらの点に関する限り、もはや異論を挟む余地は殆どないように思われ、従っていま再び、道璿や鑑真の渡来に関する諸問題をとりあげることは、あるいは屋上屋を架するものとの責を受けるかもしれない。しかしながら、それにもかかわらず卑見を述べたいと思うのは、従来の研究においては、比較的等閑視されていた授戒の歴史の上での戒師招請の役割、例えば、この天平五年という時点で何故戒師を招請しようとしたのかとか、従来の授戒の制が、とくに鑑真来朝後、どのような変化をしめしたかというような問題について究明したいと考えたからである。

(一) 戒師招請のこと

『続日本紀』天平四年八月丁亥条によると、遣唐使任命の記事があり、従四位上多治比真人広成を大使に、従五位下中臣朝臣名代を副使として、判官四人、録事四人が任命されている。さらに九月甲辰には、近江・丹波・播磨・備中等の国に遣唐使船の製造が命ぜられているが、この船に便乗して翌五年四月己亥には、興福寺僧栄叡・普照が戒師招請の任務を帯びて入唐している。『東大寺要録』の記載によれば、彼らの派遣は、戒足なきを嘆じた元興寺の隆尊と、その意を帯した舎人親王の努力によって達成されたとする。ところが、この記載には納得のいかない点がある。それは鑑真渡来以前では、三師七証による授戒が未だ行われなかったことは事実であろうが、どうしてこの天平五年という時点で、初めて戒師を招くことになったのだろうかということである。仏教伝来以来約二〇〇年、仏教の修行が戒定慧の三学に帰し、持戒が定慧の根本をなすことからすれば、受戒が僧尼にとって必要欠くべからざるものであったことはいうまでもなく、三師七証によるものではなくとも、何らかの形式は慣習的に成立していたとみなければならぬ。しかもこれまで、大陸よりの優れた僧の来朝や、多くの留学僧の帰朝によって、完備した具足戒の伝授が行われうる可能性は十二分に存在した筈である。それがこの時点で、とくに戒師を招請するに至ったことについては、何か別の事情があったと考えねばなるまい。しかも、鑑真渡来後も旧戒を主張した僧の少なくなかったことから考えても、安藤更生氏も指摘されるように、戒師の招請が国内仏教界の一致した要望でなかったことは確かである。ではいかなる事情があったのであろうか。安藤氏はこれについて鋭い考察の眼を向け、「この招請は何か政治的意図を含んだものであった」とされる。そして、「放埒に流れる仏徒を取締るには、まず唐から傑れた戒師を迎え、その正しい戒儀を整えることが最も近道である」とし、この智慧を出したのが隆尊で、行基一派の運動に悩まされていた舎人親王が、この政策を打ちだしたのだと結論される。[2] きわめて示唆にとむ見解であり、とくに戒師招請が政治的意図をもってなされたという指摘は大変興味深いが、私にはもう少し具体的に、かかる政策が、どういう状態のなかから打ちだされたものなのかを、考えることが必要なように思われる。

ところで、当時の対仏教政策はどのようにして決定されたのであろうか。政策としてだされる場合には、それは詔勅や太政官符の形をとるのであるが、実際には恐らく、特殊な人達の個人的意志を反映する場合もあったろうが、政権担当者の計画に僧綱も参画する、あるいは僧綱の提案を律令政府がとりあげる、といった形で決定推進される場合が多かったと思われる。

僧綱の任命は、僧尼令任僧綱条によれば、

凡任二僧綱一、謂二律師以上一、必須レ用下徳行能伏二徒衆一、道俗欽仰、綱二維法務一者上、所レ挙徒衆、皆連署牒レ官、

とある。この場合、徒衆とは僧をいうのであり、この点からすれば僧綱の人事は、一応僧界の推挙によるものであったといえる。しかし、任命権をもっていなかったことは注意しなければならぬ。その任命は、勅任という形で行われたのである。この形式は、周知のごとく選叙令任官条によれば、大納言以上・左右大弁・八省卿・五衛府督・弾正尹・大宰帥の任命の場合にとられたのである。しかしこの場合、勅任という形をとりながらこれらのポストが、すべ

て天皇の意志によって任命されるということには甚だ疑問がある。むしろ、政権の移動とかかるポストの移動とは、密接な関連をもっているように思われる。さらにいえば、勅任には、政権担当者の意志が働きうる可能性をかなりもっていたといいうる。このことは僧綱任命の場合にも、徒衆の推挙に問題はあるが、決して例外ではなかったと考えられる。道鏡政権下のような特例は除いても、養老元年（七一七）七月の恐らくは藤原不比等による辨正・神叡の採用、天平十七年（七四五）一月の行基の大僧正登用、天平勝宝八歳（七五六）五月の良弁・慈訓等の任命などは、このことを具体的に示してくれるようである。[3] そして、これら抜擢された人達が、仏教政策面でかなりの影響を与えたと思われることから推察すると、僧綱と政権担当者との間に関係のあることは、政府の対仏教政策を円滑に推進させるための、大切な条件であったといえるかもしれない。

ところで、いま問題とする天平初年頃の台閣および僧綱はどのようであったろうか。まず注意すべきは、神亀六年（七二九）二月にはいわゆる長屋王の変が勃発し、政局が大きく動いていることである。光明子の皇后冊立を一つの契機として、藤原氏の専制政治体制確立のため、この乱は計画されたと一般に考えられているが、事実、神亀六年三月には武智麻呂は大伴旅人をこえて大納言に、九月には房前が中務卿となっている。また、藤原氏に協力して長屋王を倒す謀議に参加した多治比真人県守・石川朝臣石足・大伴宿禰道足は権参議として台閣に入っている。さらに天平二年（七三〇）九月に大納言多治比真人池守が、翌三年七月には同じく大納言の大伴宿禰旅人が共に薨ずると、天平三年八月以後、政府の要職は、知太政官事舎人親王の下に、藤原氏とその同調者によって独占されたといってもいい状勢となった。一方僧綱は、『続日本紀』天平元年十月甲子条によれば、

以二辨浄法師一為二大僧都一、神叡法師為二少僧都一、道慈法師為二律師一。

という記載がみえ、『七大寺年表』によれば、さらに同日良敏が少僧都に任命されたとある。このうち辨浄(辨正)は少僧都より、神叡・良敏は律師より昇格したものであるのに対し、新しく僧綱に入ったのは道慈ただ一人である。長屋王の失脚が、彼の僧綱入りの要因になったであろうことは、すでに先学によって指摘されている通りであるが、大きな政変に比して小さい移動といわねばなるまい。このことは、前代の仏教政策がかなり継続されることを意味するようだが、しかしながら長屋王の死は、藤原氏を中心とした新政権を成立させ、道慈を新たに僧綱に加えたことによって、その影響をうけたことはまちがいないと思われる。勿論、政策の変更には、人事の更迭ばかりではなく、客観状勢の変化をも考えねばならぬことはいうまでもないが、天平期に入ってからの仏教政策は、明らかに前代とは異なった一面がでてきているのである。

以上、政権と僧綱と仏教政策との関連について考察したが、ここで再び、問題を天平五年の戒師招請にもどして考えてみよう。まず戒師招請の目的について安藤氏は、戒儀を整え、具体的には行基の徒の取締りをするためといわれるが、果してそうであろうか。『続日本紀』天平三年八月癸未条には、

詔曰、比年随二逐行基法師一優婆塞優婆夷等、如レ法修行者、男年六十一已上、女年五十五以上、咸聴二入道一、自余持レ鉢行レ路者、仰二所由司一、厳加二捉搦一、

とあるが、これは、養老期の行基とその集団に対する圧迫政策が変更されたことを意味すると思われる。また、僧尼令非寺院条の古記に行基大徳の記載がみえるのも、天平十年(七三八)[4]ごろ以前のいつかは明瞭でないが、やはり行基に対する評価の転換が行われたことを示すものといわねばならぬ。そのほか、確実な史料とは断定しえないが、『行基年譜』によれば、

聖武天皇十年天平五年癸酉閏三月、朝廷与轝車一両得度卅五人給、（下略）

とあることも一応注意する必要がある。このように行基に対する政策と評価の変化には、新為政者による行基への再認識はいうまでもなく、「放埒に流れる仏徒」ではなく、行基の下で造橋築陂その他の社会事業に奉仕する仏徒達への再評価もまた、大きな要素になったと思われる。かように天平初年以後、行基とその集団への再評価がなされつつあったとすると、安藤氏の主張せられるように、戒師招請を行基の徒の取締りのためと断定できるかどうか、甚だ疑問である。

つぎに、戒師招請のことは、一般に隆尊の舎人親王への働きかけにより実現したという『東大寺要録』の記載が通説となっているが、果してそうだろうか。私には隆尊に関する限り、その信憑性はうすいように思われる。隆尊自身が戒律に詳しかったことはまちがいない。戒足なきことを嘆じたのも事実であろう。『延暦僧録』隆尊伝には、「嘆レ無二戒足一」といい、「而隆尊雖攱戒律大行、平生業華厳経」とも記す。国史大系本の頭注にもあるごとく、攱の字は未詳だが、戒律と華厳をよくしたことはわかる。また、正倉院文書によれば、天平十八年（七四六）四月、後の東大寺律宗大学頭安寛の宣によって、『摩訶僧祇律』を貸していることが知られ、(5)かなり戒律関係の書をもっていたのであろうと思われる。さらに、『続日本紀』天平勝宝三年四月甲戌条によれば、道璿と共に律師に任命されている。律師に任命されるものが、原則として戒律に詳しい人物であることからしても、彼の戒律に対する造詣の深さは十分推測される。それにもかかわらず疑問をもつのは、彼の天平五年当時の年齢と地位である。『七大寺年表』の記載を信ずると、彼は天平宝字四年（七六〇）四月十八日五五歳で入滅している。とすれば、天平五年（七三三）にはわずかに二八歳である。さらにその時彼は、政治的発言をなしうるような何らかの要職にあったとも思えない。その隆尊が、果して知太政官事

舎人親王に対して、「智慧を貸す」ようなことができたかどうか甚だ疑問なのである。(6)

では、どのような人達が中心になって、どういう目的で智慧を貸したのだろうか。『続日本紀』天平六年十一月戊寅条には、

仏教流伝、必在二僧尼一、度二人才行一、実二簡所司一、比来出家、不レ審二学業一、多由二嘱請一、甚乖二法意一、自レ今以後、不レ論二道俗一、所レ挙度人、唯取下闇二誦法華経一部、或最勝王経一部一、兼解二礼仏一、浄行三年以上者上、令二得度一者、学問弥長、嘱請自休、

という太政官奏を記す。これは、得度のための最低条件を初めて明示したものだが、かかる規定作成の目的とするところは、「このごろの出家は学業を審らかにせず、多くは嘱請に由る」ことをなくしていこうとするにあった。「仏教の流伝は必ず僧尼に在り」と確信する為政者は、実質をともなわない僧形の出現を防ぐため、かかる政策をうちだしたと思われる。天平五年の戒師招請計画をこの太政官奏と対比してみると、戒師招請が、少なくとも唐の制をとり入れてわが国授戒の制を整え、よりよき比丘・比丘尼を作ろうとしたものと考えられることからすると、これらは共に、悪質な僧尼の出現を防ぎ、よりよき僧尼を育成せんとする共通の目的・方針の上に立てられた政策と思われる。

つぎに、これらの政策の立案には、養老元年（七一七）以来僧綱にある辨浄・神叡が参加しているのは勿論だが、道慈もまた大きな役割を果したと推察される。道慈は養老二年に帰国の後は、神叡と共に釈門の秀として仏教界の期待を集め、舎人親王の下では『日本書紀』の編纂に従事し、後には大安寺の造営や国分寺創建計画にも参加したが、(7) さらに『愚志』一巻の著述もあり、そのなかで僧尼のことを論じたとある。『続日本紀』天平十六年十月辛卯条の道慈卒伝によれば、『愚志』の略として、

今察下日本素緇行二仏法一軌摸上、全異下大唐道俗伝二聖教一法則上、若順二経典一、能護二国土一、如違二憲章一、不レ利二人民一、一国仏法、万家修レ善、何用二虚設一、豈不レ慎乎、

とある。これについて井上薫氏は、養老年間における小乗仏教的な僧尼令による弾圧政策に対する批判と解せられるが、(8)僧尼のことを論じたという記事を合せ考えると、甚だ大胆な推測だが、大唐とは大きく異なる日本の僧尼について、批判を加えていたのではないかと思われる。(9)そしてそのことが、仏教の流伝が必ず僧尼にある以上、「護国土」「利人民」という状態にもっていくために、僧尼育成の政策をより一層推進せしめたのではないかと憶測する。

かくして、天平六年(七三四)十一月にだされた太政官奏が、沙弥・沙弥尼になるために作られた最低の規定であるのに対し、この戒師招請は、大唐の制にならって、優れた比丘・比丘尼を育成していくための機構を作ろうとしたもので、神叡・辨浄と共に、唐の仏教事情に詳しい道慈の強い献策によって実行されたのではないかと推測する。

(二) 鑑真渡来後の問題

栄叡・普照は入唐後、まず洛陽大福先寺に道璿を訪ねて来朝を請い、さらに在唐一〇年を経て、揚州大明寺の鑑真に東航を懇請した。鑑真は、五回にわたって渡航を企てたがいずれも失敗し、さらにその間、栄叡の死、自身は盲目になるなどの悲運にも屈せず、ようやく念願を果して渡来したのは、天平勝宝五年(七五三)十二月という。翌六年二月一日には難波に上陸し、四日には入京している。従うもの二四名、主なものに法進・思託・如宝等があった。道璿・菩提・藤原豊成・仲麻呂等が鑑真を慰労し、さらに吉備真備が勅使として東大寺へ派遣され、

大徳和上遠渉滄波、来投此国、誠副朕意、喜慰無喩、朕造此東大寺、経十余年、欲立戒壇伝受戒律、自有此心、日夜不忘、今諸大徳遠来伝戒、冥契朕心、自今以後、授戒伝律、一任和上、

という詔を伝えたという。『唐大和上東征伝』のこの記載を一応信頼するならば、授戒伝律のすべての権限が鑑真に移行されたことになるが、このことは従来行われてきた授戒と、具体的にどのような変化があったのだろうか。

いかなる変化があったかを明瞭に知るために、鑑真渡来以前の状態について考察することから始めよう。まず受戒の場所は、「西琳寺縁起」によれば、少なくとも大宝三年（七〇三）には大官大寺、和銅元―二年（七〇八―九）には飛鳥寺、養老五年（七二一）以後少なくとも神亀四年（七二七）までは、薬師寺で行われていたことがわかる。また、最澄の『内証仏法相承血脈譜』によれば[10]、「伝燈大法師位行表、年七十二、臘五十二、以㆓天平十五年三月廿九日㆒、於㆓興福寺北倉院㆒受戒」と、興福寺北倉院でも行われたらしく、一貫して一定の場所で行われていない。但し、同時にいくつかの受戒の場所があったとは考えられない。受戒の行われる時期は、前述の「西琳寺縁起」等にみられるように、三月二十八日、四月二十八日、四月十五日、三月二十九日と、史料による限り、三月乃至四月に限られていたようである。受戒の対象は、官の度牒をもった沙弥・沙弥尼に限定され、その手続きについては、直接沙弥・沙弥尼が受戒の場所へ行き受戒したのではなく、その前に、何らかの手段がとられたに違いない。時代は降るが、貞観七年三月二十五日の太政官符にあるごとく、「爾乃毎年三月以前、僧綱放㆓牒諸寺㆒、令㆑進㆘当年可㆓受戒㆒者夾名㆖」というようなことが、すでに行われていたかもしれない。ところで、申告された沙弥・沙弥尼に対しては、すべてが無条件で受戒でき、比丘・比丘尼になりえたとは思われず、一応の検討を加える場所があったといわねばならぬ。「納櫃本経検定幷出入帳」に収める八櫃の天平十五年と推定しうる条には、

擬僧試所出智度論百巻　瑜伽論廿巻「四月一日納了」「赤万呂」

と擬僧試所なる記載がある。(11) この記載はわずか一所にすぎず、その実態を明らかにするのはいささか困難だが、僧に擬すという点からみて、沙弥・沙弥尼が比丘・比丘尼に至る前の関門と考えられる。(12) ただこの擬僧試所は、天平十五年という年から考えて、大仏造顕事業の推進と共に激増した大量度科に対処して作られた、一時的な機関であったといえるかも知れないが、しかし、名称は異なっても同一実態のものは、これ以前、これ以後もあったと推定してまちがいなかろう。前述のごとく、天平六年(七三四)十一月以後は、得度の場合の最低条件としてでさえ、法華経一部か最勝王経一部を闇誦し、礼仏を解し、浄行三年以上の条件を具することが必要であり、事実、「優婆塞貢進解」によれば、それらの条件を上回っているものが多いことを考え合すと、受戒の条件はもっと厳しかったと思われる。ただ養老以前、公験授与の制が未だ確立されていなかった時代や、天平十五年前後のように、政治的配慮が大きく支配した大量度科時代には、かなりの例外もあったであろうが、他の時代においては、一応一貫した受戒規準に従っていたものと思われる。時代は降るが、延暦十七年四月乙丑の勅に、「所レ習経論、総試二大義十条一(中略)其受戒之日、更加二審試一通二八已上一、令レ得二受戒一」とあるのや、貞観七年三月の太政官符にみられるような、最低二—三年の沙弥行と、法華最勝威儀三経の試験の通過程度のことは、最低条件として当然存在していたものと考えられる。そして、かかる考試を通過したもののみが受戒を許されたのであろう。授戒の方法としては、三師七証の揃いえなかったこの時期には、通受戒の方法がとられていたとしか思えない。なお、『続日本紀』天平十九年一月癸卯条によれば、

制下令二七道諸国沙弥尼等一、於二当国寺一受戒上、不レ須二更入京一、

と、諸国の沙弥尼は入京せず、当国の寺で受戒するという新しい事態が生れている。しかしこの場合、授戒が公験授

与という形で統轄されている以上、当国の寺とは、その国内のどの寺でもいいというのではなくて、恐らく国分寺と思われ、沙弥尼の考試・授戒は、一切当国の国師等に一任の形をとったと推定される。ところで、この沙弥尼という記載は、『続日本紀』の記載方法からすると沙弥をふくまないと考えられ、その点からするとこれは、大仏造顕事業によって急速にふえつつある、女性の出家に対する臨時的な、しかも多分に政策的な対応と思われる。戒牒授与については、治部省が最高の権限をもっており、戒牒には度牒と同じように、必ず治部省印があったと考えられる。

ところが、鑑真渡来以後は、種々の面に大きな変化がみられるようである。まず戒壇院の設置がそれである。『唐大和上東征伝』や『東大寺要録』によれば、天平勝宝六年（七五四）四月には盧舎那仏殿前に戒壇をたてて授戒したが、さらに五月一日には戒壇院建立の宣旨がだされ、翌天平勝宝七歳九月になって大仏殿の西に完成したとある。また、既述したように、来朝の時の詔に、「自レ今以後、授戒伝律、一任二和上一」とあったが、それを裏付けるものとして、『日本後紀』弘仁四年二月丙戌条によれば、最初にまず、

　治部省言、承前之例、僧尼出家之時、授二之度縁一、受戒之日、重給二公験一、拠勘灼然、真偽易レ弁。

と、養老四年一月以来の公験授与について述べ、さらに、

　勝宝以来、受戒之日、毀二度縁一停二公験一、只授二十師戒牒一、此之為レ験、（下略）

とある。勝宝以来とは、鑑真渡来後をいうことはまちがいなかろう。石田瑞麿氏はこれについて、荒木良仙氏の古い研究解釈をうけて、「それまでもっとも重視されて来た度縁の制度は戒牒にとってかわり、度縁は破毀されて、只十師の連帯（マヽ）した戒牒を授ける制度が確立された[13]」というが、これは全く誤読であるように思われる。すなわち、養老以後の公験授与の形は、授戒をした場合には、度牒を回収して新たに戒牒を授けていたものが、勝宝以後には従来のご

とき公験――治部省印のある戒牒ではなくして、十師の連署した戒牒を験として与えられたといっているのであって、決して石田氏のごとく、度牒を渡す制度にかわって、新しく十師連署の戒牒を授けるにいたったのではない。『続日本紀』宝亀二年正月壬戌条には、

自㆓天平神護元年㆒以来、僧尼度縁、一切用㆓道鏡印㆒印㆑之、至㆑是復用㆓治部省印㆒。

とあるように、鑑真渡来後も相変らず度牒は存在し、それには治部省印が必要だったのである。ところが、戒牒は授戒権の鑑真への移行によって、鑑真等、及びその後継者達である十師の連署でいいことになったのである。これは全く大きな変化といわねばならぬ。かくして従来までは、戒牒発行の最高権限が治部省にあったのが、これ以後は戒師に移行したといわねばならぬ。

ところが、かように戒牒授与の形式に関する変化があり、新たに授戒の権限が一任されたといっても、果して戒和上及び十師の権限が自由に認められたかどうか、また従来までの授戒と本質的に変化したかどうかについては、いささか疑問が残る。というのは、奈良時代において僧尼はあくまで官僧としてとらえられ、鑑真渡来後も、治部省印のある度牒をもつものにのみ受戒を許していると考えられる以上、しかもその名籍が、中務省と治部省で保管されるという事実からは、いわゆる開放的な授戒というものは考えられず、やはり従来までの枠のなかでの授戒権を一任されたにすぎないように思われる。

天平勝宝七歳（七五五）九月には東大寺に戒壇院が完成し、鑑真・法進等が戒師となって、正式の授戒が開始されている。天平宝字二年（七五八）八月には鑑真が引退し、法進がその中心となって活躍し始める。天平宝字五年正月には、勅によって下野国薬師寺・筑紫観世音寺にも戒壇を創建し、授戒を行うべきことが定められた。下野国薬師寺におい

ては東海道足柄坂以東及び東山道信濃坂以東を、観世音寺においては西海道を担当地域として、ここに三戒壇の設立をみるに至った。しかし、中国における授戒の方式が、四分律宗の興隆と共に、各地で造られた戒壇で、しかも度々行われたことと比較する時、わが国の戒壇院設立より三戒壇の完成にいたる授戒組織の発展も、鑑真の意図するところとはかなり離れたものになってしまったように思われる。(14) つまり、外形上新しい授戒の形式は一応整えられはしたが、授戒はこの三戒壇以外には認めないこと、一年に一度であること、受戒資格は度牒をもつものに限られること、戒牒をもつものだけに上級官僧への道が開かれていること等を考え合すと、鑑真の渡来後も官僧に対する授戒は、本質的には何も変っていないといわねばならぬ。

以上、授戒の方式上の変化をめぐる問題について考察したわけだが、さらに新渡来の戒律は、その受容の上で、この当時かなりの混乱をひきおこしたようである。例えば、『延暦僧録』普照伝に、

自レ至二聖朝一合国僧不レ伏。無戒不レ知二伝戒来由一

とあるのや、『東大寺要録』所収の『延暦僧録』に、

有二興福寺僧法寂一起立大叫二麁言一

とある記事などは、新来の戒律に対する少なからざる反感を示したものといいうる。いま、鑑真渡来以前の戒律について考えてみると、その主流をなすものは、中国にみられるような体系的なものではなく、東伏見邦英氏が指摘されるように、仏教伝来以来の長い伝統と信仰に支えられた慣習的戒律ともいうべきものであったと思われる。(15) 日本の戒律は、強いていえば、天平八年(七三六)道璿を迎え、大仏造顕事業が開始された頃以後、本格的に学問として研究されるようになったのではないかと考える。史料上では、天平十九年二月十一日の「法降寺伽藍縁起幷流記資財帳」と

「大安寺伽藍縁起并流記資財帳」に、初めて律衆という記載がみえ、律研究グループが生れたことを知る。さらに、天平勝宝三年のものと推定される「僧智憬章疏本奉啓帳」や、同年十一月十二日の「東大寺律宗牒」によれば、東大寺にも律宗が成立し、戒律に造詣の深い安寛を大学頭に、法正を小学頭、仙主を維那に任命して、その研究が進められていたことがわかる。(16) このようにしてようやく戒律研究が本格化したころ、鑑真一行が来朝し、旧戒を主張する人達との間に対立が生じたのである。例えば、興福寺維摩堂における論戦のごときは、両者の意見の相違を如実に示したものといっていい。すなわち、志忠・霊福・賢璟等が旧来の授戒を正当化するため、占察経を引いて自誓受戒を主張したのに対して、思託側は『瑜伽論決択分』第五三巻を引用して、「若容二自者如一是律儀都無二軌範一」とこれを論破したと伝えられている。(17) この結果は、志忠・賢璟等の服するところとなり、八十余人が旧戒を捨てて鑑真の戒を受けたというが、それでもなお、法寂のように従わない僧も多かったと思われる。また、『僧綱補任』や『七大寺年表』によると、天平勝宝七歳の条に、道璿・隆尊の律師引退を記しているが、これも鑑真の来朝と関係があると考えられる。隆尊については前述のごとく、戒律についての造詣深く、天平勝宝三年(七五一)四月には律師に任命されて、鑑真渡来前の戒律面の指導的地位にあった人物といってよい。また、道璿は天平八年(七三六)に来朝後、華厳教学や戒律研究の面で指導的役割を果し、天平勝宝三年四月以後は、隆尊と共に律師として活躍しているのである。常盤大定氏は、鑑真の戒が瑜伽戒であるのに対して道璿の戒は梵網戒であり、それが対立をもたらしたと考えている。(18) 隆尊の場合は、いかなる戒に基づいたのかは断定しえないが、両者共に鑑真と相容れない戒律思想をもっていたことはまちがいなく、しかも、旧戒の指導的立場に立っていたことが、彼ら二人を僧綱から去らしめる要因となったのであろう。

ところで、『続日本紀』天平勝宝八歳五月丁丑条によれば、僧綱の新メンバーが発表され、大僧都に鑑真、小僧都に慈訓、律師には法進・慶俊が新たに加わっている。これは聖武上皇不予の際の活躍を認めての論功行賞的な意味をふくめ、さらに隆尊・道璿の引退にともなう人事であったともいえる。しかし、前にも述べたごとく、僧綱の任命は、その時の政権担当者と密接な関係をもつ可能性の多いことから推測すると、この場合の任命にも、政権担当者の意図がかなり反映していたことはまちがいないと思われる。もっと具体的にいえば、当時もはや最強の政治権力を握っていた仲麻呂や、彼の庇護者たる光明子が大きな影響力をもっていたといいうるようである。事実、仲麻呂と慈訓との間には興福寺別当として、さらには仲麻呂のブレーンとしての深い関係が、また、慈訓や慶俊と光明子との間にも、慈訓には看病禅師としての内道場での関係があり、慶俊には法華寺大鎮としての結びつきがあった。[19] 鑑真・法進の僧綱入りも、やはり光明子や仲麻呂の鑑真に対する帰依、あるいは期待が、その要因となっていたと思われる。かくして僧綱は、為政者とよく、そのうえ、まさに「或学業優富、或戒律清浄、堪二聖代之鎮護一、為二玄徒之領袖一」べき僧達によって構成されたのである。そのメンバーは、僧正菩提、大僧都鑑真・良弁、小僧都慈訓、律師法進・慶俊の六人である。ところで、『続日本紀』天平宝字元年閏八月丙寅条には、

勅曰、如聞、護二持仏法一、無レ尚二木叉一、勧二導尸羅一、実在レ施レ礼、是以官大寺別永置二戒本師田十町一、自今已後、毎レ為二布薩一、恒以二此物一、量二用布施一、

と、戒律尊重の政策をうちだし、さらに、『続日本紀』同年十一月壬寅条には、

勅、以二備前国墾田一百町一、永施二東大寺唐禅院十方衆僧供養料一、伏願、先帝陛下董二此芳因一、恒蔭二禅林之定影一、翼二茲妙福一、速乗二智海之慧舟一、終生二蓮華之宝刹一、自契二等覚之真如一、

ともあるが、これらはいずれも、鑑真・法進の存在と強くむすびついた政策といわねばならぬ。

ところが、この鑑真が在職わずか二年余にして、天平宝字二年八月庚子には大僧都の地位を離れている。『続日本紀』はこれについて、

其大僧都鑑真和上、戒行転潔、白頭不レ変、遠渉二滄波一、帰二我聖朝一、号曰二大和上一、恭敬供養、政事躁煩、不二敢労一レ老、宜レ停二僧綱之任一、集二諸寺僧尼一、欲レ学二戒律一者、皆属令レ習、

と伝える。これに対して井上薫氏は、「政事躁煩にして敢て老(七一歳)を労せざれとは表面の理由で、背景には僧綱と鑑真との政治的緊張が隠されており、それは授戒権の帰属問題と戒律思想の相違にもとづく」とされる。[20]また、細川公正氏はとくに授戒権の帰属問題について、「授戒得度の権限は、本来僧綱の下に集中統摂された所であったにもかかわらず、鑑真の来朝により、授戒の権限が、僧綱と戒律の大宗鑑真との間に分裂帰属する事態を生んだのではあるまいか」といい、[21]鑑真と僧綱の授戒権をめぐる葛藤を考える。

ところが、これらの所説にはいくつかの疑点があるように思われる。それはまず、細川氏が、授戒得度の権限は本来僧綱の下に集中統摂されていたとされることである。いま、度牒・戒牒授与の権限についてみると、それが僧綱には存在しないこと、さらに僧綱の所管範囲をみても、それがただ京内に限定されていること等を勘案すると、とても細川氏のごとく考えることはできないのである。鑑真渡来後の授戒の権限についても、前述のごとく、十師への移行があげられるだけで、本来僧綱の下にあったものが、「鑑真の渡来によって、鑑真と僧綱との間に分裂帰属する事態を生んだ」とは、とうてい考えられないのである。一方、井上氏も授戒権の帰属問題をめぐって、僧綱と鑑真との間に政治的緊張があったとされる。この場合、授戒権は鑑真の手から僧綱へ移ったと考えていられるようだが、鑑真引退後も授戒は相変らず十師の手によってなされ、戒牒も同一形式であったと考えられることからすると、授戒の権限

が僧綱に移ったとは思えず、この問題をめぐって政治的緊張があったかどうか疑わしい。ただ、井上氏が指摘される戒律思想の相違に関しては、授戒権の独立を考えたであろう鑑真と、従来通り官僧コースの一つとして授戒を考えたであろう人達との間に、意見の対立があったことはまちがいない。

ところで、引退後の鑑真は、唐招提寺を建立してここに移り住む。この場合、この寺の建立には、仲麻呂の力に負うところがきわめて大きかったと思われる。安藤更生氏は、第六子刷雄との関係を指摘されるが、仲麻呂自身も鑑真に深く帰依していたのであろう。「招提寺建立縁起」によれば、

一、食堂一宇　安置障子薬師浄土

右藤原仲麻呂朝臣家施入造立如レ件、

とある。(22) 仲麻呂朝臣家という記載からすると、必ずしも仲麻呂自身の施入であるといい切れないかもしれないが、井上薫氏(23)が用度帳から鑑真在世中に建立されたと推定される建物のなかに、食堂が入っていることは、天平宝字七年五月以前に、即ち仲麻呂の生存中に施入したものということができる。更に、

一、講堂一宇、右平城朝集殿施入、仍件堂造如レ件、

和尚御影、大安寺唐僧忍義、三月上旬夢講堂棟折落見、大師入滅相也ト思、来詣作之、其年五月六日御入滅了、

ともある。付記の部分は『唐大和上東征伝』にもあるところで、一応天平宝字七年（七六三）までに講堂が完成していたことを示すものといってよく、さらに「宝字四・五年にかけて平城京改修の議あり」「この改修にあたって、宮殿中の九間の屋を唐寺に施入して講堂とした」とも考えられる。(24) 天平宝字四-五年の頃にかかる方策をうちだしうるのは、何といっても仲麻呂の可能性が強いといわざるをえない。さらに年代は前後するが、唐招提寺建立の敷地として、故

新田部親王の旧宅が施入されたことも、仲麻呂等の配慮によるものと思われる。

　このように眺めてくると、鑑真活躍の時代は、仲麻呂の全盛時代にあたり、大僧都の時代も引退後も、かなり恵まれた政治的環境のなかにいたと思われる。ただ、前にも述べたごとく、「授戒伝律、一任和上」の勅をもらいながら本質的には何も変っていないことに対する不満、あるいは僧綱内での意見の対立等はあったであろう。それが引退の一つの原因になったとも思われるが、もっと決定的なことは、井上氏は否定されるが、「政事躁煩、不敢労老」ということであったろうと思われる。即ちすでに年老いた彼にとっては、政事躁煩な僧綱の任に留まるよりも、各地から戒律を学ぶため集まってくる僧達に、正しい仏法・戒律を伝授することの方がより重要と考え、老齢であることを理由に、辞任を申し出たのではないかと想像する。かくして鑑真は、戒和上の職は律師として僧綱で活躍している法進にゆずり、自らは次第にその規模の整いつつある唐招提寺にあって、「伝律」のことのみに専心したと思われる。(25)

　ところが、『延暦僧録』思託伝によれば、「後真和上移二住唐寺一被二人謗讟一」とある。これについて常盤大定氏は鑑真と道璿の対立とみなし、細川氏は前述の授戒権の帰属問題や、思託一派と法進一派の対立を考え、さらに安藤更生氏は、「誹謗の原因は経済上の問題（唐招提寺は天平宝字元年十一月、東大寺唐禅院に十方衆僧供養料として施入された備前国の田一百町を基礎として創められた）にからんでいたと思う」とされる。(26) これらに対し、かつて私は、十方衆僧の戒律学習の場である東大寺唐禅院から独立して一宇を建立し、しかも唐律招提の名を立て、一宗で一宇を建立したことが当時の常識を破るものであり、その上、経済的な問題がからんだことが誹謗の原因と推測した。(27) しかし、いまあらためて考えてみると、誹謗の原因はある明白な事実に基づくというよりは、法寂事件に示されたような新来者鑑真に対する感情的な反感、渡来僧としては、新しく寺院建立の許可を与えられたことなど、破格の厚遇をうけたことに対する不満等が重なりあい、僧界の一部に誹謗の声があがったのではないかと思われる。

以上、戒師招請の問題について二つの面から考察を加えてきた。第一には戒師招請が何を目的として行われたかという問題であり、第二には戒師招請が今までの日本の授戒形式の上で、どのような変化をもたらしたかということである。前者については、これが養老から天平にかけての一連の僧尼育成政策の一環としてとらえるべきであることを明らかにし、後者については、授戒権が鑑真に一任された結果、戒牒に治部省印が不必要となり、十師の署名がこれにとって変ったが、本質的には授戒権の完全な独立とはならなかったことを指摘した。さらに、鑑真の僧綱引退、唐招提寺建立をめぐる問題等についても若干考えるところを述べた。

註

（1）常盤大定「道璿律師の日本仏教史上に於ける位置」（『日本仏教の研究』所収）、井上薫「東大寺大仏造顕思想に関する試論」（『続日本紀研究』第二巻第一号）
（2）安藤更生『鑑真』（美術出版社）
（3）本書「慈訓」参照
（4）井上光貞「日本律令の成立とその注釈書」（日本思想大系『律令』解説所収）
（5）『大日本古文書』二四ノ一九六頁
（6）境野黄洋『日本仏教史講話』も堀池春峰「鑑真大和上東征の意義」（『歴史評論』第一六〇号）も、隆尊進言説には否定的である。
（7）井上薫「道慈」（『日本古代の政治と宗教』所収）
（8）井上薫「古代仏教制度論」（日本史論集『古代社会と宗教』所収）
（9）本書「道慈伝の一齣――『愚志』を中心に――」参照
（10）『伝教大師全集』第一

(11) 『大日本古文書』二四ノ一八八頁

(12) 堀池春峰「優婆塞貢進と出家人試所」(『日本歴史』第一一四号)

(13) 石田瑞麿『鑑真』

(14) ところが、弟子達は日本の実情に応じて活躍しているように思える。法進は「東大寺受戒方軌」を作成して、授戒制度の一層の威儀化を図ると共に、三戒壇設立をも提案し、辺境をもふくめての授戒の組織化をめざしたものと推察される。さらに、法進とは立場を異にしたといわれる如宝も、下野薬師寺戒壇院の設置にあたっては、大いに尽力したと思われる。『招提千歳伝記』の如宝少僧都伝によれば、「戒行清白、為レ国被レ重、住二持野州薬師寺一、誉振二東州一、天平宝字七年、親受二太祖遺嘱一、帰二住招提一」とある。

(15) 東伏見邦英「戒律伝来臆説」(『宝雲』第三三冊)。『三国仏法伝通縁起』によれば、一部においては四分律研究も行われていたようだが、石田瑞麿氏の指摘されるように、「実践の場にもたらされたものでは決してなかった」のである。

(16) 本書「安寛」参照

(17) 『延暦僧録』普照伝

(18) 常盤大定前掲論文

(19) 本書「慶俊」参照

(20) 井上薫「鑑真」(家永三郎編『日本仏教思想の展開』所収)

(21) 細川公正「鑑真の一考察」(『歴史地理』第七六巻第四号)

(22) 一応「護国寺本」による。

(23) 井上薫前掲論文

(24) 安藤更生前掲書。講堂の造立年代について、太田博太郎氏は、「『延暦僧録』の文屋浄三の伝にも『大内、先上の解き歇めし九間屋を施し、唐寺に入れ、講堂となす』とあって、平城宮の朝集殿を移したものと解されており、このことは建築自体からも妥当であると認められている。そして東征伝には天平宝字七年春、僧忍基が講堂の梁が折れる夢をみ、和上遷化の相であることを知って驚いたとあるから、和上入寂の天平宝字七年以前にあったものと考えられる」という(『南都七大寺の歴史と年表』唐招提寺)。この見解はすでに、福山敏男「唐招提寺の建立」「唐招提寺の成立」(『日本建築史研究』続編所収)や、浅野清「唐招提寺の建物」(近畿日本叢書『唐招提寺』所収)等にも示されている。

(25) 細川公正氏によると、官の教団の封鎖性を打破して無遮の理念を実現すべき具体的な道は、独立した授戒権をもつこと、そのために唐招提寺は建立され、戒壇が設けられたとする。ところが、すでに境野黄洋氏によって、さらには石田瑞麿氏によって考察されたごとく、唐招提寺に戒壇があったとは考えられない(境野黄洋『日本仏教史講話』及び石田瑞麿前掲書)。とすれば、唐招提寺での主な仕事は、伝律、すぐれた僧の育成にあったといわざるをえない。

(26) 安藤更正前掲書

(27) 拙稿「鑑真一行の渡来」(『古代文化』第九巻第五号)

付篇

一 他田水主とその一族

(一)

正倉院古文書のなかには、多くの優婆塞貢進解が残されている。『寧楽遺文』には、厳密には優婆塞貢進解とはいえないものをも含めて、一〇四通が収められている。ここにいう優婆塞とは、優婆夷とよばれた女性と共に、在家の仏教信者であり、得度して初めて律令政府より度牒を授与され、本格的な僧尼と認められて特権が与えられることになる。その資格としては、一応天平六年十一月戊寅の太政官奏によれば、法華経か最勝王経を闇誦し、礼仏を解し、浄行三年以上を最低条件とするとあるが、事実貢進解をみても、これをうわまわる条件を具備した人々が多い。さらに『日本霊異記』等をみると、たえず仏道修行に心をかけ、法名をもち、その上呪験力までもつ人達もいたことがうかがわれる。ところが、これらとは別に、仏教的知識・素養を全く身につけることもなく、ただ労役奉仕によってのみ、得度の特典を与えられたものもかなりの数に達したと思われる。造東大寺司や写経所等で働く優婆塞や、料理や浄衣の洗濯・修理等に従事する優婆夷達、やがてその数は、大仏造顕事業の推進と共に、優婆塞・優婆夷の労働力への依存度の高まるなかで激増し、優婆塞司までも設けて、その管理・監督にあたる必要に迫られる程にまでなったのである。

　ところで、かかる優婆塞・優婆夷は、すべてが出家への道をたどったわけではない。『続日本紀』天平勝宝二年一月丙辰条の「造東大寺官人已下、優婆塞已上、一等卅三人叙㆓位三階㆒、二等二百四人二階、三等四百卅四人一階」という大仏造顕事業の功労者に対する論功行賞の記載からも推察されるように、位をもらうことによって、下級官人のなかに入っていったものも多かったと思われる。あくまで出家を希望するものは貢進するのであるが、そのすべてが出家を許されたわけではない。出家人試所や擬僧試所等で査定が行われたにちがいないからである。いま、天平二十年四月二十五日の「写書所解」によると、(1)二七名が出家を請願している。ところが、その人名の上に丸印のついた人物がいる。これについて鬼頭清明氏は、「出家人としての審査結果を記したのではないかと思われる節がある」とし、その論拠として、「丸印のついた人名の多くは、その後、写書所、写経所から姿が消え、出仕していないものが多く、それに対して丸印のないものはすべて、その後も写経所等に出仕していることである」(2)とする。また堀池春峰氏も、「十一名は以後写経所関係文書にその名を見出し得ない点よりして」彼らが「適格者として得度を許された」可能性が強いとされる。(3)

　つぎに、貢進解にみえる被貢進者の本貫についてみると、京畿が圧倒的に多く、ついで畿内周辺では尾張・美濃がこれに続くが、全体としてみると、京畿以外の人々が過半数を占める。ところが、貢進時の居住地についてみると、殆ど平城京とその近隣と考えられそうである。(4)勿論不明なるものも存在するが、とくに本貫地が地方である場合には、師主や貢人の考察から、平城京内にいるとした方が自然に思われるのである。このことは、史料残存の偶然性の問題のみではなくして、地方僧尼の貢進解の取扱い上の問題にかかわることとも思えるが、ただ平城京内と地方とを比較すると、得度の場合には、圧倒的に前者が有利であったと考えられる。地方では、人数・機会にかなり制約があったのに対し、都では、大量得度等の機会により多く恵まれていたと思われるからである。しかしながら、地方の民衆が都にでて、その機をまちつつ写経所等で働き、さらに貢進されるにいたるには、何らかの縁故をたどることが、極めて有利な条件であったと思われる。その点を、天平十四年十二月二十三日の船連次麻呂、(5)天平十五年正月九日の荒田井直族子麻呂の貢進解、(6)さらに天平勝宝四年十一月十七日の僧法栄解(7)等は明らかにしてくれる。まず船氏は、王辰爾の後裔氏族として、いわゆる「新しい帰化人」(8)としてすぐれた外来文化をもたらすと共に、奈良時代まで高い文化水準を保った氏族であり、仏教界にも多くの逸材を送りだしている。(9)法相第一伝といわれた道昭や慈訓は、その代表的人物であるといってよい。また同時代に都で活躍していた人々には、いずれも下級官人だが、船連小楫・船連虫麻呂・船連家足等の名をあげることができる。その上、郷戸主は正六位上船連吉麻呂とある。師主である興福寺僧禅光もその出自は船氏の可能性もあり、しかも貢人が、治部省少録従八位上船連多麻布とあれば、条件としては整いすぎている程である。つぎに荒田井直族子麻呂の貢進解をみると、師主は元興寺僧賢璟とある。賢璟は尾張大僧都とよばれ、室生寺や多度神宮寺にも関与した名僧で、とくに奈良末—平安初頭にかけては、僧綱内で指導的役割を果した人物だが、(10)この時点で、同郷同族の子麻呂のため一役かっているのである。また法栄は、『続日本紀』天平勝宝八歳五月丙子条に、「勅、禅師法栄、立性清潔、持戒第一、甚能看病、由レ此、請ニ於辺地一、令レ侍ニ医薬一、太上天皇得レ験多レ数、信重過レ人、不レ用ニ他医一」といわれた人である。ここには辺地とのみ記されているが、宗形部岡足の本貫である筑前国宗像郡である可能性は強く、もしそうならば、これまた岡足の上京・貢進は、法栄の縁によったといえそうである。

(二)

正倉院古文書のなかに、

沙弥実進年拾捌　美濃国山県郡御田郷戸主他田水主戸口他田豊人　黒子頞中上一鼻折上一

右、奉天平廿年四月廿八日　勅、於奈良宮中中嶋院、伍伯拾人例得度、沙弥五百、沙弥尼十、

師主元興寺僧□興

という記載がある。[11] この文書は貢進文とは思えず、鬼頭清明氏は、「度縁の案文の断簡ではないか」とされる。しかもこれは、先述の天平二十年四月二十五日の「写書所解」と直接関係をもつものと推測される。さらに鬼頭氏はこの時の得度を二十一日に、元正上皇が崩じたことと関連があろうとされる。[12] さて、この史料によって我々は、奈良宮中中嶋院で「元興寺僧□興」を師主として五一〇人の例得度が行われ、美濃国山県郡御田に本貫をもつ他田豊人が、幸いにもそのなかに入り、沙弥実進となったことを知る。ここにいう例得度については、天平十三年十二月十四日の勅を奉じて、「於ニ国宮中一、七百七十三人例得度」また「難波宮中臣陸仟伍佰陸拾参人例得度」等の記載がみえ、薗田香融氏は「年分度者に当たるものではないか」とされるが、[13] 二葉憲香氏も指摘のごとく、あまりにも数が多く、年分度者と

は考え難い(14)。つぎに他田豊人が、どのような縁によって出家の機をつかんだかについては、上述の例から、郷戸主他田水主の存在によることは明らかである。では、他田水主とはどういう人物なのであろうか。その史料上の初見は、「経師等写疏紙筆墨等充帳」にみえる天平十八年十一月二十六日といってよい(15)。それが翌十九年正月五日付の「中臣寺僧慈蔵舎人等上日申送注文」によれば(16)、少なくとも二五人の舎人とともに中臣寺に派遣されており、恐らくは写経等に従事したものと思われる。これについて福山敏男氏は、「恐らく天平十八年十二月の末頃から翌十九年正月五日までの間に、臨時に金光明寺写経所からこの寺に舎人等が来って写経或は造営などのことに従ったので、その上日(出勤日数)を同写経所に報告したものであろう」とされるが(17)、このように氏寺にまで舎人・優婆塞等を派遣し、援助の手をさしのべていることは、天平期に打ちだされた仏教興隆政策の一環と考えてよい。ところで、天平二十年八月から翌年七月までの「経師等上日帳」には未選舎人とある(18)。とすると、前述舎人も未選舎人であったのであろうか。ただ彼は、最初から見習いの意味と思われる未選舎人となったのか、初めは経師として貢進されて写経所に入り、のちに未選舎人となったのかは明らかでない。それが天平勝宝二年八月から翌三年七月にいたる「経師上日帳」によれば、紫微中台舎人少初位上とある(19)。ここにいう紫微中台が天平勝宝元年(七四九)もとの皇后宮職を発展改組したものであることは周知のところである。その内容は、令一人正三位官、大弼二人正四位下官、少弼三人従四位下官、大忠四人正五位下官、少忠四人従五位下官、大疏四人従六位上官、少疏四人正七位上官という大規模な構成員をもち、藤原仲麻呂の令をはじめとして、大伴古麻呂・石川年足の大弼、百済王孝忠・巨勢堺麻呂・背奈福信の少弼等、吏務に有能な人々をもって編成されたのである。しかも紫微中台は、八省の筆頭である中務省の上位、太政官につぐ位置にあった。ここに他田水主は、遅くとも天平勝宝三年七月までに、恐らく実際には紫微中台発足と共に加わっていたのであろう。

また彼の官位については、天平勝宝元年八月より翌二年七月までの「経師上日帳」には無位とあることから考えると、[20]天平勝宝二年八月以後に、無位より二階級進んだといわねばならぬ。

ところが、このように新しく紫微中台に所属しても、彼は一貫して写経所関係の仕事に従事していた。このような写経所と官人としての仕事との兼務は、決して例外ではなく、中務省・式部省・民部省・兵部省・図書寮・春宮坊・紫微中台等の官人で、写経所の経師・校生・装潢・題師等になるものは非常に多い状態だったのである。このような官人の位階は概ね低く、例えば他田水主と共に紫微中台舎人となった大鳥連高人・川原蔵人人成も、正八位下・従八位下で、皇后宮職舎人として、さらには経師や校生として活躍してきた人達なのである。さて、かかる官人の写経所での勤務は、井上薫氏によれば、[21]初期の写経所では専ら彼らの労働に期待するところ大であり、しかも、官司の運営に支障をきたさない方針がとられていたのである。それが、写経事業の繁忙化にともなって、民間から「里人を貢進」させることになっていった。しかも、このように写経所で働くことは、官人にせよ、白丁にせよ、決してうとましいことではなく、むしろ布施を与えられて生活がうるおい、官人にあっては「慶事のさいに位階が昇進し」、白丁においても、「それを踏台として位階が与えられ、官人機構にむすびつき」、さらに出家の機会も与えられる等、望ましい点の方が多かったと推測される。これらを具体的に示す史料としては、例えば、年欠七月二十六日の「川村福物校生貢進啓」によると、式部蔭孫である若桜部朝臣梶取が、貢進に際して、「但未レ申二官司一、乞二照此趣一、且任二用之一、後日申二於官司一、可レ在之状申上、謹啓」[22]といっていることや、天平宝字六年閏十二月九日の「和雄弓啓」によれば、「預二書者例一、則生活得便、私願亦果」[23]とあること、さらには得度の便を与えられた前述天平二十年四月の「写書所解」等が注目される。

では他田水主は、写経所内でどんな役割を果していたのであろうか。他田水主の史料上の初見が天平十八年(七四六)十一月であることは、すでにみたところであるが、翌十九年になると、三月二十七日の「写疏所解」[24]に、自ら経師として活躍しつつ筆墨を要請し、六月四日の「経疏検定帳」[25]には知として経疏の検定にあたり、さらに十二月十五日の「写疏所解」[26]によれば、これまた経師として働きながら、経師六六名以上、校生一一名、装潢六名の布施の物を要求している。このほか、検定・検受・検収等の記載は枚挙にいとまないほどであるが、これらは、具体的に写経事務の円滑化を図り、責任者としての役割を果していたことを意味するものと思われる。またこれらのことは、他田水主の写経所内での歴史が、決して天平十八年以降というような浅いものではなく、より以前まで遡ると考えざるをえないし、一方経師としての能力も他の経師等より傑出し、主導権を握るほどになっていたことを示すものであろう。天平二十年八月より翌年七月までの「経師等上日帳」[27]によれば、他田水主の上日は三五三日にものぼり、写紙また一二八〇帳にも達して、完全に他の経師を圧倒していること等は、その一証左となるであろう。

さらに、他田水主の役割で注目すべきものは、しきりに寺使や請経師・返経使として高僧等の場所へ派遣され、あるいは経典の検受、返送の責任を果していることである。この仕事は、史料上では、天平勝宝二年(七五〇)十一月以後に多くみられるようであるが、彼の訪問先には、法華寺・平摂・大安寺法宣・同玄智・元興寺暁仁・玄印・理教等の所があげられる。このうち平摂・法宣・暁仁・玄印は、奈良時代の僧界において、学徳すぐれた僧の呼称として用いられた大徳とよばれており、なかでも平摂は、元興寺にあったが、恐らくは良弁の招きにより金光明寺に入った学僧で、その学殖の豊かさは、その所蔵書籍の厖大さによっても十分うかがわれる。かかる学僧訪問は、彼の写経所内での地位・役割ばかりではなくして、他田水主の人柄によるところが大きかったのではないかとも考えられる[28]。なお、彼の経師としての仕事は、「経師校生装潢上日案帳」によれば、(29)一応天平勝宝四年十一月までで終り、その後は、天平宝字二年の「造東大寺司解」にある、大般若経書写参加まで記録にはあらわれない。(30)これは恐らく、写経所内での地位の向上にともなって仕事が多忙をきわめ、写経従事の時間的余裕がなくなってきたのであろう。

ところで、天平勝宝五年五月七日の「紫微中台請留経目録」には、彼は検閲責任者として、紫微中台大疏近江大掾正六位上山口伊美吉佐美麿・少疏兼美濃員外少目従七位上高丘連比良麻呂とともに、「紫微中台舎人少初位上」と署名している。(31)この地位は前述のごとく、遅くとも天平勝宝三年（七五一）七月以来のものであるが、天平勝宝七歳正月二十九日の「造東大寺司政所符」によると、「案主他田水主」とある。(32)この案主の記載は、その後、天平宝字四年の「後一切経料雑物納帳」には、(33)校生として活躍した小治田年足、同じく校生として、のち造東大寺主典にもなり、他田水主と同一コースを歩んだ河内国大県郡の上村主馬養とともにあり、さらに同年十二月三日の「薬師寺三綱牒」、(34)天平宝字五年九月の「奉写一切経所綺下充帳」(35)等にもみることができる。しかもこれらの文書では、案主は造東大寺司主典と並記されていることが多い。このことは、案主が主典を補佐する役割を果していたものと思われる。その数は二、三名で、仕事の内容は一応写経所関係に限られるようであるが、「文書の記録・保管・作成」を担当すると共に、(36)米・小麦・大豆・塩・海藻・炭等の検納のごとき雑事にもあたったと思われる。また前述の「後一切経料雑物納帳」や「奉写一切経所綺下充帳」には領とも記されているが、その職務内容については、明瞭に区別しえない。

つぎに天平宝字二年八月二十八日の「造東大寺司解」によれば、「坤宮官舎人正八位下他田水主」とある。(37)坤宮官とは、唐の制度を模倣した藤原仲麻呂（恵美押勝）によって、天平宝字二年（七五八）八月二十五日に行われた官号改易によって生れたもので、紫微中台と同じである。ここに正八位下となっていることは、少なくとも天平勝宝五年（七五三）

七月に少初位下であったことからすると、丁度五年間に五階級も昇叙したことになる。この成選と昇叙との具体的時期や内容は明らかでないが、いずれにしてもこの昇叙は、坤宮官に属した有能下級官人であることに負う所大であったと思われる。また天平宝字五年四月二十二日の「奉写一切経所解」によると、「案主坤宮舎人正八位上」とあり(38)、さらに昇叙していることを知る。

ところで、この天平宝字五年(七六一)頃以降は、政局に大きな変動がみられ始め、仲麻呂的色彩の濃厚な坤宮官や造東大寺司においても、様々な動揺がおこりつつあった。すなわち、近江保良宮への遷御が契機となって、上皇・天皇の関係は急速に悪化し、平城京帰還後上皇は法華寺に入り、国家の大事・賞罰二柄は自ら行うと宣言する。このことは、淳仁天皇と仲麻呂が、孝謙上皇側と決定的に疎隔することを意味し、さらに反仲麻呂勢力が上皇・道鏡をいただいて、勢力を結集することにもなった。天平宝字七年には、藤原良継の仲麻呂暗殺計画が発覚して仲麻呂の心胆を寒からしめたが、つづく少僧都慈訓の追放事件等も、反仲麻呂の公然たる表明であった。また造東大寺司の動向も注目される。この問題については、すでに岸俊男氏によって詳述された所だが(39)、その長官の移動をみると、天平宝字七年正月には反仲麻呂派の佐伯今毛人が任命されたが、四月に解任、市原王を任命するが、天平宝字八年正月には反仲麻呂派の中心吉備真備が登用されている。市原王は造東大寺司の創設期に、玄蕃頭で造東大寺司の長官的地位についた人物であるが、仲麻呂派に属し、天平宝字七年十二月末におこった造東大寺司の判官葛井連根道らの舌禍事件の影響をうけ、引退しているのである。葛井連根道も仲麻呂派であったことは、長い彼の経歴が物語る。さらに、造東大寺司創設以来判官の地位にあった上毛野公真人は、すでに七年正月には美作介に転出し、春宮坊舎人出身で、天平勝宝三年八月以来の主典阿刀連酒主も、天平宝字八年三月を最後に、造東大寺司関係文書から姿を消している。越前国東大寺荘園の経営をはじめ、法華寺阿弥陀浄土院・石山院造営等に活躍した主典安都雄足も、同年一月四日付文書の記載が最後である。これに対抗するため仲麻呂は、天平宝字八年正月には軍事態勢強化策を打ち出すが、戦いは意外にも簡単に仲麻呂側の敗北におわり、仲麻呂的色彩は、あらゆる面からぬぐい去られた。

ところが、天平宝字八年十二月一日の「奉写御執経所請経文」には、「主典他田水主」とある。(40) 坤宮官舎人として、主典安都雄足輩下の案主として活躍しながらも追放をまぬがれ、主典になっていることは、彼が政治責任をとるべき地位にまでいたっていなかったのだろうか。その後の他田水主については、少なくとも天平神護二年（七六六）四月六日まで、主典の地位にあったことが明らかである。(41) かくして他田水主は、史料上確かめられるだけでも、天平十八年以来二一年の長きにわたって、写経所を中心に、下級官人としての生活を送ったのである。最終の彼の地位は、造東大寺司主典正八位上であったと思われる。この写経所関係の業務を中心とした下級官人としての長い活躍が、郷里の人達への刺戟となり、一族の縁故をたどって上京したものは、かなりの数にのぼったと推定される。正倉院文書中には、他田を名のる十余人を数えうる。勿論、これらすべてを一族と断定することは困難だが、その多くは、他田水主との縁で、写経所や造東大寺司で働くことになったと推測できそうである。なかでも前記実進のごときは、郷戸主他田水主の戸口であることを考えれば、当然彼との関係で入京し、恐らくは写経所内で働きながら、得度の機をつかんだものと思われる。

いま、この他田一族と考えられるものについても考察を加えるならば、まず最も古い記録を残しているものには、他田毛人がいる。すでに天平九年の「写経校紙筆幷墨直銭注文」にその名がみえるが、(42) その後は長い空白ののち、天平宝字五年正月六日の「奉写一切経所解」には、「坤宮官舎人少初位上」としてあらわれる。(43) さらに同年四月の「奉写一切経所解案」によれば、校生として名を連ねている。[44] 時に他田水主は、同じく坤宮官舎人であるが、案主として造東大寺司の一員として活躍している。つぎに他田山足は、史料上では、天平十九年（七四七）十一月以降天平勝宝四年（七五二）三月まで、写経所にいたことがみえる。[45] 経師としては、まず天平十六年九月の「筆墨進送并充用注文」に他田在人の名が記されている。[46] さらに他田千足・豊足・嶋万呂の名もあげられる。千足は、前述「奉写一切経所解案」に一度だけその記載がある。ただ興味深いことは、布施布三〇端二丈一尺を伊福部大道が代ってうけとっていることである。伊福部氏は、大宝二年の「御野国戸籍」によれば、他田氏と同じ山県郡内におり、同じ場所で働く同郷のよしみで受けとったと推察される。豊足は、「百部法華経充本帳」によって天平勝宝六年八月には東大寺写経所に勤仕していたことがわかり、翌七歳六月までの存在が確かめられる。[47] 嶋万呂の史料上の初見は、神護景雲四年（七七〇）七月である。東大寺奉写一切経所に出仕し、経師として実に多くの写経に従事しており、宝亀七年（七七六）まで活躍のあとをたどることができる。[48] 造東大寺司木工としては、他田小豊・乱・安得の三人があげられる。小豊の史料上の初見は天平宝字六年二月で、[49] 木工五人とともに石山院造営のため、造東大寺司より造石山院所へ出仕したとある。それ以来、五月に一度休暇をとって奈良へ行ってはいるが、七月まで上日し、二十五日には石山院の番上として考に預かり成選し、考銭四文を進めている。[50] 天平宝字六年の「造石山院所公文案帳」によれば、「造東大寺司番上少初位上他田小豊」とある。[51] 乱は、天平宝字六年頃作金堂所に所属し、[52] 安得は、天平宝字六年四月二十七日の「造石山院所解」によると、木工とある。[53] このような石山院造営のための木工は、造東大寺司より派遣されたものと、直接民間から貢進されたものがあったと思われるが、これら他田氏の木工達の仲間には、同じく山方（県）郡の穂積川内や、斐太国の散位寮散位従八位下勾猪万呂らがいた。[54] その他、天平勝宝二年八月には雑使として造東大寺司にいた他田小主、[55] 天平宝字六年三月の「造石山寺所食物用帳」によれば、甲賀山作材木運出夫等の食糧運搬にあたる仕丁に、他田玉万呂の存在が確かめられる。(56)

以上、他田水主とその一族と思われる人々の考察を行ってきたが、彼らのなかには、水主との関係で上京するものが多かったであろうことはすでに述べた所であり、得度の機を与えられたものも実進ばかりでなく、史料上その名が消えた段階で、出家を許されたものもあったのではないかと考える。すなわち、前述の船氏や荒田井直族氏等の場合だけではなく、他田氏においても同じ状況を見出すことができたのであるが、このような状態は、かなり普遍的なものであったように思える。ちなみに、他田氏と同じ美濃国の出家希望者の例をもあげてみよう。まず前記の「写書所解」によれば、「申願出家人事」として、

合廿七〔八〕人

（中略）

○六人部臣身万呂 年卅四 美濃国方県郡志淡思郷戸主六人部臣山村戸口 労三年

「少初位下伊福部厚万呂 年卅七 美濃国山県郡片野郷戸主伊福部五百江戸口 労三年

（中略）

天平廿年四月廿五日阿刀酒主

伊福部男依

志斐麻呂

とあり、(57) また、

謹啓　　貢知識優婆塞事

六人部馬養 年十八 美濃国方県郡村部郷戸主六人部床石口《(マヽ)》

読経　　法華経一巻

牟下都土方 年十五 美濃国方県郡村部郷戸主牟下都否麻呂口《(マヽ)》

読経　　法華経一巻

ともある。(58) 六人部臣身万呂と伊福部厚万呂の史料上の初見は、ともに天平十七年十二月二十五日の「写経所解」に装潢として出現する。(59) 六人部臣身万呂はその後、天平十八年閏九月二十七日の「装潢匠手実」、同年十二月の「写後経所解」、天平十九年十二月十五日の「写疏所解」にも同じく装潢として名をつらね、(60) 前述のごとく出家を申願するにいたる。ところが、同年十一月十三日の「写経所解」に再び装潢として記載されていることからすると、(61) この天平二十年四月には出家は許されていない。ただ、十一月十三日以後には全く姿を消すことからすると、あるいはこれ以後に、出家を許可されたのかもしれない。ところで六人部氏は、味蜂間・本簀・各牟・山方(山県)・肩県(方県)・厚見の諸郡にかけて広く分布していたが、彼の場合とくに注目されるのは、臣姓をもっていることである。野村忠夫氏はこれについて、「彼も、またその戸主も、この方県郡志思淡郷にみえる六人部は臣姓をもち、ほかの人びとはすべて部姓である事実は、六人部臣氏が中央に結びついて、在地の六人部を管理していた地方豪族であったことを推測させるといえよう」とされる。(62) また、正倉院文書中には、相互にいかなる関係にあったかは明らかでないが、天平十二年には経師として六人部大嶋、天平勝宝三—六年にかけては、装潢・校生として六人部荒角等の名をみることができる。

伊福部厚万呂については、その後、天平十八年四月・十月・十二月、天平十九年十月、天平二十年四月の「写後経所解」や、天平十九年十二月の「写疏所解」、さらには天平二十年四月の「写経所解」等にも装潢とあり、[63]前述の「写書所解」には少初位下となっているが、出家を願いでている。しかし、同年九月の「装潢所染充帳」にまでその名がみえることからすると、[64]六人部臣身万呂同様、この時には許されなかったのであろう。伊福部氏については、現存する史料の上では、池田郡に伊福郷があり、不破郡には伊富岐神社が存在する。さらに、大宝二年の「御野国味蜂間郡戸籍」の主政には伊福部君福善の記載がみえ、五百木部氏をもふくめると、山方郡三井田里や片野郷等の地域にもかなりいたものと思われる。厚万呂が写経所入りした動機には、他田一族が同郷であること、あるいは、写経所の先輩伊福部男依の存在があったのかもしれない。男依の本貫は明らかでないが、彼はすでに天平九年(七三七)十月より写経司校生としてみえ、天平十七年八月以後には、写経所・写後経所・写一切経所等の知事として活躍し、前述「写書所解」では厚万呂等二七人の出家を願いいで、天平二十年八月より翌年三月までの「経師上日帳」によれば、「職舎人大初位下」とあり、「催令写題経三千四百廿九巻　鋳奉大仏二度供奉礼仏七度」ともみえる。さらに、掃守寺別当にもなっている。[65]

　一方の史料は、貢進の年月ばかりでなく、貢進者の名をも欠くが、ここにいう牟下都(牟義都)氏の本拠は、この方県郡に東接する務義郡で、両郡にわたる同族の分布が推定されている。ところで、野村忠夫氏は、『続日本紀』養老元年九月戊午条に、「又免㆘不破当耆二郡今年田租、及方県、務義二郡百姓供㆓行宮㆒者租㆖」と、「不破の行宮への供奉に、近隣諸郡ではなく、地域的に隔った方県・務義二郡の百姓があたったこと」に注目され、百姓の供奉という姿に、牟義都(身毛)氏と中央との関連を考えられる。[66]土方が上京し、貢進されたのも、あるいはこのような縁によったものと思われる。六人部馬養の場合は、前記六人部氏との関係や、同郷の牟下都氏とのよしみ等によるのであろう。

このように眺めてくると、六人部臣身万呂も、伊福部厚万呂も、さらには牟下都土方・六人部馬養も、他田氏一族とは殆ど近隣といってもよい場所に本貫をもち、お互い各々の縁によって上京の機会をつかみ、そこで出家への道をつかんだことは明らかである。このような状況は、野村氏のごとく、「在地美濃における仏教的な環境と、関心の深さによる」[67]ところから生れたともいえるのであろう。ただ、このような形での出家への道は、美濃国という一地域の特殊な現象ではなく、かなり普遍的なものであったであろうことを、あらためて感ずるのである。

註

（1）『大日本古文書』三ノ七八—八一頁

（2）鬼頭清明「天平期の優婆塞貢進の社会的背景」（『日本古代都市論序説』所収）

（3）堀池春峰「優婆塞貢進と出家人試所」（『日本歴史』第一一四号）

（4）この推論にいささか疑問が残るのは、つぎの三通にすぎない。

(イ) 物部牛麻呂年廿一 讃岐国三木郡氷上郷戸主物部若子戸口　（『大日本古文書』二五ノ一一六頁）

師主安興寺善貴

天平十七年九月廿一日

(ロ) 長谷部池主年廿五 尾張国中嶋郡茜部郷戸主従八位上長谷部稲持戸口　（『大日本古文書』二五ノ一二八頁）

先参入役日百日

天平勝宝二年四月廿四日尾張国〻師鏡忍

(ハ) 甚目子牛養年廿三 尾張国海部郡志摩郷戸主甚目百足戸口　（『大日本古文書』二五ノ一四二頁）

（異筆）「四月　五月」

先参入役日百廿日

天平勝宝二年四月廿四日尾張国〻師鏡忍上

ただし、(イ)については安興寺の所在のみが疑問であり、(ロ)・(ハ)については、被貢進者は在京中で、良弁の弟子で華厳教学に
くわしく、後に律師になった鏡忍が、上京の折、この手続きをとったとすれば問題はない。

「四月（異筆）五月」

(5)『大日本古文書』二ノ三二三頁
(6)『大日本古文書』八ノ一六二頁
(7)『大日本古文書』三ノ五九〇頁
(8)関晃『帰化人』第二編
(9)井上光貞「王仁の後裔氏族と其の仏教」(『史学雑誌』第五四編第九号)
(10)本書「賢璟」参照
(11)『大日本古文書』一〇ノ二六六頁
(12)鬼頭清明前掲論文
(13)薗田香融「平安仏教」(岩波講座『日本歴史』4所収)
(14)二葉憲香「年分度者の原義とその変化」(木村武夫先生還暦記念会編『日本史の研究』所収)
(15)『大日本古文書』八ノ五一頁、九ノ三一頁
(16)『大日本古文書』九ノ三二五—三二六頁
(17)福山敏男『奈良朝寺院の研究』中臣寺項
(18)『大日本古文書』一〇ノ三五四頁
(19)『大日本古文書』三ノ四二六—四二七頁
(20)『大日本古文書』三ノ二八二—二八三頁
(21)井上薫『奈良朝仏教史の研究』第六章
(22)『大日本古文書』二二ノ三七二頁

(23)『大日本古文書』五ノ三三二頁
(24)『大日本古文書』二ノ六六五―六六六頁
(25)『大日本古文書』九ノ三八五頁
(26)『大日本古文書』二ノ七二八頁
(27)『大日本古文書』一〇ノ三五四頁
(28)神田喜一郎氏は、「たとえば天平十九年十月九日の『写疏所解案』のいかに屈託なく書かれていることか、まったく心憎いばかりである」「よほどの名手であったと思う」と、すばらしい批評をくだされる(「正倉院の書蹟の概観」〈『正倉院の書蹟』所収〉)。書の上からみられる人柄が、写経所内での活躍につながったと考えられないであろうか。
(29)『大日本古文書』一二ノ三六四頁
(30)『大日本古文書』四ノ二九四頁
(31)『大日本古文書』一二ノ四四八頁
(32)『大日本古文書』二五ノ一五九頁
(33)『大日本古文書』一四ノ四二一―四二八頁
(34)『大日本古文書』四ノ四五四頁
(35)『大日本古文書』一五ノ一二一頁
(36)井上薫前掲書
(37)『大日本古文書』四ノ二九四頁
(38)『大日本古文書』一五ノ六〇頁
(39)岸俊男「東大寺をめぐる政治的情勢」(『日本古代政治史研究』所収)
(40)『大日本古文書』一六ノ四五三頁
(41)『大日本古文書』一六ノ四四一―四四二頁
(42)『大日本古文書』七ノ一〇一頁

(43)『大日本古文書』一五ノ三頁
(44)『大日本古文書』一五ノ一一六頁
(45)『大日本古文書』一一ノ九九頁
(46)『大日本古文書』二四ノ二六五頁
(47)『大日本古文書』四ノ一五・二〇頁、一〇ノ五八〇頁
(48)『大日本古文書』六ノ九・二二頁。一七ノ一七三頁にある浄衣・墨を給せられた記事が初見で、最後にみえるものは宝亀七年六月七日の「他田嶋万呂解」(『大日本古文書』二三ノ五八六頁)である。
(49)『大日本古文書』一五ノ一五〇頁
(50)『大日本古文書』一五ノ二三二頁
(51)『大日本古文書』一五ノ二三九頁
(52)『大日本古文書』一六ノ三〇九—三一〇頁
(53)『大日本古文書』五ノ二一二頁
(54)『大日本古文書』一五ノ二三九—二四〇頁
(55)『大日本古文書』二五ノ一三三頁
(56)『大日本古文書』一五ノ三八三頁
(57)『大日本古文書』三ノ七八—八一頁
(58)『大日本古文書』二四ノ三〇三—三〇四頁
(59)『大日本古文書』二ノ四八六頁
(60)順をおって列挙すると、『大日本古文書』二ノ五三一・五六八・七二八頁
(61)『大日本古文書』三ノ一三二頁
(62)野村忠夫『古代の美濃』第五章。さらに野村氏は、六人部臣氏による護国之寺の創建を想定されている。
(63)列挙すると、『大日本古文書』二ノ五〇二・五三九・五六八・七二八頁、三ノ六八頁。六人部臣身万呂と伊福部厚万呂が装

潢として、写経所で活躍したことについて野村氏は、寿岳文章氏の仮定（『日本の紙』）に基づき、「本拠地に近い国衙工房の支所、または国府近傍の国衙工房で装潢技術を学び、みがいてきた」ことが認められたとされる。

（64）『大日本古文書』九ノ四四〇頁

（65）『大日本古文書』一〇ノ三三七頁

（66）野村忠夫『律令官人制の研究』序篇第三章「村国連氏と身毛君氏」

（67）野村忠夫『古代の美濃』

二　越前国医師六人部東人について

(一)

根津美術館の所蔵になる写経のなかに、『大唐内典録』巻第一〇がある。『大唐内典録』は、麟徳元年（六六四）に唐の道宣によって編纂された仏典目録で、この写経はその最終巻にあたる。いま、その巻末部分をみると、[1]

大唐衆経録巻第十

余以従心之年。強加直筆舒通経教。庶幾無没。幸冀後賢捃其遠致使法宝流被津潤惟遠。豈不好耶。龍朔四年春正月於西明寺出之。

……………………（ノリツケ）……………………

大唐内典録巻第十

原夫一乗発軔。馳鹿苑之微言。六宗分鑣。振龍宮之秘冊。由是摩騰入漢導其源。羅什遊晋研其奥。自玆以降帰仰寔繁可謂迷(覚脱)之逸軌。拯溺之慧筏者也。弟子国医師従八位上六人部東人。幸逢　聖代。預忝微官寸禄之余。弗及尊親。是以発弘誓願。奉為　四恩。率知識等。敬写一切経律論焉。伏願藉此至善。荘厳　国家。淳化出於三五之先。聖寿超於万億之外。次願背世尊霊。並怡神浄域。享福香台末。願合門眷属及知識等。龍天衛護万善慶集。広暨含識。同霑此願。倶出九居。早成仏果。

天平勝宝七歳歳次乙未七月廿三日

用紙参拾玖張

写左京捌条弐坊三尾浄麿

一挍丹生郡秦嶋主

二挍国大寺僧聞光

装潢匠左京八条四坊直代東人

とある。[2]

ところが、この写経についての疑問は、名称が異なるだけの『大唐衆経録』と『大唐内典録』が並記されていることである。[3]大正大蔵経に収められた『大唐内典録』の脚註をみても、「余以従心之年（中略）於西明寺出之」の五二字が宋・元・明本にはないとあり、宋・元本では『大唐衆経録』といったと記すだけで、この写経についての理解を助けるものは何もない。この点、早速の解明は困難にしても、宋本以前の問題——日本に伝わった写本と、宋本に継承された写本との相違等の究明が必須のように思われる。なお、前記の題跋のノリツケの部分に、あるいは解決の鍵があるのかもしれない。

題跋については、田中塊堂氏と竹内理三氏との間に部分的な読みの違いはあるが、[4]文章全体に影響を及ぼすものではない。その内容は、国医師従八位上六人部東人が、四恩のために知識をひきいて、一切経律論を書写しようというのである。残念ながらこの写経は、これ以外には殆ど残存せず、(5)その全容を知ることは不可能だが、一切経の書写が、厖大な資力と人力を必要とすることは、十二分に推測しうるところである。例えば、五月一日経のごときものは別格で比較の対象とはなし難いが、所謂『光覚知識経』等のごときは大変興味深い。岡田精司氏の説かれるように、(6)この成立には、恐らく民間の一僧侶であった光覚によって、千余人にのぼる知識——大和を中心とする畿内の、光明皇后に関係の深かった下級官人達の結集が想定されており、六人部東人の場合も、ほぼ同様の状態が考えられるのであろう。

なお、奥書によれば、写経と装潢がいずれも左京八条の人物であるのに対し、校生は、二挍の国大寺が何処を指すのかは不明だが、一挍が越前国丹生郡の秦嶋主によって行われていることは、この一切経書写計画の規模の広がりと共に、都と越前との、人的にも文化的にも密接に結ばれた関係を推察させる。では、かかる一切経書写のごとき大きな計画を立て、それを唱導した国医師六人部東人とはどんな人物であったのだろうか。

その史料上の初見は、天平神護二年九月十九日の「足羽郡司解」に、「以同年五月、(天平勝宝元年)寺家野占寺使法師平栄、造寺司史生大初位上生江臣東人、国使医師外従八位下六人部東人、郡司擬主帳槻本老等、寺家野占畢」とあるのを嚆矢とする。(7)つぎには天平勝宝六年の「検米使解」に医師六人部東人とあり、(8)最後のものは、上述題跋の天平勝宝七歳七月二十三日の国医師従八位上六人部東人の記載である。

(二)

そこでまず、国医師なるものの実態を明らかにすることから始めよう。職員令によれば、国医師の定員は、国別に各一人とある。その任命方法については、選叙令国博士条に、「凡国博士医師者、並於二部内一取用」とあり、当国の人の採用を原則としているが、国内に適任者がいない場合には、傍国の人を採用せよという。しかし国医師の任命は困難を伴ったとみえ、同条釈説や古記によれば、「若傍国无者、取二京人一充也」とある。しかもかかる例が多いことを裏づけるように、『続日本紀』和銅元年四月癸酉条には、「又諸国博士医師等、自レ朝遣レ補者、考選一准二史生例一考第各従二本色一、若取二土人及傍国者一、並依二令条一」とあり、中央より派遣された国医師の考選は、史生と同じ内分番となり、土人や傍国者に対して二考短縮を規定している。そのうえ、上述の史料からは、「自朝遣補者」が原則として主流となったように考えられる。[9]

ところで医師になるためには、どんな条件が必要なのであろうか。それにはまず、医生としての研鑽が必要である。医生は中央においては、宮内省典薬寮に四〇人が所属し、医博士の指導のもとで「諸医療を常学し」、地方においては、大国で一〇人、上国で八人、中国で六人、下国では四人が国医師の下にいたようである。さて、この医生になるためには、医疾令によれば、按摩生・呪禁生・薬園生をも含めて、「先取二薬部及世習一、次取二庶人年十三以上、十六以下、聡令者一為之」とある。『令義解』によれば、ここにいう薬部とは、蜂田薬師・奈良薬師等のごとく姓薬師を称するものをいい、世習とは、「三世習二医業一、相承為二名家一者」を指すという。つぎに医生の修むべき学問は、医疾令によれば、甲乙経一二巻、脉経二巻、新修本草二〇巻、小品一二巻、集験一二巻を記し、『続日本紀』天平宝字元年十一月癸未条によれば、大素・甲乙・脉経・本草をあげる。(10) また学習が進むに従って、多くの古方——往古の薬方にも目を通してその肝要部分を抄取暗誦し、上手な医者でよく病を療す人があれば、それに随行して針灸の法をも習得させようとしている。専門もすでにあったらしく、体療・創腫・少小・耳目口歯の各科に分れていたようである。学習は、かなり厳しく充実して行われ、医博士は月に一度、典薬頭・助は一季に一度、宮内卿・輔は年の終りに大学の例に準じて、一年間に学んだ所を範囲として試験を行い、八問中六問以上通過は上、四問以上を中、三問以下は下で落第とする。修業年限については、体療を学ぶ者は七年、少小及び創腫はおのおの五年、耳目口歯は四年以内とし、これに「読文之二年」を加えても、最高九年にしてなお学成らざるものは退学と規定している。一方、業成る日には、典薬寮は業術優秀の者を宮内省に派遣して受験させ、一〇問中八問以上の正解をえたものは、具に行業を記述して太政官に申送させている。報告されたものはさらに式部省に送られて、医生は甲乙四条、本草・脉経よりは各三条、針生と兼習の業は各二条を加えて計一二条の試験を行い、全問通過の医生は従八位下に叙し、八問以上の場合は大初位上に任ぜられたという。ただ八問通過以下の場合でも、療病合薬の術を利用できるものは、典薬寮の医師等に補任することを許している。

地方における国医師の医生教育も、上述の方法に準じて行われたと思われる。試験も毎月医師が、年の終りには国司によっても行われ、優劣が定められた。試験が通らないものには、事情によって罪則をもうけ、師の教に従わないものや学業の進まないものは、やめさせてかわりの人を立てたようである。

さて、国医師の任命方法であるが、部内取用については、選叙令国博士条義解によれば、「国司簡ニ択才術之可レ用者一、申二太政官一、即式部判補也」という。これは国司が申送した試験の合格者の中から、式部省の銓擬を経て任命されたことを意味するのであろう。一方、朝廷遣補の場合には、上述のごとき長い間の勉学と試験を通過した医生より、同じく式部省の銓擬を経て任命されたと思われる。ところが実際には、これ以外の手段によって国医師になった例も多かったようである。『続日本紀』霊亀二年五月丁酉条によれば、「制、大学典薬生等、業未二成立一、妄求二薦挙一、如レ是之徒、自今以去、不レ得レ補二任国博士及医師一」とあり、同じく天平宝字元年十一月癸未条には、「勅曰、如聞、頃年諸国博士医師、多非二其才一、託請得レ選、非二唯損一レ政、亦无レ益レ民、自今已後、不レ得二更然一」ともある。ここに「妄求薦挙」とか、「託請得選」とあることは、明らかに前述の過程をふんでいないことを意味する。中沢巷一氏はこの点について、「省試よりも容易な基準での式部省銓擬が行われていて、安易な出身を求めて自薦の学生が殺到したことを偲ばすもの」といい、「才に非ざるのに何とか裏口からでもと、強引に自薦他薦の輩が押しかけたのだろう」とされる[11]。

さて、国医師が各国に一人を任命することは職員令に明示するところだが、律令政府はその必要性を認めながらも、また人材難に苦慮し続ける。『続日本紀』養老七年十月庚子条によれば、「勅、按察使所レ治之国、補二博士医師一、自余国博士並停レ之」とある。この記載からは、国医師の存廃は明らかでないが、国博士についていえば明らかに人材不足に対処するものであり、国医師についても、あるいは国博士に准じたのかもしれない。それが五年後の神亀五年八月壬申条によると、国博士については三－四国に一人と、養老七年（七二三）の勅に准じたのに対し、医師は国ごとに補任と明記している。さらに天平三年十二月乙酉に大宰府は、初めて壱伎対馬にまで医師を任命する。天平から天平勝宝年間（七二九－七五七）には、国分寺建立、大仏造顕事業の推進等によって、文運は大いに挙ったと思われる時代であるにもかかわらず、地方の国博士・国医師には能力不足の人達が目立ったようである。前述の天平宝字元年十一月の勅はいうに及ばず、さらに時代は降るが、天平神護二年五月乙丑の太政官奏によれば、「今経術之道、成レ業者寡、空設二職員一、擢取乏レ人、繕写之才、堪レ任者衆、人多官少、莫二能遍用一」と、国博士・医師の不足に対し、史生の有資格者が多数の実情を伝える。また、「医師兼任、更建二新例一、職田、事力、公廨之類、並給二正国一、不レ給二兼処一、有レ料之国、名為二正任一、無レ料之国、名為二兼任一」と、医師の兼任を認め、人材難が、国ごとの医師任命を困難にしたという。ところが、宝亀十年閏五月丙申の太政官奏によれば、「病人困二於救療一」として、再び国ごとに一人を置くことになったと記す。ただ、人材不足が解消したとは到底思えない。

その官制上の地位については、選叙令国博士条に、「考限叙法及准折、並同二郡司一」とあり、古記によれば「並同二主政等一」と、一応郡司、とくに主政等と同等といってはいるが、『令義解』に「以二百卌日一為レ考也」とあることは、野村忠夫氏の指摘されるように、「変則的な分番扱い」であること、また任官区分について式部判補とあることは、主政・主帳の判任より下にランクされること、さらには、外長上の対象とされてはいるが、郡司四等官、軍毅等の四等評価に対して三等評価が行われている等、「主政・主帳に准じながら、そのやや下位への位置づけを構想していたもの」と考えられる。[12] ただ、朝廷遣補の国医師については、郡司より上に位置づけられているようである。前述の内分番扱いばかりでなく、儀制令遇本国司条によれば、「凡郡司遇二本国司一者、皆下レ馬」とある。古記だけは国司を目以上とするが、他の釈家の説は、国司のなかに国医師・国博士をも含めて考えている。[13] なお、三等評価の基準は、病人の治療効果に準じて行われたようで、一〇人中七人（大宝令では一〇人中八人）以上の治療に成功したものは上、五人以上は中、四人以下は下としたとある。しかも下考でも解任しないという。

つぎに選限についてみると、大宝令では一〇考とあるが、慶雲三年（七〇六）の格では短縮されて八考となる。それが和銅元年（七〇八）四月には、土人及び傍国の者が同じく八考であるのに対し、朝廷遣補の者は、史生の例に準じて内分番六考となった。ところが、『続日本紀』神亀五年八月壬申条の「太政官議奏」によれば、八考にして成選という。秩限については、選叙令国博士条によれば、一応「補任之後、並无レ故不レ得ニ輙解一」として、「充侍、服解、病患満日、犯官当以上」以外は解任されないという。ところが、神亀五年八月の「太政官議奏」によると、八考成選に達すれば交替する原則が定められ、宝亀十年閏五月になると、六考をもって遷替と変更する。

国医師の特権については、賦役令舎人史生条によれば、「免徭役」とある。職分田等支給の令条はないが（ただ大宰医師には一町四段）、公廨稲の配分は史生なみに行われたと思われる。公廨稲の設定については、すでに『続日本紀』天平十七年十一月庚辰条に明らかであるが、国司の公廨処分式を定めた天平宝字元年十月乙卯の太政官処分には、「凡国司処ニ分公廨一式者、惣ニ計当年所レ出公廨一、先塡ニ官物之欠負未納一、次割ニ国内之儲物一、後以ニ見残一、作レ差処分、其法者、長官六分、次官四分、判官三分、主典二分、史生一分、其博士医師准ニ史生例一、員外官者、各准ニ当色一」とある。天平勝宝六年閏十月の「越前国検米使解」によれば、時間的には遡るが、ほぼこれに近い配分率をみることができるようである。国医師の仕事としては、傷寒・時気・瘧・利・傷中・金創等の病気に対して、(14)万一発生した場合の対応処置を考えて準備することや、患者の家を巡って治療にあたることが定められていた。ただ、この時代の医師は、現代社会における医師のように信頼されていたとは到底思われず、むしろ禅師や優婆塞・優婆夷、さらには民間遊行者等に期待する面の方が強かったと推測される。僧尼令や養老元年四月壬辰の詔にみえる「持呪救疾」とか、「持神呪以救病徒」の記載、また、聖武上皇の看病にあたった看病禅師一二六人、筑前国より招いて「医薬に侍せしめた」禅師法栄、心力を尽して昼夜にわたり労勤した良弁・慈訓、宝亀三年三月丁亥に「或持戒足レ称、或看病著レ声」として十禅師に任命された秀南・広達・延秀等、さらに『日本霊異記』等によっても、いくつもの具体的例をあげることができる。(15) 国医師の治療活動が、これら看病禅師達に比して、どのように評価されていたかを知ることは不可能だが、少なくとも薬をもち、中国伝来の医療知識を体得していたことは、一応魅力ある存在であったにちがいない。

(三)

この国医師が、越前国では天平勝宝元年（七四九）に国使として、東大寺の野地占定に参加しているのである。この天平勝宝元年は、東大寺にとって活気あふれた年であった。天平十七年（七四五）五月の平城京遷都と共に再開された大仏造顕事業も着々進捗し、盧舎那仏の鋳造はほぼ完成した。東大寺造営のため、天平二十年七月から九月までの間に設けられた造東大寺司も、この年にはまだ、正式の長官を欠いてはいるが、玄蕃頭市原王が知事として最高責任者の地位にあり、その下には次官兼大倭少掾に佐伯宿禰今毛人、判官には田辺史真人、主典には山口伊美吉佐美麻呂がいた。造東大寺司の構成員については、『続日本紀』天平勝宝二年正月丙辰条に、「造東大寺官人已下優婆塞已上、一等卅三人叙二位三階、二等二百四人二階、三等四百卅四人一階一」と、官人已下優婆塞已上で合計六七一人を数えるが、これは一応、造東大寺司の規模を考える目安となる。(16) その仕事の内容は、厖大な量にのぼる写経から始めて、造寺、造仏等、さらには荘園の設定管理にまで及んだ。二月には陸奥国より黄金が献上され、五月になると大伴家持は、「陸奥山に金花咲く」とこのことを賀し、閏五月には金発見者に論功行賞が行われた。また四月甲午朔には、「寺々爾墾田地許奉利」と官大寺に墾田地所有許可の宣命が出され、『続日本紀』閏五月癸丑条によれば、詔によって、大安・薬師・元興・興福・東大の五寺に各絁五百疋、綿一千屯、布一千端、稲十万束、墾田地一〇〇町が喜捨されている。その上、『続日本紀』七月乙巳条によると、「定二諸寺墾田地限一、大安、薬師、興福、大倭国法華寺、諸国分金光明寺、寺別一千町、大倭国国分金光明寺四千町」云々とある。ここにいう町数の記載は、墾田地所有面積の上限を定める措置と思われるが(17)、実際の野地占定は、すでに早く五月より開始されているのである。われわれはここに、すばやい東大寺側の反応をみる。このような東大寺の墾田地獲得への積極的な姿勢は、「東大寺大仏の建立の進捗と、それによって函数的に増大される経済的基礎設定の要請に伴って」行われたが(18)、天平勝宝元年の土地買収、野地占定の範囲は、越前のみに止まらず、史料上確かめうるものだけでも、伊豆・阿波・越中を加えて四国に及ぶ。

このうち越中・越前には、東大寺僧平栄自らが参加して、野地占定等の円滑化を図っている。『万葉集』巻第一八に、「天平感宝元年五月五日、饗東大寺之占墾地使僧平栄等。于時守大伴宿禰家持送酒僧歌一首　焼き大刀を　礪波の関に　明日よりは　守部遣り添へ　君を留めむ」とある記載や、前記の「足羽郡司解」は、このことを雄弁に物語る。さてこの時点で、東大寺内の平栄の地位は知事である。知事とは、普通三綱の下にあって活躍する実務担当者をいう。ところで天平勝宝元年の東大寺首脳陣は、この平栄の他には、都維那に法正の名がみられるだけである。ただ、天平十五年三月の「納櫃本経検定并出入帳」にのみ上座大徳とある良弁が(19)、これ以外は殆ど大徳と呼ばれ、上座・寺主の記載が全くみえないことからは、あるいは残存史料の欠落ではなく、良弁が上座・寺主を兼ねるような地位におり、平栄・法正等を指揮して、東大寺運営の中心的役割を果していたのではないかと思われる。平栄の野地占定への参加も、良弁の命によったものであろうか。

さて、天平勝宝元年越前国で行われた野地占定には、この平栄と共に、造寺司史生生江臣東人と郡司擬主帳槻本老、さらには国使としての国医師外従八位下六人部東人が加わっていることは前述の通りである。生江臣東人は、天平勝宝六年以後には足羽郡大領に任命された地方土豪であるが、[20]造寺司史生にいつ頃から抜擢されたかは不明である。ただ、史生に任命された理由については、恐らく天平十六年以後始められた東大寺による土地獲得を、より円滑に推進するための手段であったのであろう。この生江臣東人を郷里へ派遣したことは、郡司擬主帳や国医師の登用と同じく、共に民衆に対する指導力を考慮しての人事であることは間違いない。さらに国司も野地占定には重要な役割を演ずる。天平神護二年十月二十一日の「越前国司解」によれば、[21]丹生郡椿原村や坂井郡串方村では、「依二天平感宝元年四月一日詔書一、国司守従五位下粟田朝臣奈勢麻呂、掾従六位上大伴宿禰潔足等、以二同年閏五月四日一、占二東大寺田地一已訖」と、国司による土地占定が行われており、そのきわめて早い対応をみることができる。このように越前国の荘園設定は、東大寺・造東大寺司が、国司・郡司層を加えた体制で、強力におし進められていった。この体制は、天平宝字初年頃まで続いたとも考えられるが、いま少し具体的に、政策推進のあとをたどってみよう。

まず、東大寺について人事の面からみると、天平勝宝二年（七五〇）には上座に安寛の名がみえ、都維那には法正・広寂が、知事には天平勝宝元年以来平栄が、さらに目代には豊歓、小目代には聞崇と、一応は体制が整う。[22]天平勝宝三年になると、都維那は相変らず法正であるが、上座安寛はその地位を去っているらしい。ところが平栄は、遅くとも八月十四日までに寺主に昇格している。[23]この状態はしばらく続くが、天平勝宝七歳（七五五）二月十日までに平栄は僧綱佐官に抜擢される。[24]これが天平勝宝三年四月、僧綱少僧都に任命された良弁との関係によるものであることは間違いない。佐官に任命された時、三綱と兼任であったかは不明だが、天平勝宝八歳八月までには平栄は佐官と上座とを兼ね(25)、法正は寺主となり、小寺主には聞崇を配する。天平宝字三年以後になると、三綱人事の移動は早くなり、承教・仙主・法正・等貴・承天・安寛等が、上座・寺主・都維那・知事・可信等の要職に相次ぎ任ぜられるが、一貫して僧綱佐官と東大寺主、または上座の地位にあり、さらに中鎮ともなって活躍するのは平栄である。しかも、東大寺荘園の経営、管理にはいつも第一線に立っている。天平勝宝元年についてはいうまでもなく、天平勝宝三年九月十八日の寺牒によれば、「寺主向庄」とあり(26)、天平宝字二年二月には寺田勘使佐官法師、天平宝字三年には検田使佐官法師と呼ばれる地位にいたことは確かである(27)。

一方、良弁については、天平十五年（七四三）以来上座となり、大徳と呼ばれて常に東大寺に君臨し、天平勝宝三年（七五一）四月には少僧都に抜擢される。この時には、少僧都栄弁、律師行信の寂居によって僧綱の構成員は一新し、僧正には婆羅門僧菩提、律師には隆尊と、唐より来朝し華厳と律に精通の道璿が任命され、前より引続きの在任者は、大僧都の行達のみであった。これらの顔ぶれからすると、天平勝宝三年以後の僧綱内に、僧界の指導力を発揮できる人物は良弁以外にはないと思われ、良弁の独り舞台のようになっていった可能性が大きい。また、僧綱に入っても良弁の東大寺に対する指導力は強大で、天平勝宝四年には別当となり、天平宝字四年（七六〇）までこの任にある。別当とは普通諸寺の長官である。天平勝宝八歳五月になると良弁は鑑真と共に大僧都となり、少僧都には興福寺僧慈訓、律師には唐の法進と、大安寺で華厳と三論を研究する慶俊が選ばれる。これ以後は、藤原仲麻呂と深い関係をもつ慈訓と一緒に、僧綱の意見を国家の仏教政策のなかに反映させていくことになる(28)。さらに、この良弁の動きで注目されるのは、造東大寺司にも発言力をもっていることである。「造東大寺司牒」にその署名があるのは、管見の限りでは、天平勝宝八歳以降であるが(29)、写経の要請などに関しては、すでに良弁大徳と呼ばれた時代から始まり、少僧都時代に至っても同様の形で行われている。「東大寺権別当実忠二十九ヶ条」の第一条には、「為㆓故僧正良弁賢大法師目代㆒奉㆓仕造寺司政㆒事」とある。これは天平宝字四年以後、実忠が良弁の目代として造寺司＝造東大寺司の政に参加したことを伝えるものであるが、このことからしても、すでに天平宝字四年以前より、良弁は造東大寺司に関与していたことが明らかである。[30] このように良弁の指導力は、東大寺、造東大寺司の両方に及び、さらには僧綱の政策審議やその決定にも参与したといえそうである。良弁―平栄の関係をあらためてみると、僧綱内では少僧都・大僧都―佐官、東大寺にあっては大徳・別当―上座・寺主となり、その関係の深さが窺われる。

　このようにみてくると、寺地占定をはじめとする東大寺の施策推進には、良弁を中心とする東大寺当局の発言力がかなり強かったと推定される。しかしながら東大寺には、荘園経営を独自に行いうる程の力はなく、律令的な支配機構に依存しつつおし進めざるをえなかったことは、すでに明らかにされているところである。[31] いま、越前国における実状をみると、最初は、前述の天平勝宝元年の土地占定から始められたが、天平勝宝六年（七五四）頃より以降には、造東大寺司を中心に、より充実強化されていったと思われる。荘園経営の実務推進のため、造東大寺司の下級官人と思われる左大舎人无位曾禰連乙麻呂、散位正六位下尾張連古万呂や秦忌寸広人等が田使として派遣されているが、さらには造東大寺司舎人安都宿禰雄足の越前国史生への転出や、造東大寺司史生生江臣東人の足羽郡大領への帰任等が注目される。[32] 安都宿禰雄足の越前国在任期間は、少なくとも天平勝宝六年閏十月以後天平宝字二年（七五八）二月初めから六月中頃までの間――造東大寺司史生に転ずるまで、また生江臣東人の帰任は、天平勝宝六年初めと推定され、生江臣安麻呂のあとをおそって任命されたらしい。彼らは共に、国使として荘園経営の第一線に立って活躍するが、まず安都宿禰雄足は、造東大寺司と国司のパイプ役として活躍する。国衙の権力が、寺地占定を推進する上で示した力や、郡司と共に民衆に与えた絶大な強制力を思うと、(33)安都宿禰雄足の役割の重要性は十分推測しうる。生江臣東人の場合は、彼の大領としての、また生江臣氏が地方土豪としてもつ強大な力を巧みに利用している。生江臣東人が桑原荘経営にあたって、天平勝宝七歳には四七〇八束を、翌年には三一三〇束を、ともにその経営料として送り、また郡領に任命される以前に私の功力をもって治開した足羽郡道守村の墾田一〇〇町歩を、東大寺へ施入する程の経済力を有し、毎年の収支決算報告書にも、必ず曾禰連乙麻呂と連署せよと命令される程に信頼が厚い。そのうえ、郡領として民衆に与える圧力もかなり大であったと思われ、(34)一族と推定される生江臣国立が足羽郡少領、(35)生江臣息嶋や生江臣長浜が郡目代となっているような、(36)生江臣氏のこの地方における隠然たる勢力も、生江臣東人の活躍を一層容易にしたと思われる。なお、一〇〇町歩の田を寄進した坂井郡大領外正六位上品治部公広耳、擬主政无位荒木臣叙婆、足羽郡少領外従八位下阿須波臣束麻呂、主政少初位下大宅人上、主政（主帳）外少初位下出雲部赤人、さらには税長中村男村、足羽郡書生鳥部連豊名等、郡司やそれに準ずる人達の活躍も無視できない。

このように国郡司等の果した役割は極めて大きいのであるが、さらに国司の動向は、中央政局の動きと密接な関係をもち注意される。とくに、天平勝宝末年以降には仲麻呂的色彩が濃厚となり、佐味朝臣宮守・佐伯宿禰美濃麻呂・仲麻呂の子薩雄・辛加知が相次ぎ任命されている。また、造東大寺司までが仲麻呂の権勢下に入り、天平宝字三－四年頃までは、東大寺、さらにいえば良弁と仲麻呂の、いわば友好提携の時代ともいえることを考えあわすと、東大寺荘園の発展をみる上で興味深い。(37)

さて、国医師六人部東人であるが、彼が土人か朝廷派遣の人かについては明らかでない。天平神護二年十月二十一日の「越前国司解」に、わずか一例ではあるが、丹生郡水成村六人部浄成の名があることから、あるいは丹生郡あたりを本貫としたのではないかとも思われる。(38) 彼の官位については、天平勝宝元年(七四九)五月に外従八位下とあるが、題跋には従八位上とある。国医師が、在地での土人採用を原則として規定した郡司、軍毅や国博士と共に、外位授与の対象であることからすれば、天平勝宝元年の記載に問題はないが、従八位上への変化に疑問が残る。ただ同様の例として、天平宝字二年十月七日の「東大寺功徳分施入帳」に、大領外正六位上品治部君広耳とあるものが、翌年五月九日の「坂井郡司解」によれば、「大領正六位上品治部君広耳」となる。(39) 外位の記載が史料上の欠落でないとすれば、これらは改授が行われたのであろうか。また六人部東人の場合には、題跋なるが故に、とくに外位を記入しなかったのであろうか。彼の国医師在任期間は、少なくとも天平勝宝元年(七四九)五月より天平勝宝七歳七月まで、長くとも班田使国医師城上石村の記載がみられる(40)天平宝字五年(七六一)までと考えられる。越前国は上国だから、彼の下には八名の医生がおり、その教育も重要な仕事の一つであった。

(四)

ところで、国医師が医療とは全く無関係な仕事に従事する――六人部東人が野地占定にあたるようなことは、一面誠に奇異な感をうける。だがこのようなことは、この時代にあってはきわめて当然のごとく考えられており、史料の面よりすれば、医療関係が零に等しいのと対照的である。地方における国医師の活躍を知らせてくれるものには、まず正税帳がある。現在、八世紀の正税帳は約二〇通残存するが、とくに関連ある国司の部内巡行を収めたものは、僅かに六通のみである。しかも、和泉監・駿河国・但馬国・周防国・豊後国・薩摩国とあるうち、但馬・薩摩両国の正税帳にのみ国医師の記載がある。天平十年の「但馬国正税帳」からみると、「春秋弍度出挙官稲巡行官人」「責計帳手実巡行官人」の条に、守・目・史生等と共に医師の記載がみえ、天平八年の「薩摩国正税帳」には、「正税出挙并収納」「責計帳手実」「撿挍庸蓆」「撿挍伯姓損田」「賑給」の項に、守や目や史生についで医師とある。残存する正税帳の医師の記載は以上のごとくであるが、実際にはもっと多くの国で、国司巡行の際の「推問百姓消息」や「催佰姓産業」等の仕事をもふくめて、国医師は従事し、活躍したと思われる。(41)「調庸関係墨書銘記」のなかに、「信濃国筑摩郡山家郷戸主物部東人戸口小長谷部尼麻呂調并庸壱端長四丈二尺広二尺四寸主当国医師大初位上威上連柑足郡司大領外正七位上他田舎人国麻呂天平勝宝四年十月」(42)とあるのは、「撿挍庸蓆」を具体的な形で知らせてくれるものといえる。また、「出雲国計会帳」によれば、国医師猪名部諸人は夏調使となって、公文の進上に参与している。(43)

つぎには、天平宝字五年(七六一)に越前国で、国医師城上石村が班田使となっていることが注意される。この時期は、亀田隆之氏の言葉をかりるならば、「しだいに藤原仲麻呂の越前東大寺領に対する圧迫が強まり、国司・巡察使は寺田の抑圧に乗り出したのであって、この時期の東大寺領はその維持がすこぶる困難」となっていた。(44)かつて寺田とされた土地が、再び口分田として班給されたのであるが、城上石村は、班田使として忠実にその任にあたってい る。このほかには、採銅使になるような特殊な例もみられるが、(45)大方は、国司の仕事の補佐であるように思える。このように眺めてくると、六人部東人が越前国で、国をあげての荘園占定に際し、国使となってこれに参加したのも当然といっていい。さらに彼は、国司巡行に従うなどして、しきりに国内を巡視し、国務の一端をになったことも間違いあるまい。ただ、本務としての医療活動がどのように行われたかは、全く明らかになしえない。中沢氏は、承和十二年四月に大宰府が管轄下五ヵ国に医師の補任を願って、「夫医師無二兼国之任一者、為レ有二救療之急一也、今件五箇国去レ府之程、二日以上七日以下、吏民之中頓得二病患一、遙着二府下一労二受医薬一、命在二呼吸一旦不レ及レ夕、対治之途豈可レ如レ此乎」という記事や、宝亀三年三月二十三日の「写経生桑内真公解」に、「仍請二薬師一、比来之間治作、雖レ然未レ能レ療」云々とあることから、「地方が医療の効能に対し全然無理解であったと断言することに躊躇する」といい、「国医師についても、専門職の役割を否定して一般行政職に還元してしまうのは妥当でない」とされる。(46) 当然の結論であるが、『医疾令』に、疾病に対する予備や、患者の家を巡っての治療が規定されていることを考えると、しきりに国内巡行を、国司従行以外の場合にも屢々行ったのではないかと思われ、このことについても六人部東人は例外ではなかったのであろう。国師も国内を巡行して教化活動をしていたことを考え合すと、律令国家の民衆支配は、かなり周到に計画されていたといわねばならぬ。

(五)

この六人部東人が一切経の書写を発願する。一切経の書写は、その膨大な量からして、前述のごとく、きわめて多くの人達の負担、努力によらざるをえない。彼の場合も題跋によれば、一族はいうまでもなく広く知識を結び、知識を率いての計画であることは明らかである。ところで、民間写経発願者の社会的階層について鬼頭清明氏は、(A)中央下級官人、(B)地方の下級官人、(C)畿内の中小豪族層、(D)畿外の豪族層の四つに分け、(A)は(C)と重なり、(B)の場合は、国司は畿内の豪族層と、郡司は(D)と重なっているとし、結局、畿内、畿外を問わず在地土豪層とされる。(47)しかし、民間写経の推進には、教化僧、化主等と呼ばれた民間僧――古くは河内の教化僧宝林から天平期の万福法師や花影禅師、さらには大檀越となった優婆塞練信や慈氏弟子集団等、(48)多くの人々の唱導によるところも大きかったと思われる。

さて、六人部東人の場合であるが、国医師として前述分類では(B)に属し、しかもその出自が地方土豪層とも考えられることからすると、その呼びかけは、かなりの効果をあげえたであろう。また、その唱導には、先進地域ほどではないが、対応できる信仰地盤がかなりできていたと思われる。この地域への仏教伝播がいつ頃から始まるかは推定し難いが、すでに白鳳期より、寺院が建立されていたことは明らかである。現在、武生市五分市町にある野々宮廃寺跡からは、白鳳期の瓦やすぐれた塼仏片が発見され、七間四面の金堂または講堂跡や中門跡と思われるものも確認されて、かなりの規模の寺院の存在が報告されている。(49)また、かつての丹生郡の中心地には大虫廃寺遺跡があり、塔をもつ古代寺院であることが確認された。白鳳期後半から白鳳期末とされる瓦が多量に出土し、七世紀末からの寺院であると推定されている。そのうえ、国分寺造営ころには瓦の葺きかえが行われ、国分寺に転用された可能性が大きいとする。(50)さらに足羽郡足羽町には篠尾廃寺がある。心礎の規模や作りの優美さから、白鳳期創建と想定できる塔をもち、奈良時代の後半頃か平安初頭まで栄えたと考えられている。寺域や伽藍配置については確認できないが、生江臣氏との関係が想定されており、興味深い。(51)その他、坂井郡には高堈寺という寺もあったようである。(52)このように多くの寺が立ち並び、そのうえ、かなりの数に達したであろう僧尼や優婆塞・優婆夷等の活躍、国師の派遣や国分寺建立等による仏教政策の推進は、当然民衆の間に、仏教に対する強い関心を育み、知識を率いての写経も十分可能な状態になっていたと思われる。

さらに、東大寺荘園占定の大事業が、中央と越前国との関係をより強化したことは間違いない。都との間に官人や僧等の往来は繁くなり、平城京との関係は、人的にも文化的にも一層緊密化したと思われる。また、土地占定に典型的にみられる強引な政策推進は、越前国に異様なあわただしい雰囲気を醸成し、人々は否応なしに東大寺や仏教らしきものを意識させられ、さらに生江臣氏等の土豪が行った仏事への参加も、民衆に大きな影響を与えたにちがいない。(53)『家伝』下には、越前国気比神の言葉として、「幸為吾造寺、助済吾願、吾因宿業、為神固久、今欲帰依仏道、修行福業、不得因縁、故来告之」とあるが、かかる神身離脱を訴えるような神仏習合思想が、次第に広まっていたともいえそうである。六人部東人の唱導した一切経書写は、かかる状況のなかで、都と越前国を結んで成就したのである。

以上、六人部東人の姿を求めながら、国医師の実態を明らかにしようとした。ところが、残存史料による限り、国医師の任務は、国衙の一下級官人としての職務に終始しているかの感がある。また経典題跋からは、知識を率いて一切経書写を唱導する、いわば化主的な存在を彷彿とさせる。しかしここに、六人部東人の医師としての魅力があったのかもしれない。単なる医学的知識のみに留まらず、むしろ看病禅師的な側面をもってこそ、民衆の信頼をかちえ、本務としての医師の役割も十分果しえたのではないかと思われる。国医師は、国衙の官人の中では、国博士と共に最下位に属する。しかし地位は低くとも、特殊な学識、能力を所有し、民衆への大きな影響力をもつ故に、一下級官人にとどまらない一面をもつ興味ある存在であったといえそうである。

註

（1）まだ拝見の機をえないが、田中塊堂氏の『古写経綜鑒』によれば、新版、旧版おのおのに少し位置を移動させて写真を掲載する。それによると本文に記したごとくになる。糊付けもまちがいないと思われる。

（2）用紙三九帳は、丁度この一巻分にあたる。

（3）両者の関係は、最初『衆経録』といったものが、唐の高宗によって『内典録』と改められた。

（4）竹内理三『寧楽遺文』六二五頁

（5）田中塊堂氏は、同一写経を考える可能性のあるものとして、「大和講御堂にある大般涅槃経巻卅三は下半を損じてはいるが、その奥書に六人部の三字の読まれるものが一巻ある。一具経としては巻九の断巻が手鑑中に貼られている位で他に見存しない」とされる。

（6）岡田精司「光覚知識経について」（『続日本紀研究』第一三〇号）

（7）『大日本古文書』五ノ五四三頁

（8）『大日本古文書』四ノ二九―三〇頁

（9）中沢巷一氏は、「部内土人よりも優先さすことにした」とし、「郡司層を中心とする譜代豪族の土俗性に対する政策的配慮さえ為されれば、寧ろ中央の新文化の雰囲気を体得した人の方が適任だったかも知れない」とされる（「国博士・医師に於ける受業と非業について」〈『法学論叢』七八―一・二〉）。

（10）服部敏良氏の『奈良時代医学史の研究』によれば、『甲乙経』は晋の皇甫謐によって書かれた『黄帝甲乙経』一三巻とあり、『新修本草』と『本草』は同一と思われ、唐の高宗の顕慶四年に編纂されたという。『小品』は陳延之の撰述で一二巻、『集験』は姚僧垣の著すところで同じく一二巻、『脉経』は二巻と伝えるが、これらの内容は全く不明とされる。『大素』は隋の煬帝の大業年間に、楊上善が『黄帝内経』を註解して撰述した『黄帝内経大素』三〇巻をさすといわれる。このうち、仁和寺には二三巻が伝えられ、「往古の医道を知りうる随一の文献」とされる。

（11）中沢巷一前掲論文

（12）野村忠夫『官人制論』。このほか野村氏は、『岐阜県史』通史編古代第三章で、国博士、医師について論及されている。

（13）天平勝宝三年の近江国蔵部荘券（『寧楽遺文』六五八―六五九頁）によれば、介・少掾・員外少目と共に、医師少初位上物部医連巻も加署している。

(14) 服部敏良氏によれば、傷寒、時気は熱病で、明確に区別することは困難な場合が多いとし、瘧はマラリヤ、利は下痢性疾患、傷中は腑臓の病、金創は刀創という。
(15) 例えば上巻の第八、第二六、第三一、下巻の第二、第二一、第三四等
(16) 井上薫『奈良朝仏教史の研究』第七章第二節
(17) 竹内理三「八世紀における大伴的と藤原的」(『律令制と貴族政権』第一部所収)、水野柳太郎「寺院の墾田地所有について」(『ヒストリア』第五一号)
(18) 岸俊男「越前国東大寺領庄園をめぐる政治的動向」(『日本古代政治史研究』所収)
(19) 『大日本古文書』二四ノ一七八頁
(20) 岸俊男前掲論文
(21) 『大日本古文書』五ノ五六二・五七四頁
(22) 『大日本古文書』三ノ四五九—四六二頁
(23) 『大日本古文書』三ノ五二三頁
(24) 『大日本古文書』一三ノ一五頁
(25) 『大日本古文書』四ノ一八二頁
(26) 『大日本古文書』三ノ五二六頁
(27) 『大日本古文書』五ノ五四三・六四五頁。平栄については本書「実忠」参照
(28) 本書「慈訓」参照
(29) 『大日本古文書』四ノ一八〇頁
(30) 本書「実忠」参照
(31) この問題については、弥永貞三氏『奈良時代の貴族と農民』聚落と耕地(其の二)、岸俊男「越前国東大寺領庄園をめぐる政治的動向」「越前国東大寺領庄園の経営」、亀田隆之『日本古代用水史の研究』第四章・第五章、藤井一二「初期荘園と地方豪族」(『日本史を学ぶ』I所収)等をはじめ、多くの優れた論攷がある。

(32) とくに安都宿禰雄足や生江臣東人については、岸氏の論文に詳しい。

(33) 弥永氏は、「口分田は家居の近くに班給するという田令の規定が原則としては存在したかに見える反面、国郡司と、東大寺との共同した強大な権力による寺地占定事業の前には、全く無力なものであって、田主の都合よりも寺家側の都合次第で、あちらこちらに耕地が動かされたということである。権力による口分田の配置転換の最も明瞭に見られるのは、越前国司解に口分田改正と見えるものであろう」とされる。

(34) 『大日本古文書』四ノ五二・一一一頁、五ノ五五一頁、四ノ五八・二五〇頁。道守庄の開溝について亀田氏は、「延べ六〇〇〇人に近い労働人数を徴発することは」「東人の在地での支配力がきわめて強大なものであったことを考えさせると思う」とされる（『日本古代用水史の研究』一七七頁）。

(35) 『大日本古文書』四ノ三六六頁

(36) 『大日本古文書』五ノ六四五—六五二頁

(37) 『続日本紀』天平勝宝八歳十月癸卯条によれば、「大納言藤原朝臣仲麻呂献㆓東大寺米一千斛、雑菜一千缶㆒」とある。天平勝宝末年頃よりの両者の関係については、古くは西岡虎之助氏によって、さらには岸俊男氏によっても指摘されているところである。ところが、天平宝字四-五年以後は、弥永貞三・亀田隆之氏等のいわれるごとく、越前東大寺領に対する仲麻呂の圧力が強まっていく。東大寺が反仲麻呂的色彩を強めていくことや、越前東大寺荘園の経営が、造東大寺司より三綱に移行する問題も、考え合すべきであろう。

(38) 『大日本古文書』五ノ六一四頁。根本誠二「奈良時代写経の一考察——特に在地豪族層を中心に——」（『日本宗教史研究年報』Ⅰ所収）

(39) 『大日本古文書』四ノ三四二・三六四頁

(40) 『大日本古文書』五ノ五四五頁

(41) 国司巡行については、亀田隆之「古代の勧農政策とその性格」（『日本経済史大系』Ⅰ古代所収）や井上辰雄『正税帳の研究』にくわしい。

(42) 松島順正編『正倉院宝物銘文集成』

（43）『大日本古文書』一ノ六〇五頁
（44）亀田隆之前掲書一七九頁
（45）『三代実録』貞観元年二月二十五日条には、「以二長門国医師従八位下海部男種麻呂一為二採銅使一」とある。
（46）中沢巷一前掲論文
（47）鬼頭清明「奈良時代民間写経についての二、三の問題」（『南都仏教』第三二号）
（48）『寧楽遺文』経典跋語、薗田香融「南都仏教における救済の論理」（『日本宗教史研究』4所収）
（49）『武生市文化財調査報告』埋蔵文化財篇
（50）武生市教育委員会『越前国分寺推定遺跡』大虫廃寺・深草廃寺発掘調査報告
（51）福井県教育委員会『足羽郡足羽町篠尾廃寺調査概要』。生江臣氏との関係については、野村英一・斉藤優氏の研究成果をふまえながら、断定には慎重な態度をとる。
（52）『大日本古文書』四ノ三四二頁
（53）天平宝字二年十月の「東大寺功徳分施入帳」（『大日本古文書』四ノ三四一―三四二頁）によれば、元興寺僧厳鏡や坂井郡高堈寺僧信高までが、草屋・板屋・土地を東大寺へ寄進している。これもまた、この時期の越前国の動向を反映しているのではないだろうか。

あとがき

昭和二十年代に学びはじめた私にとって、気になる一つの課題に、政治の問題、国家権力と個人のかかわりの問題があった。当時は、太平洋戦争に対する強い反省のなかで、政治と個人、政治と文学、政治と芸術、政治と宗教等の問題がしきりに論ぜられており、そんな論争に私は次第に興味をもつようになっていった。そんなころ、私は『教行信証』の後序の文にある、「主上臣下、法に背き義に違し、忿をなし怨を結ぶ。云々」という言葉にであった。他を誹謗することの全くなかった親鸞が、はげしく国家権力の非法ぶりを論難しているのである。この言葉に私は、鮮烈な印象をうけた。ここには、上述の問題に対するあざやかな解答が示されていると共に、われわれの生き方に対する一つの指針が与えられているようにも感ぜられた。こんな思いが、仏教史に関心をもちはじめて後の、テーマ設定の底流となっていったように思える。

さて、仏教史をやってみようと思い立ったのは名古屋大学大学院（旧制）の時代で、それ以来すでに二十数年の歳月が流れた。時間の経過の長さに比してその成果は貧しく、慙愧の念にたえないが、しかし私は、古代仏教史を学んだことにより、自分の生き方にある力をえたし、そのおかげで、すぐれた多くの人びとにも会うことができた。今はなき三品彰英先生には歴史のみかたやその面白さを、中村栄孝・彌永貞三先生にはそのきびしさを教えて頂いた。さらに、忘れることのできないのは、昭和二十九年より始まった『続日本紀』の研究会であった。塩沢君夫・野村忠夫・水野柳太郎氏の驥尾に付して（後には笹山晴生・新井喜久夫氏等も参加）、四苦八苦した時代がなつかしい。その後もこれらの人達の温かい指導の下で、ほそぼそながら続けてきたわけだが、とくに野村忠夫氏の御引き立ては有難かった。また、遠く離れているが、薗田香融・中井真孝氏等の御芳情も忘れることはできない。御厚情に報いるには、あまりにも拙い内容であるが、これを再出発の踏み台にしたいと思う。なお、このような本が世にでたのは、ひとえに佐伯有清・野村忠夫両氏の御力添えと、吉川弘文館の御厚意によるものである。深く感謝したい。さらに索引作成にあたっては成瀬高明氏の援助をえた。あわせて御礼申し上げたい。

ここには、二十数年にわたる私のとぼしい仏教史研究の成果のなかで、僧伝およびそれに関するもの一四篇をおさめた。その多くは、この機にかなり手を加えたが、その初出はつぎのごとくである。

(1)「官僧について」『続日本紀研究』第三巻第三・四号（昭和三十一年三月・四月）
(2)「慈訓について」『仏教史学』第六巻第四号（昭和三十二年十月）
(3)「慶俊の一考察」『続日本紀研究』第四巻第一二号（昭和三十二年十二月）
(4)「東大寺僧安寛について」『続日本紀研究』第五巻第一一号（昭和三十三年十一月）
(5)「戒師招請について」『南都仏教』第八号（昭和三十五年十一月）
(6)「優婆塞・優婆夷について」『古代文化』第九巻第一号（昭和三十七年七月）
(7)「一官僧の思想——賢璟伝考——」日本宗教史研究会編『諸宗教との交渉』（昭和四十四年七月）
(8)「優婆塞貢進解の人々——美濃国の場合——」『信濃』第二三巻第二号（昭和四十六年二月）
(9)「東大寺僧等定について」『日本歴史』第二八五号（昭和四十七年二月）

(10)「道昭伝考」　『日本書紀研究』第六冊（昭和四十七年十月）
(11)「実忠伝考」　『名古屋大学日本史論集』上巻（昭和五十年七月）
(12)「還俗僧の万葉歌人」　『東海学園国語国文』第一三号（昭和五十三年三月）
(13)「越前国医師六人部東人について」　彌永貞三先生還暦記念会編『日本古代の社会と経済』下巻（昭和五十三年五月）
(14)「愚志雑考」　『日本人の生活と信仰』（昭和五十四年十二月）

日本古代僧伝の研究（オンデマンド版）

Digital Publishing

2018年10月1日　発行

著　者　佐久間《さくま》　竜《りゅう》

発行者　吉川道郎

発行所　株式会社 吉川弘文館
〒113-0033　東京都文京区本郷7丁目2番8号
TEL　03(3813)9151(代表)
URL　http://www.yoshikawa-k.co.jp/

印刷・製本　株式会社 デジタルパブリッシングサービス
URL　http://www.d-pub.co.jp/

佐久間　竜（1928～2017）

ISBN978-4-642-72117-2

著者略歴

昭和三年　岐阜県に生れる

昭和二十六年　大谷大学文学部国史学科卒業

現　在　東海学園女子短期大学講師

日本古代僧伝の研究

昭和五十八年四月一日　印刷
昭和五十八年四月十日　発行

著　者　佐《さ》久《く》間《ま》竜《りゅう》

発行者　吉川圭三

印刷者　太田久夫

発行所　株式会社　吉川弘文館
郵便番号一一三
東京都文京区本郷七丁目二番八号
電話（八一三）九一五一（代表）
振替口座　東京〇－二四四番

（三和印刷・石毛製本）

索　　引

（事項索引・引用文献索引）

事項索引

あ

い

う

え

お

か

き

く

け

こ

さ

し

す

せ

そ

た

ち

つ

て

と

な

に

ね

の

は

ひ

ふ

へ

ほ

ま

み

む

も

や

ゆ

よ

り

る

れ

ろ

わ

引用文献索引

引用著書・論文については，それを引用した本文の頁と註番号を示した。たとえば，50-10は50頁の註10をあらわす。

あ　行

か　行

さ　行

た　行

な　行

は 行

ま 行

や 行